Bibliothèque Historique illustrée

Italie
Souvenirs & Impressions de Voyage
par l'Abbé Paul Barbier

PARIS
LIBRAIRIE DE FIRMIN DIDOT & Cie
56, RUE JACOB, 56

ITALIE

SOUVENIRS ET IMPRESSIONS DE VOYAGE

TYPOGRAPHIE FIRMIN-DIDOT ET Cie. — MESNIL (EURE).

Fig. 1. — Intérieur de la basilique de Saint-Pierre, à Rome.

L'ABBÉ PAUL BARBIER

PREMIER AUMÔNIER DU PENSIONNAT SAINT-EUVERTE D'ORLÉANS

ITALIE

SOUVENIRS ET IMPRESSIONS DE VOYAGE

OUVRAGE ILLUSTRÉ DE 82 GRAVURES

PARIS

LIBRAIRIE DE FIRMIN-DIDOT ET Cie

IMPRIMEURS DE L'INSTITUT, RUE JACOB, 56

1893

AVANT-PROPOS

Vous voulez, ô mon ami, que, m'abandonnant au hasard des rencontres, des idées et des souvenirs, je vous laisse par écrit les impressions que je ressentirai sûrement au cours du voyage en Italie que je vais entreprendre.

Je ne puis ni ne veux rien vous refuser, à vous qui m'avez tout offert et tout donné, avec qui j'ai tant joui et tant souffert tour à tour, et dont le fidèle regard, je le sais, me suivra à toute heure des rives de la Loire aux rives du Tibre.

Vous en aurez donc, des *impressions*, autant que vous en désirez, et plus peut-être ; vous savez par expérience que la plume me tient aux doigts, que l'encre me grise, et qu'enfin je ne connais pas de plus grand plaisir sur la terre que de mettre du noir sur du blanc.

Si donc je vous fais bâiller parfois avec mes récits, ne

vous en prenez qu'à vous-même qui m'avez induit en tentation.

Avez-vous bien réfléchi, du reste, à ce que vous me demandiez?

Rien n'est plus difficile que de parler de l'Italie. C'est un sujet mille fois exploité, rebattu, ressassé, usé jusqu'à la corde. De Dupaty à M. Taine, en passant par Mgr Gerbet et l'immortel Louis Veuillot, pas un écrivain distingué qui n'ait voulu laisser après lui, sur cette terre enchanteresse, quelques pages fortes ou exquises, pleines d'enthousiasme ou pleines de foi. C'est que l'Italie n'est pas une nation comme une autre. Née sur les ruines du plus puissant peuple qui fut jamais, elle a gardé dans sa poussière les vestiges des vainqueurs du monde; Jésus-Christ, en choisissant la vieille Rome pour siège de son Vicaire, a jeté un rayon de divine gloire sur tout ce qui entoure la Ville éternelle; et l'art et la poésie enfin, rivalisant de fécondité sous le ciel le plus heureux de l'Europe, des plaines lombardes aux montagnes de Sicile, ont semé les chefs-d'œuvre avec une telle profusion, que l'œil se fatigue à les voir, et que l'admiration, éblouie de tant de merveilles, désespère d'y pouvoir suffire.

Pour la visiter à fond, il faudrait y consacrer pour le moins dix ans d'une vie d'homme : et j'y vais pour quelques semaines!

C'est égal, j'en rapporterai, puisque vous le voulez, la glane laborieusement ramassée dans ces champs illustres moissonnés dès longtemps; et, riche ou pauvre, ô mon ami, je la déposerai à vos pieds.

Déjà je me recueille; déjà mon esprit impatient emprunte aux songes leurs ailes et me promène en imagination par les contrées que je vais voir surgir, dans quelques jours, au grand soleil qui, dit-on, éclaire tout là-bas d'une plus pure et plus joyeuse lumière. A ces pensées, je me crois déjà emporté par la vapeur vers le pays qui m'attire, les rythmes naissent d'eux-mêmes dans mon esprit, et je me surprends à crayonner des vers :

> Les heures d'ici-bas sont brèves :
> Courez, volez, ô chars de feu !
> Je vais au pays de mes rêves ;
> Vite emportez-moi vers ces grèves
> Où s'argente le doux flot bleu !
>
> Et toi, salut, vieille Italie !
> Je pars, et mon cœur bat joyeux,
> Et pour toi volontiers j'oublie
> Mon foyer et tout ce qui lie
> Les âmes au sol des aïeux !
>
> Déjà charmé par ton histoire,
> Tout enfant, avant de mourir,
> Je voulais, plein de ta mémoire,
> M'en aller visiter ta gloire
> Au pays qui la vit fleurir !
>
> Je voulais, terre aux grands prestiges,
> Me courber sous tes monuments,
> Et, pieux, baiser les vestiges
> De tous ces faiseurs de prodiges,
> Dont tu gardes les ossements !
>
> Et puis, magnifique phalange,
> Objet d'un éternel amour,
> Angelico, véritable ange,
> Dante, Raphael, Michel-Ange
> Me faisaient signe tour à tour !

— Viens, disaient-ils, toi qui nous aimes;
Hâte-toi, car le temps détruit.
Le temps, vieux faucheur aux mains blêmes
Qui s'attaque aux chefs-d'œuvre mêmes
Et les rejette dans la nuit!

Eh bien, l'heure enfin est venue;
O géants immortels, j'accours!
Chars de feu, volez sous la nue,
Volez vers la plage inconnue
Où m'attendent de si beaux jours!

Et vous, Dieu! vous dont la prunelle
Voit mon irrésistible émoi,
Placez votre enfant sous votre aile,
Et, dans votre amour paternelle,
M'ayant conduit, ramenez-moi!...

Hélas! voilà des vers bien simples, pour un temps où le poète, aux yeux du vulgaire, est d'autant plus génial qu'il est plus incompréhensible! Mais que nous importe, ô mon ami? je n'écris ni pour le monde ni pour la gloire; j'écris pour vous et ceux qui vous ressemblent, esprits et cœurs limpides; trop heureux d'être profondément ignoré si je suis encore un peu raisonnable.

C'est ainsi que je vous dirai tout sans détour et sans emphase, le plus souvent en prose et quelquefois en vers peut-être, si la muse veut bien venir à moi, pauvre, dans ces sentiers d'Italie où tant de génies illustres l'ont rencontrée.

En attendant, c'est demain que nous partons. Nous sommes trois, trois amis, presque trois frères. L'un de mes compagnons a déjà fait le voyage. C'est un esprit très délicat, très fin, très délié, très vibrant aussi. Comme il est également pratique, c'est lui qui conduira. L'autre, grand comme saint Christophe, est fort et dévoué comme lui. Si nous tombons à l'eau, c'est lui qui nous sauvera. D'une jovialité très spirituelle, c'est lui aussi qui nous égayera. Moi qui ne suis bon à rien, je suivrai...

Quant à *ces notes* qui vont pleuvoir chez vous, vous en ferez bien ce qu'il vous plaira. — Je les livrerai au public, dites-vous. — Pourquoi non? Aujourd'hui où il y a tant d'auteurs, qu'il n'y en a plus, — j'entends de vrais et de bons, — vous n'aurez fait qu'ajouter une unité au nombre incalculable des livres sans avenir.

A bientôt.

ITALIE

SOUVENIRS ET IMPRESSIONS DE VOYAGE

I

TURIN

Sur la terre italienne. — La vallée de la Doire. — Le pays et les gens. — A Turin. — Le palais Carignan. — Le palais Royal. — *L'Armeria Reale*. — Déception. — Ascension à la Superga. — Le monument. — A la Coupole. — La Crypte. — Singulier hôtelier. — La vue.
Les églises. — L'église du *Corpus Domini*. — Histoire. — San Spirito. — La Cathédrale. — La Consolata.

28 Août.

Nous voilà donc sur la terre italienne, « au beau pays que l'Apennin partage, et qu'entourent la mer et les Alpes (1) ». C'est la première fois, pour ma part, que je la vois autrement que dans mes rêves ; la première fois que je vois son peuple, et que j'entends la mélodie de sa langue harmonieuse sous son ciel tant vanté. J'ouvre et fixe sur toute chose de grands yeux avides de voir, le cœur tout frémissant d'attente et d'enthousiasme.

Comme nous avions, de l'autre côté, remonté le cours impétueux de l'Arc (2), nous descendons le cours précipité de la

---

(1) Pétrarque.
(2) Voir notre ouvrage intitulé : *Vues de Suisse et de Savoie*.

Doire. Mêmes paysages montagneux, mais moins imposants. A droite et à gauche, de jolies petites villes apparaissent avec leurs tours et leurs clochers semblables, pittoresquement assises sur les sommets, s'écroulant sur les pentes ou s'entassant dans le creux des fraîches vallées. Çà et là, dans les montagnes qui se relèvent, quelques nuages échevelés se déchirent les flancs aux pics aigus. Dans la plaine, à perte de vue, le soleil brille et égaye l'horizon. A voir les ouvriers et les paysans qui travaillent dans la campagne ou sur les bords de la voie, on sent qu'on est déjà en présence d'une autre race. Les mouvements sont plus lents, la démarche est plus majestueuse. Des femmes gardes-barrières ont un port superbe : on dirait qu'elles ont posé pour nos statues de la République ! Couchée à l'ombre d'une haie, sous un platane qui frissonne au vent brûlant de midi, une jeune mère dort son enfant dans les bras. C'est un tableau charmant, digne d'un peintre. Cependant, la vallée s'élargit peu à peu, les montagnes s'écartent et s'éloignent dans la brume. Le maïs, en des champs immenses, balance son panache rougeâtre sur sa hampe verte. Les mûriers alignent leurs têtes rondes et luisantes. La nature devient riche et prodigue. Mais en revanche, voici que commence à paraître le grand laisser-aller italien : les enfants déguenillés et pieds-nus, des hommes et des femmes en vêtements sordides ; aux fenêtres, des linges mal lavés, décoration d'un effet étrange. On dirait que tout ce peuple sale est en lessive.

— La plus belle ville de l'Italie, disait un jeune homme en italien pendant que nous approchions, c'est Turin !

Quelques minutes plus tard nous étions à même d'en juger, et j'avoue que nous n'eûmes pas une impression si favorable.

Turin est une ville d'aspect moderne, presque sans aucun caractère national. De grandes rues larges, comme à Paris, des tramways comme à Paris, des passages comme à Paris, des magasins comme à Paris. Quelques monuments cependant attirent l'œil du voyageur, mais sans trop le retenir : en particulier, le palais Carignan où est né le roi Victor-Emmanuel. C'est une grande bâtisse de style renaissance en briques cuites qui, lavées par les eaux et desséchées par le soleil, ont pris la couleur de la boue des chemins. Le palais Madame a plus de cachet, avec sa vieille façade et ses deux tours singulières. Le palais Royal, qui se dresse non loin de là, n'a pas même cette originalité. Une grande place le précède ; mais la statue camarde et moustachue du père d'Humbert n'est pas faite pour l'embellir. Dans une aile du susdit palais, nous avons visité l'*Armeria reale*, sorte de musée de Cluny, où l'on peut admirer, outre un assez grand nombre de mannequins représentant des chevaliers d'autrefois, une collection d'armes et d'armures assez riche. Mais rien de tout cela qui soit de nature à frapper un tant soit peu l'esprit. Mon enthousiasme retombe sur lui-même, et je tremble d'avoir partout la même déception. Pour achever de m'indisposer, voici qu'au moment où nous mettons le pied dans la rue, toute une armée de marchands de *Vues de la ville*, des hommes mal vêtus, des femmes à tête de sorcière, des gamins en guenilles, viennent à nous, ou plutôt se précipitent sur nous, nous entourent, nous présentent les feuillets déroulés et flottants de leurs livrets, s'acharnent sur nos pas comme une meute, et finissent par nous insulter grossièrement, quand ils voient que nous sommes décidés à ne rien leur acheter. Ils nous appellent *protestants*, ce qui paraît être ici la suprême injure.

Décidément, cela commence mal.

— Allons à la Superga, dit celui de nous trois que nous avions à l'unanimité nommé notre guide.

Si fatigués que nous fussions par huit heures de chemin de fer et par nos premières courses à travers la ville, nous y montâmes bravement.

La Superga est une nécropole où les derniers princes de

Savoie reposent dans une paix souvent troublée par les touristes. Bâtie sur le sommet d'une colline, elle domine la ville et la plaine. On se fait hisser là-haut par un funiculaire qui grince sur son câble de fer, avec une continuité qui vous tape sur les nerfs. Mais qu'on est bien récompensé de sa peine! Au fur et à mesure que l'on s'élève, le panorama se développe, et lorsqu'on est arrivé au faîte, il est admirable. Nous jetons un coup d'œil au monument, gracieuse église au portail solennel, et nous montons tout de suite à la coupole. On a de là, dit-on, une vue incomparable. En effet, nous dominons tout à l'entour de la colline où nous sommes, sauf les grandes montagnes noires qui se dressent à gauche et que nous avons traversées ce matin. La terre, de tout côté, nous apparaît bossuée et labourée comme par une charrue gigantesque. Par malheur, une brume assez épaisse (oh! la brume ennemie!) rend tout indistinct.

Nous descendons dans la crypte. A l'entrée, une statue de saint Michel terrassant le démon. Le grand bel ange, fier et d'un calme presque divin, tient sous son pied victorieux la tête chevelue et grimaçante du monstre. Dans l'intérieur, des tombes, des tombes, des tombes. Rois, reines, princes et princesses dorment là en famille, sous des monuments dont quelques-uns sont très beaux. Le prince Jérôme Napoléon y a sa place derrière une plaque de marbre. Les Français s'en détournent instinctivement. Pas de mausolée encore...

Ce qui m'a frappé le plus vivement dans cette nécropole, c'est, aux chapiteaux des fausses colonnes qui ornent les murailles, une tête de mort couronnée du diadème des rois. Idée sublime. La mort, en effet, est bien la reine universelle, reine de tous et des rois eux-mêmes.

Comme nous sortons de la crypte, un homme s'avance vers nous cérémonieusement.

— Venez, Messieurs; j'ai du vin, de la bière très bonne. Pas chère. Une très belle vue.

Nous le suivons. Tout en marchant, je l'examine. Il a des souliers éculés, un pantalon effiloché, un habit à la française et une casquette de soie. La casquette est usée, l'habit est taché et râpé. Dans quel coupe-gorge peut bien nous conduire un pareil hôtelier? Nous arrivons dans une cour malpropre, où les poules fraternisent avec les petits porcs aux poils noirs. Sous

Fig. 2. — Le Palais Madame, à Turin.

un hangar, à côté d'une charrette démolie, un piano tout neuf dont la base est souillée de fumier. Une fillette joue de temps en temps un air de valse, toujours le même, et le touriste altéré, attiré par l'invisible sirène, tombe dans la cour. L'homme à l'habit se charge du reste.

— Que voulez-vous? nous dit-il avec un sourire charmant, en nous montrant la porte devant laquelle deux maçons attablés dégustaient un vin plus noir que l'encre.

— De la bière.

— Ah! je n'en ai pas; mais j'ai de la très bonne limonade.

O Italiens, les voilà bien, tous machiavéliques!

Sans prendre l'aventure au tragique, nous demandons de la limonade. Elle est fraîche, c'est le principal. Du reste, si notre hôte a menti pour la bière, il n'a pas menti pour la vue. De la tonnelle où nous sommes assis, elle s'étend au loin, magnifique. Le brouillard demeure, mais il est plus léger, et le soleil qui décline, en retirant ses rayons aveuglants, laisse mieux voir le paysage. Les formes lointaines se détachent plus distinctes. Nous avons devant nous une plaine immense bornée par le cadre sombre des montagnes; dans cette plaine, une grande ville couverte de tuiles grises couchée là, avec ses monuments, églises et palais, et, traversant l'une et l'autre, un grand fleuve brillant, qui coule lentement entre les arbres de ses rives. Nous restons longtemps à contempler ce spectacle, dont le soir qui descend adoucit la majesté grandiose. Ce n'est qu'à la nuit tombante que nous rentrons en ville. A demain les affaires sérieuses!

29 Août.

Nous avons passé notre matinée à visiter les églises. Toujours, ou à peu près, le même style renaissance des monuments déjà vus. Mais que d'or, Dieu du ciel! De toutes parts, les murailles étincellent, les colonnes scintillent, les plafonds resplendissent. Cela vous aveugle. Cette richesse criarde plaît peu à notre œil français, habitué à plus de sobriété.

La première église que nous visitons est celle du *Corpus Domini*. L'histoire de son érection ne peut laisser indifférent un voyageur catholique.

C'était en 1453. La petite ville d'Exiles, près de Suze,

fut mise à sac par une de ces bandes errantes qui dévastaient alors l'Europe. D'étape en étape, les pillards arrivèrent à Turin, poussant devant eux un mulet chargé des dépouilles enlevées aux châteaux et aux églises. Ils étaient arrivés devant l'église Saint-Sylvestre, lorsque la bête s'arrêta, refusant d'aller plus loin. Coups de fouets, coups de pieds, blasphèmes retentissants, rien ne pouvait lui faire faire un pas. Elle restait là, clouée sur place, avec un entêtement extraordinaire, même dans un mulet. Tout à coup, elle fait pourtant un mouvement brusque; le voile qui enveloppe le butin se déchire; un ostensoir s'en échappe. L'hostie y est encore renfermée. Le peuple qui la voit pousse un cri. Le corps du Seigneur va-t-il tomber à terre! Va-t-il subir l'humiliation d'être foulé aux pieds ou ramassé par la main criminelle des soudards furieux! L'angoisse ne dure pas longtemps. Loin de tomber, en effet, l'ostensoir s'élève au contraire dans les airs, et, soutenu par les anges sans doute, plane, éclatant de lumière comme un nouvel astre, au-dessus de tous les fronts. Prévenu aussitôt, Romagnano, l'évêque de la ville, accourt, tend les bras vers l'hostie qui lentement, doucement, descend dans ses mains, et il la transporte solennellement dans le riche tabernacle de sa cathédrale.

Ce fait, raconté avec les détails les plus précis par les chroniqueurs, s'est passé à l'endroit même où est bâtie l'église du *Corpus Domini,* et c'est pour en perpétuer le souvenir que les habitants de Turin l'ont élevée là.

Ce monument d'un si grand miracle a été restauré à la fin du dernier siècle. Je l'aimerais mieux s'il était plus simplement orné.

Tout près de là est l'église *San Spirito,* où Rousseau, ce saint homme! abjura le calvinisme, dans lequel il retomba du reste quelque vingt ans après, à Genève. M'est avis que certains grands hommes n'ont pas la tête bien solide. Il est vrai que Rousseau se serait fait Turc, s'il y avait trouvé le moindre intérêt!

Nous passons.

Nous voyons ensuite la cathédrale, très intéressante à visiter. Elle est surmontée de deux dômes qui se suivent et se superposent. L'un termine l'église proprement dite; l'autre abrite la chapelle du *Saint Suaire*. Cette chapelle, bâtie pour abriter la sainte relique, est encore une nécropole de la maison de Savoie. Les monuments de marbre blanc ressortent à merveille sur le marbre sombre d'un sanctuaire à l'ornementation plus qu'étrange, et qui sent d'une lieue, en même temps que l'effort et la recherche, la plus profonde décadence de l'art.

Une seule m'a frappé parmi les autres églises que nous avons vues après la Cathédrale, c'est la *Consolata*. Celle-là, c'est l'église du peuple de Turin, l'église des pauvres gens, l'église des affligés. Quiconque souffre vient y verser ses larmes, et prier aux pieds de la Madone dont l'intercession généreuse peut tout sur le cœur de Dieu. Du matin jusqu'au soir, elle est remplie d'un flot de croyants. Pour être belle, elle ne l'est pas, décorée qu'elle est avec le plus éclatant mauvais goût. Mais qu'importe? Ce qui fait la beauté d'un temple, c'est moins la pureté des lignes et la simplicité de l'ornementation, que la multitude des croyants qui le visitent. A ce titre, la *Consolata* est le premier temple de Turin. On voit dans une galerie y attenant des milliers d'ex-votos pendus au mur par la reconnaissance du peuple envers Marie. Ce sont, la plupart du temps, de petites images aux couleurs voyantes, représentant la scène de douleur dans laquelle la sainte Vierge est miraculeusement intervenue. Ici, c'est un moribond qu'elle prend par la main pour le rendre plein de vie à sa femme et à ses enfants qui pleurent. Là, c'est une jeune fille mourante qu'elle rend à son fiancé. Plus loin, c'est un petit enfant qui agonisait, et qu'elle rend à sa mère. Tous ces tableautins sont fort touchants, et leur nombre prodigieux impressionne l'âme vivement. On voit là combien Dieu aime les humbles de ce monde, et comme il est bienveillant et secourable aux cœurs simples, qui vont à lui par sa mère avec la sainte confiance de la foi et du besoin. Je suis appelé à voir bien des galeries cé-

Fig. 3. — Cathédrale de Turin.

lèbres au cours du voyage que nous faisons ; je doute qu'aucune m'émeuve aussi profondément que ce petit couloir couvert de peinturlurages dont vous ne donneriez pas deux sous. C'est que, derrière ces grossières images, je vois des douleurs humaines consolées et guéries par la foi, et qu'il n'y a rien dans les fictions de l'art qui approche d'un tel spectacle.

Turin nous a l'air d'être une ville fort pieuse : chaque quartier est placé sous la protection d'un saint; presque au-dessus de toutes les portes, une petite statue de la Vierge rayonne; certains pignons ressemblent à de véritables chapelles, on se sent dans un pays de foi ardente. Jusque dans les rues les plus agitées, l'âme est à chaque instant rappelée par les yeux à la pensée des choses éternelles. Voilà l'un des meilleurs souvenirs que nous aura laissés l'ancienne capitale du Piémont.

II

MILAN

De Turin à Milan. — Magenta. — Coup d'œil sur la ville de Milan. — La Cathédrale. — Statue de Manzoni. — La Cène de Léonard de Vinci. — San Fidele. — Santa Maria del Carmine. — La Spozalizio de Raphaël au Palazzo di Brera. — San Simpliciano. — Le Campo Santo. — Les cimetières en Italie. — L'Arc du Simplon. — San Ambrogio. — Le soir, sous la galerie Vittorio Emmanuele.
Ascension du Dôme. — La vue. — Le tombeau de saint Charles Borromée. — Les vitraux. — Messe du rit ambrosien.
Pavie. — La Cathédrale et le tombeau de saint Augustin. — Une fête publique. — Le singe. — A la Chartreuse.

29 Août.

Nous avons quitté ce matin l'ancienne capitale du Piémont, et nous voici à Milan. De là-bas ici, la route est intéressante. Au sortir de la ville, on aperçoit les montagnes qui se dressent dans leur manteau de brume flottante, et longtemps, leurs grandes silhouettes solennelles nous accompagnent. C'est sans doute le temps de la seconde fenaison. Des essaims de femmes et de jeunes filles aux robes et aux fichus de couleur, pieds nus dans les chaumes, ramassent le foin séché, qui nous jette au passage son parfum pénétrant. Quelque temps, on aperçoit, à travers les anfractuosités de la chaîne des monts Rose, la tête dominatrice du Mont-Blanc. Ce roi des montagnes d'Europe semble regarder au loin les nations couchées dans les plaines, par-dessus l'épaule énorme des autres montagnes.

Enfin, les hauteurs s'éloignent, se confondent avec les nuées blanches, et nous courons à toute vapeur dans la grande plaine lombarde, plaine couverte de riz mûrissant et de maïs encore vert, où les champs très vastes sont séparés par de longues lignes de saules pâles et de peupliers grêles. Cette plaine, très arrosée et souvent marécageuse, est, me dit un voyageur, très malsaine. En revanche, elle est très riche.

Sous le soleil épanoui qui brille de toute sa force, ces paysages sont charmants. Les clochers se dressent, nombreux et rapprochés, au-dessus des villes et des villages, éclatant d'une blancheur que la lumière rend aveuglante.

Voici Magenta, et, près de ses murs, le monument élevé à nos soldats morts sur cette terre. Nous saluons la gloire et la générosité françaises, en maudissant cette Italie ingrate qui, née de nos sacrifices, n'a su nous payer qu'en s'alliant à la Prusse et à l'Autriche.

Nous sommes bientôt après à Milan.

Au premier coup d'œil, Milan vous apparaît comme une ville monumentale. Les rues, les palais, les maisons, tout y a plus de cachet qu'à Turin. Le dôme, cathédrale incomparable, à lui seul suffirait à vous attirer. C'est une église gothique toute en marbre blanc. Elle se dresse au milieu de la ville dans sa robe d'une éclatante pureté, semblable à une mariée ou à une jeune communiante. La façade, très belle pourtant, n'est pas en rapport avec la majesté de l'édifice. N'importe, il y a tant d'harmonie dans ce vaste entassement de marbre, qu'on est irrésistiblement séduit.

A l'extérieur, on éprouve une impression de grâce et de pureté; à l'intérieur, on est dominé par une impression de grandeur religieuse. Les hautes fenêtres, ornées de vitraux où l'histoire sainte entière est représentée, jettent dans le vaste sanctuaire tous les reflets de la lumière. Tout autour, des autels richement décorés. Des tombeaux, des tableaux, des statues, achèvent l'ornementation du temple. Impossible de décrire le saisissement qu'on éprouve, quand, du seuil de la porte principale, on voit s'allonger presque à l'infini la grande nef

Fig. 4. — Le Dôme de Milan.

toute illuminée par le jour et, dans la pénombre, les quatre petites nefs qui l'appuient. Il semble qu'on n'ait jamais vu rien de plus vaste. Certains détails vous choquent grossièrement, par exemple, cette voûte peinte imitant des pierres sculptées à jour. Mais l'impression de grandeur et de richesse demeure, et l'on sent persister en soi le frisson d'admiration qu'on éprouve toujours en présence des belles œuvres de l'art.

Nous arrachant à regret à ces splendeurs, nous nous remettons à courir la ville, et nous consacrons toute notre soirée à la visite des églises et des musées.

Nous traversons la *piazza dei Mercanti*, environnée de palais antiques. Une statue moderne se dresse tout à coup devant nous. C'est la statue de Manzoni, un des rares auteurs dont l'Italie, si indigente de célébrités littéraires en ce siècle, puisse se glorifier justement.

Près de *Santa-Maria delle Grazie*, dans l'ancien monastère changé en caserne, un chef-d'œuvre nous appelle : la fameuse Cène de Léonard de Vinci. Il est deux heures à peine, et le soleil brille de tout son éclat quand nous entrons dans l'ancien réfectoire où se trouve cette fresque du grand maître. Personne dans la salle toute éclairée de rayons. Cependant nous sommes un peu déroutés tout d'abord, par les copies éparses çà et là. Enfin nos yeux trouvent la page admirable fixée au mur, et nous restons là, muets, dans un étonnement qui finit par devenir une véritable extase.

La peinture, en effet, a beaucoup souffert de l'humidité. Les couleurs ont perdu leur vivacité, et des taches nombreuses, des taches blanchâtres ou grises, se voient sur toute la surface. — Quoi, ce n'est que cela! se dit-on à soi-même. Et l'on est tenté de s'en aller. Mais bientôt le regard est attiré par la beauté des lignes, par l'admirable agencement des personnages qui semblent peu à peu s'animer, par le mouvement incomparable de toute la composition. Alors on est saisi, et l'on ne peut plus détacher ses regards de cette muraille lépreuse. Le Christ et les douze apôtres, tous agissent, parlent, vivent. Les yeux interrogent les yeux, les gestes expliquent la parole qu'on n'entend pas, mais qu'on devine. Bref, il y a là une idéale représentation de la réalité, et peut-être la plus vive qui existe.

Nous sommes peu après à *San Fidele*, belle église bâtie par saint Charles Borromée sur les plans du célèbre architecte Pellegrini. C'est l'église des Pères Jésuites. Nous courons de de là à *Santa Maria del Carmine*, église gothique qui a l'air de se sentir dépaysée en Italie ; on l'a ornée et modernisée sans goût.

Pour nous consoler, nous entrons au *Palazzo di Brera*, appelé avec une emphase tout italienne *Palais des Sciences, des Lettres et des Arts*. La vérité est cependant que les arts, et surtout la peinture, y sont largement et noblement représentés. Nous nous arrêtons longuement devant la *Spozalizio* de Raphaël. C'est le chef-d'œuvre de sa première manière, alors qu'il subissait encore à son insu l'influence du Pérugin. Rien de pur, rien de calme et de vivant comme cette composition. Toutes les figures sont ravissantes de grâce ou de majesté : celle de la Vierge qui tend à l'époux sa belle main blanche, est presque divine de jeunesse, de modestie, de chaste beauté. Bien d'autres tableaux, signés des plus grands noms, éblouissent nos yeux tour à tour. Aucun ne nous laisse dans l'âme cette impression de l'idéal entrevu.

Nous sortons de ce musée la tête alourdie, les yeux à moitié arrachés par le rayonnement de tant de couleurs vives, l'âme fatiguée des mille et une impressions qui l'agitent en face d'œuvres si diverses. Nous nous réfugions un instant à *San Simpliciano*, belle église romane dont l'abside est décorée par un *Couronnement de la Vierge* du Borgognone. Sur l'arcade du chœur, des figures d'enfants de *Luini* s'agitent, avec des mouvements et une expression d'un naturel parfait. Là, nous nous reposons au pied de Dieu. Rafraîchis par la prière, nous en sortons cependant bientôt pour aller visiter le *Campo Santo* ou cimetière.

Rien n'est gai comme un cimetière en Italie. Le beau soleil qui y brille prête un sourire aux tombes. Les statues de la Douleur elles-mêmes n'ont pas l'air de pleurer sérieusement : elles chauffent leurs blancs corps de marbre aux brûlants rayons, paresseusement, et l'on ne serait pas étonné le moins du monde de les voir se lever à la fraîche pour danser un brin. Du reste, tous ces monuments ambitieux, élevés sur des cadavres, annoncent encore plus l'orgueil que la tristesse des vivants. Tout en parcourant ces longues allées lumineuses, entre deux haies de statues éplorées, femmes se roulant dans une douleur tragique, anges montrant le ciel, petits enfants tirant la robe de leur mère, je pensais aux cimetières de nos campagnes de France, aux sentiers capricieux circulant à travers les tombes herbues, aux petites croix noires ornées de lettres blanches; je pensais surtout à ces champs de la mort que j'ai vus en Bretagne. Là, chaque pierre, chaque croix est ornée d'une inscription naïve et touchante, qu'on ne peut lire sans sentir que c'est vraiment un cœur brisé qui l'a écrite avec des larmes. En parcourant ces cimetières remplis de tombes obscures, j'ai pleuré plus d'une fois. La sincérité des regrets exprimés avait trouvé un écho au plus profond de moi-même. Ici, la mort, partout si éloquente, ne m'a rien dit.

Nous sommes déjà bien las, mais le soleil est haut encore et bien des choses nous restent à voir.

Nous laissons sur notre droite l'*Arc* du Simplon, avec ses chevaux qui se cabrent à son faîte. Nous visitons l'*Arène*, grand cirque à gradins bâti par Napoléon, d'ailleurs fort peu curieux. Nous voyons en passant le *Castello*, Saint-Maurice et enfin Saint-Ambroise.

Ce dernier monument nous a vivement intéressés. C'est une vieille église, fondée par saint Ambroise lui-même, sur les ruines d'un temple de Bacchus. Réédifiée au douzième siècle,

Fig. 3. — La Cène. Fresque de Léonard de Vinci. — Ancien couvent de Sainte-Marie des Grâces, à Milan.

elle est en style roman, mais avec des détails quelque peu bizarres.

On entre d'abord dans un bel atrium à ciel ouvert. Le long des murs, des tombeaux, des inscriptions, des fresques, tout cela remontant à une haute antiquité. Une belle façade, qui semble bien avoir été celle de l'église primitive. C'est là que saint Ambroise, se dressant tout à coup devant Théodose après le massacre de Thessalonique, lui interdit l'entrée du saint lieu. Fait inouï dans les annales du monde, et qui montre le prestige et la force de l'épiscopat chrétien dans ces premiers siècles de l'Église.

A peine sommes-nous entrés qu'un petit sacristain, vêtu en prêtre, vient s'offrir à nous servir de guide. Il parle le français tant bien que mal, et quand il se sert de l'italien, il emploie une langue très claire que nous comprenons encore ou à peu près.

Il nous montre à droite et à gauche, en entrant, les fresques de Gaudenzio Ferrari, représentant les dernières scènes de la passion du Sauveur; *dans la chapelle de la Dame,* une assez belle statue agenouillée de sainte Marcelline. Plus loin, des fresques racontant l'histoire de saint Georges. Il nous conduit au maître-autel orné, sur le devant, de bas-reliefs en argent et en or, d'émaux et de pierres fines. Derrière l'autel, nous voyons la monumentale chaise de pierre où s'asseyait saint Ambroise, quand il officiait dans son église. Dans l'abside, voici des mosaïques du neuvième siècle : le Christ au milieu, et de chaque côté l'histoire de saint Ambroise. Nous admirons un instant la vieille chaire décorée d'une figure du saint évêque et d'un aigle en bronze, et nous descendons dans la crypte.

Là, nous nous jetons à genoux devant les corps d'Ambroise, de Gervais et de Protais, et nous remontons à la lumière, heureux d'avoir vénéré les restes sacrés de ces héros de la foi.

Un portique romain, colossal mais très détérioré, s'offre à nous devant l'église San Lorenzo. Des enfants jouent tout autour dans une poussière boueuse, des hommes sont couchés sur les soubassements, des femmes y bavardent avec des voix aiguës. Mais le soleil baisse, il faut courir. Nous voyons à la

Fig. 6. — Le Grand Hôpital, à Milan.

hâte Saint-Eustorge avec ses tombeaux des Visconti, son tombeau de saint Pierre Martyr, et son sarcophage gigantesque des Rois-Mages; Santa Maria près San Celso, belle église attribuée à Bramante; San Paolo, belle construction malheureusement défigurée par des surcharges; le Grand Hôpital avec ses centaines de figurines en terre cuite; Saint-Alexandre avec son incomparable richesse; Saint-Satire avec sa sacristie octogone; enfin le *Sepolcro*, cette curieuse église du onzième siècle.

Je me dis, en écrivant ceci, que nous avons peut-être vu un peu vite pour bien voir. Cependant, ce que nous avons vu a laissé en nous des souvenirs assez précis pour qu'ils demeurent. Plusieurs choses surnageront éternellement dans notre

Fig. 7. — Galerie Victor-Emmanuel, à Milan.

mémoire : c'est le Dôme de Milan, les *Fiançailles* de Raphaël, la *Cène* de Léonard de Vinci, Saint-Ambroise. De pareilles visions laissent dans une vie d'homme une marque à jamais indélébile.

Le soir, après dîner, nous allons nous promener sous la galerie de Victor-Emmanuel, grand promenoir vitré en forme de croix. L'ornementation en est élégante, mais tout cela est d'une blancheur par trop vierge, et j'y trouve je ne sais quelle affectation qui sent le parvenu. La lumière électrique fait étinceler partout ses globes blafards, assez semblables à des étoiles malades. Les boutiques laissent voir à travers les vitres mille objets plus brillants encore que le clinquant du Tasse. On fait de la musique devant les cafés encombrés déjà de consommateurs. Assis devant un petit harmonium, un artiste de théâtre en tire des sons éplorés dans un déluge d'arpèges. Son jeu est aussi sentimental que possible, et lui-même a l'air de se pâmer en dandinant rythmiquement sa tête pâle. Contrairement à ce qui se fait en France, je remarque qu'on l'écoute.

Le beau monde afflue. Les toilettes sont les toilettes à la mode. Paris, en cela comme en tout, rayonne jusqu'à Milan.

Cependant trois hommes attirent notre attention. Ils sont grands et de taille presque égale. Tout de noir habillés, en longue redingote serrée, avec un chapeau haut de forme et une canne semblable, ils se promènent du même pas, comme trois frères en deuil. Leur visage brun est d'une gravité exceptionnelle et impressionnante. — Ce sont des ministres protestants? hasardai-je.

— Oh! ce sont plutôt des croquemorts!

Mais à ce moment, un bruit de dispute se fait entendre. Nos trois hommes se précipitent, appréhendent au corps un individu et disparaissent.

Nos graves personnages étaient des sergents de ville! Eh bien, vrai de vrai, cela ne doit pas être gai de tomber entre leurs mains!

On nous regarde un peu. *Sacerdoti francesi,* murmurent quelques voix. Un groupe de jeunes gens, partisans de la triple alliance sans doute, nous dévisagent d'un air haineux. Nous jugeons qu'il est temps d'aller nous livrer aux douceurs du sommeil, et nous nous retirons lentement, pendant que la ville continue à se promener.

30 Août.

Nous sommes arrivés de bonne heure, ce matin, au Dôme. Nous voulions jouir, avant que le brouillard se soit levé, de la vue incomparable que l'on a, d'après tous les Guides, du sommet de la tour qui couronne la coupole. Nous voilà donc grimpant les escaliers interminables. A chaque instant, il faut nous ranger contre la muraille, pour laisser passer les visiteurs qui descendent déjà. On se fait petits, petits, et néanmoins l'on s'écrase. Une fois libres nous reprenons notre élan et nous montons encore, les jambes brisées, dans une ascension qui semble devoir être sans terme. Enfin nous arrivons à la première plate-forme. Nous sommes au milieu d'une forêt de tourelles gothiques et d'un peuple de statues, dont quelques-unes mériteraient d'être moins haut placées, et plus près de l'admiration des hommes. Sur le toit, tout en marbre et d'une étendue considérable, des familles entières sont installées et déjeunent tranquillement, comme chez elles. Des enfants jouent à cache-cache derrière les contreforts. Cependant, nous essayons de percer l'horizon. Rien, le brouillard s'est levé plus tôt que nous. Dans l'espoir que, de plus haut, nous dominerons peut-être ses couches flottantes, nous montons jusqu'à la galerie suprême. Nous nous trouvons là-haut, perdus dans les airs, comme un marabout sur le faîte d'un minaret. A regarder en bas, on sent le vertige vous tourner dans la tête. Tout le bruit de la grande ville nous arrive, contenant en lui tous les bruits de la création : bruits des grandes eaux, bruits du tonnerre, bruit des foules. C'est une impression particulière et très forte. Mais ce que nous voulions avant tout, c'était contempler la vue incomparable. De là, on voit, dit Bœdeker, tout à fait à gauche, au sud-ouest, le Mont-Viso; plus loin, le Mont-Cenis; entre les deux, plus bas, la Superga de Turin,

le mont Blanc, le Grand-Saint-Bernard, le mont Rose, etc...
Voilà ce que l'on voit, mais, hélas! ce qu'on ne voyait pas ce matin. L'horizon était impénétrable, et c'est à grand'peine s'il nous laissait distinguer le dos voilé des plus prochaines montagnes. Nous redescendîmes donc, un peu déçus, mais heureux, dans notre malheur, d'avoir vu les combles magnifiques du magnifique édifice.

Après avoir accompli nos dévotions, nous parcourons de nouveau l'intérieur de l'église.

Nous visitons tout d'abord le tombeau de saint Charles Borromée, dans la chapelle souterraine creusée sous la coupole. Nous n'avions encore rien vu de plus riche. De l'or et des pierres précieuses à foison. Mais tout cela nous importe peu. Ce qui nous remue plus profondément que cette profusion d'ornements de toutes sortes, c'est le souvenir du grand archevêque dont les restes dorment là en attendant la résurrection glorieuse. Grand saint, mais grand homme aussi, de ceux qui poussent la vertu jusqu'à l'héroïsme, et le caractère jusqu'au génie.

Revenus à la lumière, nous sommes attirés par l'éclat des immenses verrières qui brillent derrière l'abside, comme toutes les gloires d'un soleil couchant. On ne peut guère regarder longuement tant de couleurs et tant de sujets différents, sans être ébloui. Chaque vitrail est divisé, en effet, en cent compartiments; on en compte trois cent cinquante environ, et le Nouveau et l'Ancien Testament y sont reproduits presque en entier, du moins dans leurs principales scènes. C'est trop compliqué pour moi; et puis il faudrait trop de temps pour déchiffrer une œuvre pareille. Je m'en vais à la recherche de beautés plus simples.

Mais voici que les cloches s'ébranlent dans les hauteurs du Dôme. Les fidèles arrivent de tous côtés. Des musiciens apparaissent à la tribune dorée du grand orgue. Les prêtres s'acheminent vers l'autel. C'est la grand'messe. Nous nous faisons introduire dans les stalles du chœur, tout heureux d'avoir la bonne fortune d'entendre une messe chantée d'après le rite ambrosien. Nous suivons les détails liturgiques avec le plus vif intérêt. Mais ce qui nous ravit surtout, ce sont les beaux chants qui tombent de la tribune dorée, monument dans le monument lui-même. C'est de la musique tout italienne, vivante, ardente, légère et comme ensoleillée. Peut-être le sentiment religieux fait-il parfois un peu défaut, mais je n'ose me prononcer : la manière d'exprimer les sentiments de l'âme humaine change avec chaque peuple.

L'église était pleine, et les gens s'y tenaient dévotement. Midi sonna ; il nous fallut partir.

Nous dîmes alors adieu à ce Dôme incomparable que nous ne devions plus revoir, car nous avions décidé d'aller passer notre après-midi du dimanche à Pavie et à la Certosa.

Même jour.

De Milan à Pavie, nous traversons un plateau, humide, vert, planté d'arbres dont les lignes capricieuses séparent des champs de riz ou de maïs. L'air est chauffé à blanc, mais il se rafraîchit les ailes en passant sur la fraîcheur de cette plaine fameuse où François Ier perdit tout, fors l'honneur ! On n'est pas trop mal. Une heure à peine, et Pavie apparaît toute dorée par le soleil. Nous parcourons quelques rues peu animées, et nous arrivons à l'église, œuvre de Bramante. Nous nous agenouillons près du tombeau de l'immortel saint Augustin, enseveli dans cette ville perdue ; nous respirons un instant l'air frais, pendant que, assises sur des bancs de bois, de bonnes vieilles Italiennes égrènent leur chapelet. Nous allons ensuite dire bonjour au Tessin. Nous le regardons couler, rapide et orageux dans son lit encaissé, du haut du vieux pont couvert qui le traverse. Nous jouissons de là un instant de la belle vue que l'on a sur les montagnes voisines, et nous repartons, cherchant le chemin de la Certosa. Nous tombons sur un boulevard, très animé, couvert de boutiques aux couleurs voyantes, sillonné de paysans et de petits bourgeois. Les pastèques éventrées couvrent le sol. Le tambour bat. Les boniments vont leur train. Un singe habillé en marquis me salue au passage, gambade sur sa planche, et fait l'homme du mieux qu'il peut. Bref nous sommes en pleine foire.

Ce diable de singe me fit faire, par comparaison et contraste, des réflexions philosophiques dont je ne puis, mes chers lecteurs, vous épargner à aucun prix le bénéfice. Je venais de remarquer, sur la promenade, des éphèbes, des jeunes filles, des hommes, des enfants d'une admirable beauté. C'étaient, vivants, les types gracieux ou forts qui m'avaient enchanté dans mes précédentes visites aux musées. Peut-être n'y a-t-il qu'une intelligence assez bornée derrière ces fronts marmoréens, derrière ces yeux noirs étincelants. Mais quelle différence et quel abîme entre ces êtres radieux, et le singe grimaçant et bêtement velu que j'avais devant moi, entre l'homme à la voix harmonieuse et la bête au cri rauque, entre la créature exquise qui laissait sur le chemin un rayonnement après elle, et l'animal maladroit dont tous les gestes faisaient rire. Et je pensais à Darwin et à tous ceux qui répètent après lui que l'homme descend de cette horrible bête. Et à ce souvenir, je me fâchais tout rouge. Non, me disais-je, le singe n'est pas l'ancêtre de l'homme, il n'en est que la caricature. Le laid, y mît-il des siècles, ne saurait enfanter le beau!...

— Montez donc! me dit une voix amie tout à coup.

J'étais près d'une voiture : nous partions pour la *Certosa*, ou, si vous aimez mieux, pour la Chartreuse de Pavie.

Nous courons sur une longue route blanche ombragée d'arbres verts et rafraîchie par l'eau d'un canal qui longe la susdite route. De lourds bateaux chargés de briques descendent

Fig. 8. — Petit cloître de la Chartreuse de Pavie; au fond s'élève la coupole de l'église.

du côté du Tessin. Parfois une métairie pittoresque anime et égaye le paysage. Nous tournons à droite, et... voilà le célèbre monastère.

Nous entrons dans une vaste cour où les hautes herbes poussent à plaisir. En face de nous, une magnifique façade d'église, la plus belle que nous ayons vue dans cette Italie, où l'on n'eut jamais le génie des façades. Trente sculpteurs différents y ont travaillé. Aussi, bas-reliefs, statues, guirlandes, ornements de toutes sortes y sont prodigués. Oncques nous ne vîmes tant de *festons* ni d'*astragales!* C'est d'une abondance inouïe, d'une profusion sans mesure, j'allais dire d'une exagération tout italienne.

L'intérieur est encore plus riche et plus décoré, s'il est possible. Seulement, il y règne une sobriété qui marque plus de goût. Pas une grille de chapelle, pas un devant d'autel, pas une colonne, pas une voûte, pas un coin de mur qui n'attire les regards et ne les retienne. Les marbres et les bronzes se le disputent de grâce et de finesse. Les stalles en marqueterie de Bart. da Pola sont de véritables merveilles. Enfin, le Borgognone, Macri d'Alba, Procaccini, le Pérugin, les Crespi, Bianchi, Montagna, André Solario, Luini, ont couvert l'église entière de peintures qui, pour la plupart, sont des chefs-d'œuvre. Je ne crois pas qu'il soit possible de trouver au monde un plus riche musée dans un plus harmonieux monument.

Deux cloîtres avoisinent l'église. L'un est plus petit, l'autre plus grand, mais ils sont charmants tous les deux. Les portiques sont soutenus par des colonnes d'une sveltesse extrême. Çà et là quelques fresques effacées. Autour du dernier cloître s'ouvrent les cellules des anciens chartreux, ayant toutes une issue sur un petit jardin fermé de toutes parts.

Tout cela est abandonné, tout cela est désert, tout cela est triste comme l'absence, l'exil et la mort!

Après avoir longuement admiré ce chef-d'œuvre plein de chefs-d'œuvre, nous prîmes, pour gagner la gare, un petit sentier qui tourne autour des murs du monastère. A gauche, un petit ruisseau courait dans la haie avec un petit murmure à peine saisissable à l'oreille. Le soleil, incliné à l'horizon, perçait de ses dernières flèches, l'épais rideau des peupliers. Sous nos pas, les lézards regagnaient leur gîte furtivement. L'air, le ciel, la terre, tout était plongé dans la paix ; et dans le grand silence, nous nous en allions nous-mêmes en silence. C'est qu'une chose nous avait profondément peinés au milieu de notre ravissement. Ce monastère où ne respire plus aucune âme, où pas un seul moine n'est resté pour veiller sur la cendre des religieux qui jadis y vécurent et y moururent, cette église, bâtie et enrichie de chefs-d'œuvre par la foi et désormais vide de Dieu, ces cloîtres déserts, ces cellules désertes, tout cela, c'est l'œuvre d'un gouvernement sans scrupule. Il est tombé sur ces richesses comme sur une proie. Il y a introduit des gardiens civils qu'il a revêtus de ses livrées ; il a changé en musée la maison d'où il a chassé le Seigneur. Or, pendant que nous marchions sous les arbres, il nous semblait entendre des voix crier, et ces voix disaient avec un épouvantable ensemble : — Malheur au roi, malheur à la nation qui profane les sanctuaires ! Longtemps ce cri prophétique nous suivit dans les allées ; le train nous emportait au milieu de son bruit orageux qu'il nous poursuivait encore.

Nous n'avons cessé de l'entendre que tout à l'heure, pendant que, traversant Milan tout entier à la joie du dimanche, nous remarquions que tous les magasins étaient fermés...

III

VENISE

Le chemin. — Sur le *Canal grande*. — La place Saint-Marc. — L'église. — Flânerie nocturne sur la Piazza et sur le quai des Esclavons. — *Ave Maria*. Contraste du jour et de la nuit. — Les églises. — Études de mœurs. — L'homme au crochet. — Les pigeons de Saint-Marc, poésie. — Au *Redentore*. — Le vieux moine. — Aspect de la ville. — Aux *Gesuiti*. — Deux tableaux. — Au couvent de la Visitation. — Le cœur de saint François de Sales. — Le Palais des Doges. — Marino Faliero. — Les *Puits* et les *Plombs* de Venise. — Le pont des Soupirs.
Par la ville. — Le Rialto. — Le mort en gondole. — L'arsenal. — A San Lazaro, chez les Mekhitaristes. — Au Lido. — A l'île des tombeaux. — Départ pendant la nuit.

Venise, 1er septembre.

De Padoue (1) à Venise, toujours les monts du Tyrol à notre gauche, à notre droite toujours les champs immenses, toujours la vigne faisant courir d'un ormeau à l'autre ses lourdes guirlandes, toujours les vastes champs, coupés d'arbres alignés. Mais bientôt l'horizon se vide, de longues flaques d'eau s'étendent çà et là dans la plaine, puis l'onde envahit tout. On roule sur un chemin élevé dans la mer, interminable jetée dont les petits flots viennent lécher les assises. Çà et là des îlots, dont quelques-uns sont couverts de verdure, sortes d'oasis dans le grand désert des eaux. Puis en vous penchant à la portière, vous apercevez des murailles, des églises, des

---

(1) Nos voyageurs ont aussi visité Vérone et Padoue, mais deux cahiers ont disparu du manuscrit de l'auteur.

tours, tout cela surgissant au-dessus de l'immensité bleue. C'est une ville, c'est Venise.

Encore quelques secondes et vous êtes sur la rive du *Canal Grande.*

C'est une impression que, mes amis et moi, nous avons partagée : en entrant dans Venise, une tristesse vague vous saisit; on reste muet, dans le grand silence de l'eau immobile et des hautes maisons de marbre blanc que le temps a noircies; on a peur de parler. Peut-être est-on aussi, malgré soi, influencé par les sombres souvenirs qui planent sur cette ville de sang devenue une ville de plaisir.

Nous étions aux heures chaudes du jour. Grand oiseau noir au bec d'acier brillant, notre gondole nous entraînait sans cahotement, glissant sur la surface liquide qu'elle effleurait à peine. Nous étions presque seuls sur le grand canal, et, l'oreille désorientée par l'absence des bruits divers familiers aux grandes villes, nous croyions entrer plutôt dans une ville morte que dans une ville vivante. Nous longeons des palais de belle architecture, mais toujours déshonorés par ces taches noires qui font honte au marbre blanc. De petits canaux transversaux coupent la grande rue sur laquelle nous avançons et qui peu à peu s'élargit. Et voici que tout à coup, nous avons une vue aussi étrange que magnifique. L'onde animée se creuse aux sillons de cent gondoles; tout un peuple est couché sur les quais où quelques paysans débarquent des pastèques; les palais et les monuments se haussent; leurs deux rangées s'allongent en se mirant dans l'eau, et la mer immense elle-même apparaît à l'horizon, nappe luisante et mouvante, parsemée d'îlots tout hérissés de palais et de maisons, de clochers et de coupoles.

Nous ne pûmes nous empêcher de pousser un cri à cette vue, un cri de surprise et d'admiration. L'impression de tristesse que nous avions ressentie disparut, et nous comprîmes enfin qu'on appelle *Venise la belle,* la *perle* de l'Adriatique.

Mais une autre surprise, délicieuse aussi celle-là, nous attendait encore. Nous l'avons due à la délicate attention de celui de nous trois qui conduisait les deux autres. Au lieu de nous faire parcourir le Grand Canal dans toute sa longueur, il nous fait descendre dans je ne sais quel *fundamentum*, comme on dit ici. Après quelques pas, nous débouchons sur la place

Fig. 9. — Le Grand Canal, à Venise.

Saint-Marc. Spectacle féerique. Au soleil qui brille en pleine ardeur, la façade de l'église fait flamboyer ses mosaïques éclatantes à fond d'or; les chevaux de Vérès, semblent piaffer sur leur galerie de marbre, et, près de la tour gigantesque, les petits dômes élèvent doucement sous l'azur du ciel leurs blancheurs arrondies. Sous les galeries de la vaste place, une foule de promeneurs. Sur la place elle-même, les fameux pigeons de Saint-Marc.

Après avoir admiré longuement, avec une inexprimable jouissance, et cette basilique étrange qui ne rappelle aucun style, véritable joyau étincelant, et ce gigantesque campanile qui se hausse pour regarder la mer par-dessus l'épaule de Venise, et ces arcades, et cette colonne qui soutient le lion de Saint-Marc, tout ce tableau unique au monde dans son cadre splendide, nous n'avons pu résister au désir de pénétrer dans le sanctuaire célèbre, qui passe pour être une des merveilles les plus curieuses qu'on puisse voir.

Nous ne prenons même pas le temps de secouer la poussière qui nous couvre. Nous entrons sous le porche déjà tout lambrissé de mosaïques, et nous sommes dans l'église. Ici encore, l'œil va de surprise en surprise et d'éblouissement en éblouissement. De l'or, du rouge, du sombre, de grandes figures de saints, des scènes religieuses bizarrement traduites se développant sur les murs éclairés d'une lumière fantastique, qui se brise et s'éparpille en reflets mystérieux; les colonnes d'albâtre arrachées au temple de Salomon, des piliers couverts de sculptures, des candélabres, des marbres et des bronzes de toute espèce, des chapelles obscures, partout le riche revêtement de la mosaïque luisante, tels sont les différents éléments de la première sensation qui vous saisit, vous étonne, vous étourdit, vous ravit. Rêve oriental en pays d'Occident, Saint-Marc est bien le temple de cette république opulente, dont les fils avaient vu les plus beaux cieux et les plus belles plages du monde. Alexandrie, Byzance et La Mecque elle-même y reconnaîtraient quelque chose de leur art. Qu'importe, si l'harmonie résulte du mélange de tous ces genres épars, et si l'œil dépaysé en reconnaît néanmoins la beauté et la grâce !

Ce soir, après dîner, nous nous sommes mêlés au peuple de promeneurs qui sillonnaient la piazza, vraie fourmilière humaine. Il y a peu de Vénitiens authentiques dans cette foule. Les Vénitiens de Venise sont couchés sous les arcades de Saint-

Marc et sur les quais, où souffle la brise fraîche de la mer. Il n'y a guère ici que des étrangers, Français, Russes, Turcs, Anglais surtout. On y voit un peu tous les costumes, et l'on y parle un peu toutes les langues. C'est le rendez-vous des touristes curieux de beaux tableaux, de belles églises et de beaux paysages, comme nous autres. Ils y viennent faire des études de mœurs et se délasser des courses en gondoles en remuant un peu les jambes.

C'est aussi le rendez-vous des viveurs et des désœuvrés, de ces riches inutiles, qui promènent par le monde leurs vices et leur oisiveté. Mais ceux-là assiègent surtout le large quai des Esclavons. Assis autour de petites tables dressées en plein air, ils boivent des glaces et fument des cigares de France, lesquels sont très goûtés ici, à ce que je me suis laissé dire. Cependant, au-dessus d'eux, le ciel étend son vaste dôme d'azur où scintillent les douces étoiles, la mer leur envoie sa fraîcheur frémissante, et pour plus de charmes encore, un orchestre, dans lequel les vibrations de la harpe se mêlent au chant passionné du violon, leur joue les plus beaux airs de cette musique italienne qu'on dirait inspirée par le bonheur. En vérité, la soirée est belle, et la vie de tous ces hommes m'apparaît, un instant, bien riante. Mais la pensée qui me hante toujours en présence des foules, me revient bientôt. Tout ce décor extérieur s'évanouit, et dans cette multitude dorée, je vois des âmes vides ou vidées, des cœurs dévorés de passions et de soucis, en quête d'une félicité que la terre leur refuse obstinément, parce que Dieu seul peut la donner.

Nous disons adieu aux étoiles, à la mer, à la musique dont les échos nous poursuivent, et nous nous en allons en récitant notre chapelet. Un *Ave Maria* est aussi une musique, musique qui ne trouble pas, qui n'alanguit pas, mais qui charme l'âme en la fortifiant, et qui, en la berçant, la purifie et l'élève. *Ave Maria*.

2 septembre.

Le soleil était déjà assez haut, ce matin, quand nous sommes descendus en gondole pour courir les églises. Il dardait ses rayons sur nous comme des flèches, pendant que les lentes vagues, bleues et frétillantes, étincelaient de tous ses feux. Mais les gondoliers ont tout prévu : un joli dais de toile qui laisse flotter ses franges vous abrite contre ces ardeurs cruelles d'un ciel de flamme, et vous vous en allez, comme à l'abri d'une tente, doucement bercés, jouissant de tout sans souffrir de rien. Silence partout. Je me suis aperçu que ce n'est que le soir que Venise s'éveille. Dès que le crépuscule s'annonce, les maisons se vident, et ce sont, à la fraîche, des jaseries à n'en plus finir. A deux heures du matin, j'entendais encore dans les rues des éclats de voix et des roucoulades. Cette ville dort tout le jour, et ne veut pas laisser dormir ses hôtes pendant la nuit !

Nous avons vu tour à tour *Santa Maria della Salute, San Giorgio Maggiore, Santa Maria del Carmine, San Sebastiano,* les *Frari.* Ces églises sont différemment curieuses, mais toutes intéressantes. Il n'y en a pas qui ne possède un ou deux tombeaux de doges et quelques tableaux de maîtres. Mais je dois avouer que mes émotions artistiques sont bien atténuées par les impressions diverses qui me sollicitent en chemin. Ici, sur ce quai, c'est un gamin qui tire trois notes fausses d'une flûte de deux sous, et qui vient sérieusement demander sa récompense. Là, sur cette place, c'est un jeune homme de quinze à seize ans à qui l'un de nous donne la plus mince obole, et qui saute de joie en montrant ses dents blanches, comme s'il n'avait jamais possédé une pareille fortune. Une troupe de fillettes et de garçonnets le regardent avec des yeux d'envie, et se précipitent sur nous avec des cris avides. Mais ce n'est pas là le plus curieux. Le plus curieux, c'est le bonhomme armé d'un bâton à crochet, qu'on rencontre infailliblement partout où l'on aborde. Ce bonhomme est vieux, maigre, loqueteux. Vous apercevez sa silhouette sur toutes les rives, couchée, debout, et toujours avec l'inséparable bâton. Quand vous ne l'apercevez pas, il est là tout de même, et au moment où vous allez toucher le bord, vous le voyez surgir devant vous comme une

Fig. 10. — Église Saint-Marc, à Venise.

apparition. Saluez : vous avez devant vous le chef-d'œuvre du génie italien : l'homme qui gagne sa vie sans efforts ni peine, simplement en faisant semblant de rendre service au voyageur. Sitôt qu'il aperçoit une gondole, il va à l'endroit où il prévoit qu'elle abordera ; il l'attend venir ; et, quand la proue a touché le bord du quai, il l'accroche avec son bâton recourbé, la maintient pendant que les promeneurs descendent, puis tend la main. Vous ne pouvez moins faire que de lui donner un sou, et ainsi sou à sou, il gagne sa journée. Son bâton vaut un bâton magique.

Ceci me rappelle une piècette de vers que j'ai écrite hier, pendant que mes bons amis faisaient la sieste. Je vous la transcris. C'est intitulé

LES PIGEONS DE SAINT-MARC.

Par cet après-midi sans brise,
Près du Dôme au fronton vermeil,
J'ai vu les pigeons de Venise
Se pavaner au grand soleil.

Ils trottinaient sous les colonnes,
Ils voletaient sur les pavés,
Parmi les bébés et les bonnes,
Gros et gras, repus et gavés.

Oh! quelle joie et quelle fête
Sous l'azur du ciel enchanté!
Et comme leur petite tête
Se redressait avec fierté!

Montrant son plumage, que zèbre
La moire aux reflets bleus et verts,
Chacun d'eux se sentait célèbre
Dans la ville et dans l'univers!

« Nous sommes de noblesse antique,
Semblaient-ils dire à tous instants ;
Nos pères à la République
Furent chers dès l'ancien temps!

Volant vers Venise la belle
Comme l'éclair qui fend les cieux,
Ils portaient écrit sous leur aile
Les messages victorieux!

Aussi jadis, lorsque le Doge
Les rencontrait sur son chemin,

Il leur accordait son éloge
Et les nourrissait de sa main.

Fils de pères illustrissimes,
Tous, depuis le vieux Dandolo,
Nous habitons les hautes cimes
Des palais se mirant dans l'eau ! »

Ils semblent conter cette histoire
Par tous les mouvements qu'ils font ;
Mais je ne sais s'il faut les croire :
Ils sont italiens au fond.

Or le mensonge ici n'importe
Aux esprits les plus scrupuleux,
S'il est habile, et s'il rapporte
Ne fût-ce qu'un centime ou deux !

En attendant, oiseaux superbes,
Sans aller trier les débris
Ni picorer le grain des gerbes,
Par le public ils sont nourris !...

Par cet après-midi sans brise,
Près du Dôme au fronton vermeil,
J'ai vu les pigeons de Venise
Se pavaner au grand soleil !...

Au *Redentore*, vieille église franciscaine, nous sommes accueillis par un vieux moine à figure très vénérable et très douce. Il marche devant nous à petits pas empressés. De temps en temps, il s'arrête et, de sa main décharnée qui tremble un peu, nous montre les tableaux célèbres. Ici, c'est la Nativité de Jésus-Christ par Bassan ; là, c'est son Baptême, par Caliari ; plus loin, la Flagellation de Tintoret ; ailleurs, une Ascension, du même ; et enfin, dans la sacristie, trois Vierges d'origine assez incertaine, mais pleines de caractère.

Quand nous avons tout vu, le bon vieux moine nous reconduit jusqu'à la porte. Il reçoit notre modeste offrande. Mais avant de nous congédier, il nous regarde longuement. On voyait qu'il cherchait dans sa mémoire les quelques mots de français qu'il pouvait savoir et qu'il brûlait du désir de nous dire quelques mots. Comme tout bon Italien, il commença par nous faire un compliment.

« Grands! dit-il, et de beaux hommes, les Français! »

Nous lui répondîmes par un sourire.

« Au fond, bons catholiques, ajouta-t-il, mais tout l'un ou tout l'autre, blanc ou noir! » Il accompagna ce laconique jugement des gestes les plus pittoresques.

« Adieu », dit-il enfin. Nous prîmes congé et déjà nous touchions à notre gondole, quand nous entendîmes crier derrière nous. Nous nous retournâmes. C'était lui qui nous saluait encore de loin. « J'ai quatre-vingt-quatorze ans, je vais bientôt mourir! nous disait-il, priez pour moi et à nous revoir là-haut! »

Nous nous éloignâmes, profondément touchés de sa bonté et ravis d'admiration pour sa foi et la sérénité de son âme.

Nous voilà de nouveau voguant sur l'eau. Tout en me laissant conduire, j'essaye de résumer les impressions qui s'accumulent en moi.

En résumé donc, il me semble que Venise est une ville plus étrange que belle. Elle a d'incomparables richesses artistiques, mais tout cela est d'un autre âge. Son peuple est un peuple déchu, comme elle est déchue elle-même. L'illustre république n'est plus qu'une ville italienne. Ses vastes palais, posés là sans ordre, sont trop vastes pour les gens qui les habitent. Ce peuple mendiant ne vit que de l'étranger, et il semble qu'une tente lui suffirait pour l'abriter contre son soleil brûlant dans ses lagunes boueuses. Il est doux, certes, d'être conduit en gondole dans ces rues tortueuses dont l'eau verte lave les murs, de passer sous l'arc des ponts aériens et de sentir un instant la fraîcheur de leur ombre. Mais les murailles salies et pelées, l'odeur nauséabonde qui s'exhale de maintes ruelles, les loques hideuses qui pendent aux fenêtres sculptées, tout cela attriste et blesse mortellement les sens par lesquels on s'attendait à jouir.

Aux *Gesuiti,* nous trouvons une église prétentieuse et mignarde, toute vêtue d'or, surchargée de guirlandes et de pompons, couturée d'incrustations multicolores. Seulement il y a là deux maîtres tableaux. L'*Assomption* du Tintoret d'abord, avec ses grands vieillards éton-

Fig. 11. — Types de mendiants, à Venise.

nés de ne trouver qu'un tombeau vide, et sa Vierge si magnifiquement emportée par un tourbillon d'anges. Puis, le *Saint Laurent* du Tintoret. Je crois que je l'aime encore mieux que l'autre. C'est une œuvre vraiment tragique, dans le style sombre de Rembrandt. Au sein d'une nuit profonde, un brasier rougeoie sur le sol, éclairant un cortège désordonné qui arrive. Des cuirasses, des lances luisent vaguement. Le bourreau est là, hercule à tournure brutale, prêt à frapper. Cependant une puissante coulée de lumière, tombant du ciel, perce la nuit, et enveloppe comme d'une gloire le blanc corps du martyr.

Ne me demandez pas par quel chemin nous sommes allés ensuite au couvent de la Visitation. Je me perds dans ce dédale de canaux qui se coupent les uns les autres. J'ai d'ailleurs toujours aimé ces promenades pleines de hasards et de surprises, où je ne sais où je vais, où je suis, ce qui m'attend. Et puis, de quoi me préoccuper? J'ai deux compagnons qui connaissent déjà Venise, comme s'ils y étaient nés.

Au couvent, où nous étions annoncés par le Père Tissot d'Annecy, nous avons été fort bien accueillis par la supérieure, une Italienne qui parle le français très purement, quoique avec un accent étranger. Toutes les religieuses d'ailleurs parlent notre langue, en souvenir de saint François de Sales. Nourries de ses œuvres, elles ont un doux parler semblable au sien, et rien n'est charmant comme d'entendre dans leur bouche cet écho gentillet de notre seizième siècle. Elles possèdent le cœur de leur Fondateur. Pour ne vous rien céler, c'est pour le vénérer que nous étions venus surtout.

De toutes les reliques qu'un homme peut laisser après lui, en effet, le cœur est la plus éloquente et la plus sacrée. Le cerveau a pensé; le cœur a aimé. Il a été l'organe des mouvements généreux, le théâtre des plus sublimes agitations, le champ de bataille des grandes luttes et des grandes victoires, le ressort puissant qui a fait monter l'âme au-dessus de la terre, jusqu'à l'éternité.

Un vieux prêtre en surplis nous fit baiser cette relique insigne, enfermée dans un vase de cristal. Une odeur étrange s'en exhale, odeur indéterminée, très subtile, très pénétrante, pareille à ces suaves émanations dont parlent les auteurs mystiques.

Nous sommes alors revenus vers la place Saint-Marc et, après avoir fait notre chemin à travers les gondoles qui encombrent le quai, nous nous sommes rendus au palais des Doges. Nous l'avions vu déjà, mais en passant. Il mérite plus que cela. Aussi lui avons-nous consacré tout le reste du jour.

Un peu comme tout ce que l'on voit ici, le palais ducal vous surprend par son étrangeté. Il ne rappelle rien des monuments de même nature qu'on a vus. C'est une forme sans précédent dans la pensée. Mais que c'est joli! Imaginez sur une colonnade à piliers robustes, une autre colonnade, mais plus légère, dentelée d'ogives, percée de trèfles, vraie dentelle de marbre; puis, appuyé sur ces étais si frêles, un

Fig. 12. — Cour du palais des Doges et escalier des Géants, à Venise.

mur plein, de marbre rouge et blanc, et sur ce mur enfin, une autre dentelle de marbre couronnant l'immense édifice d'aiguilles et de clochetons, voilà le palais des Doges. On entre, et l'on se trouve dans une vaste cour ornée de deux fontaines de bronze et des quatre côtés toute peuplée de statues, Mars et Neptune, Adam et Ève, que sais-je? En face, voici l'escalier des Géants, escalier tant de fois gravi par les princes de la République, entourés de leur seigneuriale magnificence. C'est là, sur ce palier, que fut exécuté Marino Faliero.

Un jour, raconte la légende, alors qu'il était jeune et ardent, il s'était permis de reprocher à l'évêque qui portait le Saint-Sacrement, la lenteur avec laquelle il marchait. Le vieillard ne lui répondit pas. Bouillonnant de colère, l'orgueilleux patricien s'élance sur lui, l'injurie, le frappe à la tête, et le renverse avec l'ostensoir. Lentement l'évêque se releva, et quand il fut debout, il se retourna vers le podestat en lui montrant l'hostie sainte : « Un jour viendra, lui dit-il, où Celui que tu as renversé te renversera; la gloire désertera ta maison; une démence saisira ton cœur. Quand ta tête aura blanchi comme la mienne, elle tombera sous le glaive, et la honte perpétuera ta mémoire. » C'est ici que la prédiction s'est réalisée.

On pénètre dans le palais. Là on se trouve dans un musée dont les murs sont tapissés de chefs-d'œuvre. Les plus illustres peintres vénitiens ont couvert les voûtes de peintures triomphales, splendides glorifications de la patrie. Puis des tableaux et des tableaux : le *Paradis* du Tintoret, composition de quatre-vingts pieds de long sur vingt-quatre de large, où plus de six cents figures tourbillonnent dans une gloire enflammée; le *Triomphe de Venise* de Paul Véronèse, où la grande ville, figurée sous les traits d'une déesse, trône, dans un cadre de grandiose architecture, au milieu de jeunes femmes au voluptueux sourire; et mille autres. Jamais je n'ai tant vu de pourpre et d'or, d'azur et de blancheurs, de simares et de draperies. Tout cela est lumineux et plein de vie; mais tout cela est sensuel et peut-être trop éclatant. Il semble que l'âme n'ait pas assez de part au plaisir des yeux.

Avant de quitter le Palais, nous avons voulu descendre dans les cachots de la République. Les *Pozzi* ou *Puits* sont de noires et humides prisons aux murs épais, aux voûtes basses, et ayant toute l'horreur des plus sinistres souterrains. Quand un homme entrait là, il n'en sortait plus. Ces demeures affreuses étaient le vestibule de la mort. Un soir, en effet, il voyait le bourreau entrer; quelques minutes plus tard, il était égorgé, et son corps était jeté dans le rio qui coule au pied du palais. Ainsi l'avait ordonné le Conseil invisible qui présidait aux destinées de Venise. Les autres prisons sont ces fameux *Plombs* que Silvio Pellico a immortalisés, prisons aériennes, espèces de mansardes dont le toit en plomb, qui recouvre le palais, forme la voûte. Celles-là sont un peu moins sombres que les autres. Une petite ouverture laisse passer la lumière. Au plafond, une petite lampe est suspendue. Un lit de camp en bois occupe l'un des angles. Enfin, un siège de pierre, destiné à ceux qu'on exécutait secrètement et dont on allait ensuite couler le cadavre au large. Tel est l'ameublement de ces tristes demeures.

On accède aux Pozzi par le fameux *Pont des Soupirs*, espèce de cénotaphe suspendu en l'air, et sous lequel glissent les muettes gondoles. Quand on pense à tous les malheureux qui ont passé là avec l'horrible certitude de la mort, aux larmes qu'ils ont versées, aux soupirs qui ont brisé leur poitrine lorsqu'ils traversaient ce couloir sinistre, ce joli nom de *Pont des Soupirs* prend un sens horriblement tragique. Pour moi, je me prends à le haïr comme on hait le chemin de la tombe.

La nuit est venue, nous sommes las. Comme les illustres pigeons dont je vous parlais tantôt, nous regagnons nos gîtes.

3 Septembre.

Ces jours passés nous avons visité les églises, les palais, les musées. Aujourd'hui nous avons voulu faire connaissance avec Venise elle-même, avec sa vie, avec son peuple, avec cette mer calme et riante qui l'enveloppe de sa glauque ceinture.

A peine sommes-nous arrivés sur le quai des Esclavons, que vingt gondoliers nous font signe et nous appellent. Mais notre rameur d'hier, un brave homme qui jure, sacre et tempête un peu moins que les autres gondoliers, ses frères, accourt vers nous, et, avec force démonstrations et politesses, nous entraîne jusqu'à sa barque. Nous y descendons volontiers, et nous voilà de nouveau glissant sur l'eau muette. Nous pénétrons dans la ville, nous traversons les grandes et les petites rues, nous la sillonnons en tous sens. Mille spectacles divers s'offrent à nos yeux tour à tour. Ici, c'est une petite place ensoleillée où jouent quelques gamins espiègles; là, un *calle* ténébreux, ruelle étroite et humide, où les femmes et les enfants, assis sur le seuil des portes, causent, crient, grouillent en une inexprimable promiscuité; plus loin, en un passage si resserré qu'on se demande si deux barques pourront passer de front, nous croisons les lourds bateaux, chargés de pastèques, des maraîchers du Lido ou des îlots voisins; ailleurs, c'est la rapide gondole qui va porter au Rialto trois ou quatre Vénitiennes, drapées dans un vilain châle aux couleurs éteintes. C'est ainsi que nous arrivons nous-mêmes à ce fameux Rialto, l'une des curiosités de Venise.

C'est un vieux pont du seizième siècle, tout en marbre, et dont l'arche unique enjambe tout le *grand Canal*. A droite et à gauche des passerelles; au milieu, alignées de chaque côté, des boutiques de marchands. Il y en a de toute espèce, de ces marchands : marchands de poissons, marchands de légumes, marchands de fromages, marchands de vins, marchands de fruits, marchands de vêtements, marchands de montres et de faux bijoux, boulangers, bouchers, cordonniers, que sais-je! le plus complet des bazars. Vous avancez; une odeur fade et pourtant forte, odeur sans nom, faite de mille odeurs diverses, vous monte aux narines et vous soulève le cœur. Dominez cette première impression et avancez encore. Vous êtes au milieu d'une foule grouillante d'hommes et de femmes qui va et vient au milieu d'un bruit assourdissant de cris et de paroles. Tous les types, toutes les beautés et toutes les laideurs se croisent et s'entrecroisent. Vous êtes étourdi, abasourdi; vous n'avez plus qu'un désir, trouver l'issue, retrouver l'air et la paix.

Nous reprenons notre gondole, et nous voilà de nouveau, Dieu merci! sur l'eau tranquille.

Comme nous nous en allons, bercés à peine sur la surface dormante, nos yeux sont attirés par une barque sur laquelle on a dressé une tente d'étoffe noire, d'autres barques la suivent, toutes semblables. Par les portières ouvertes, nous apercevons un prêtre en surplis, puis des figures voilées sur lesquelles se lit la tristesse et le deuil. C'est un enterrement qui passe; c'est un Vénitien qu'on porte à sa dernière demeure sur cette gondole qui, pendant sa vie, le porta sur tous les sentiers de Venise. Tout à l'heure, il va dormir le grand sommeil dans la lagune déserte que ne trouble aucun bruit, sinon le bruit intermittent du flot clapotant sur la rive. Rien de plus étrange et de plus saisissant que cette rencontre d'un mort en un pareil lieu.

Nous entrons en passant dans la grande Verrerie.

Un jeune homme nous accueille sur le seuil et nous conduit d'abord, avec force politesses, dans l'atelier où les artistes travaillent ces œuvres fragiles et ravissantes qui ont porté leur réputation jusqu'au bout du monde. Rien d'amusant comme de les voir prendre le verre en fusion au bout de leur longue baguette, l'approcher de leurs lèvres et lui donner, avec leur souffle, toutes les formes imaginables. Ils font ces tours de force avec un laisser-aller charmant. On dirait qu'ils n'ont qu'à le regarder, pour que le verre obéisse.

Notre guide nous emmène ensuite dans un magasin immense et éblouissant comme une grotte de fée. Il y a là des glaces, des lustres, des candélabres, et mille bibelots inconnus dont les scintillements accrochent le regard et allument le désir.

Seulement, prenez garde : si vous vous laissez entraîner, vous serez bientôt allégé de quelques centaines de francs ! Sans l'esprit d'économie bien connu de notre Directeur, nous emportions toute la boutique, et nous étions dans les dettes pour le restant de nos jours...

A l'*Academia* où nous nous rendons ensuite, nous retrouvons toutes les gloires de l'École vénitienne. Nous admirons, en particulier, la rayonnante *Assomption* du Titien, un des plus beaux chefs-d'œuvre que possède l'Italie. Plusieurs Tintoret, plusieurs Véronèse, plusieurs tableaux anciens et modernes méritent encore d'être vus.

Mais notre promenade de ce soir nous réservait d'autres émotions. Après avoir fait une courte visite à l'Arsenal, beau et vaste monument où la reine de l'Adriatique a rassemblé tous les modèles possibles de canons et de vaisseaux, nous avons pris la mer, toute radieuse sous le soleil, et nous sommes allés devant nous, à la découverte des îlots verdoyants qu'on aperçoit de loin, et qui vous attirent comme des oasis dans le désert. Cent gondoles ont pris leur élan avant nous, et nous les voyons virer sur l'eau bleue, comme les hirondelles dans le ciel. Parfois un lourd bateau à vapeur, chargé de promeneurs, passe à côté de nous et nous fait danser quelque temps dans les remous de son sillage. Le soleil est brûlant; mais la brise, qui s'est trempé les ailes dans l'onde amère, est fraîche et parfumée de senteurs marines. En avançant, nous rejoignons de pauvres gens presque nus qui charrient sur un mauvais bateau les immondices de la grande ville. Je ne sais

Fig. 13. — L'Assomption de la sainte Vierge. Tableau du Titien. Académie des Beaux-Arts, à Venise.

ce qu'ils valent, mais cela fait du bien de voir des hommes travailler en ce pays du *farniente*. Nous doublons une petite île couverte d'un vaste bâtiment qu'on nous dit être une maison de fous, et voici que nous en voyons une autre surgir, plus gracieuse encore. C'est un monastère ; il est environné d'arbres verts ; ses élégantes fenêtres sont ouvertes, et il dresse vers le ciel, aussi svelte qu'un minaret, son campanile coiffé d'un joli dôme. Cette île s'appelle San Lazaro. Douze moines arméniens, échappés au massacre des Turcs, vinrent s'y réfugier au commencement du dix-huitième siècle, et grâce à la générosité de la sérénissime République, en devinrent les propriétaires à perpétuité. Mékhitar, leur chef, transforma les ruines d'une léproserie, jadis bâtie là, en un magnifique asile où ses fils vivent encore sous le nom un peu étrange de Mékhitaristes.

Comme tous les religieux du monde, les bons Mékhitaristes sont collectionneurs. Ils ont même la réputation de posséder des œuvres artistiques de haut prix. Pourquoi ne pas frapper à leur porte ? Quelques coups de rames, et l'éperon d'acier de notre gondole vient heurter l'escalier de marbre que lave de ses petits flots pressés l'eau limpide de la lagune. Nous frappons, la porte s'ouvre et un petit moine dont la longue barbe ferait envie au *Moïse* de Michel-Ange, vient à nous aimablement et s'offre à nous conduire.

Nous visitons d'abord la Bibliothèque. C'est là que Byron, ayant un Père pour maître, apprit l'arménien en six mois. Beaucoup de livres rangés avec soin ; mais peu de livres occidentaux. J'y ai remarqué une partie de la collection de Migne. C'est ce qu'il y a de meilleur. En revanche, une vaste bibliothèque arménienne, livres et manuscrits, quelques-uns ornés d'admirables vignettes. Un registre contient les noms des visiteurs illustres. Nous nous inscrivons à côté de l'empereur de Russie et du Kronprinz d'Allemagne !...

Le bon vieux petit moine trottine comme une souris, et

après chaque explication, repète deux fois : C'est vrai, c'est vrai !

L'imprimerie est très curieuse, c'est vrai ; on nous montre les volumes arméniens qui sortent des presses ; mais, hélas ! nous n'y voyons que du noir sur du blanc, c'est encore vrai...

Un coup d'œil sur le jardin, qui nous paraît être une vraie terre promise, et nous allons visiter la chapelle. Elle n'a rien de remarquable, cette église monacale ; mais nous eûmes la bonne fortune d'y arriver juste au moment où les religieux finissaient l'office du soir. Ils défilèrent deux à deux devant nous. Il y en avait de tous les âges, de tout jeunes à figures angéliques, de mâles visages d'hommes mûrs, et tout le reste de l'échelle jusqu'aux vieilles barbes blanches qui mettent devant les yeux des visions de patriarches. Rien de beau comme cette procession. Ces Orientaux à longue barbe, vêtus de la robe noire serrée à la taille par une ceinture de cuir, un manteau flottant sur les épaules, ont, dans leur air et leur démarche, une incomparable majesté. On sent en eux des natures plus graves et plus profondément religieuses.

C'en est assez ; nous disons adieu au bon moine qui nous a guidés, nous reprenons notre gondole et nous voguons vers le Lido. Bientôt, en effet, le monastère s'éloigne, ses ifs s'effilent sur l'horizon, lui-même se rapetisse : voici la célèbre lagune.

Le Lido ! c'était pour nous comme un nom enchanté ; c'était le paradis de Venise, le rendez-vous de ses fêtes nocturnes, l'île charmante où tout était plaisir et poésie. Certains refrains de poètes nous revenaient à la mémoire.

L'imagination, qui enchante l'homme rêvant à son foyer, est une source de tristesse en voyage. Le Lido est encore une déception. Imaginez un îlot allongé de 400 mètres de large, traversé par une large allée où circulent les tramways en concurrence avec les vélocipèdes ; des hôtels, des magasins, des cabines pour les baigneurs, voilà le Lido ! La petite église campagnarde cachée dans les arbres de la rive est encore ce qu'on y voit de plus poétique. Quelques touristes s'y promenaient, la mine longue et l'air désenchanté. Je vous le répète, voilà encore un beau pays qui a usurpé sa réputation!

L'orbe aveuglant du soleil touche presque déjà la ligne de l'horizon. Nous pourrions rentrer ; mais notre gondolier nous montre au loin l'*île des Tombeaux;* nous avons le temps d'y arriver avant la nuit close. Nous mettons le cap sur ses blanches murailles que dore l'astre à son couchant. On dirait un fort avancé, bâti sur quelque rocher dans la mer.

Nous approchons, nous arrivons. Après avoir traversé une église remplie d'ornements funèbres, nous pénétrons dans un vaste champ, entouré d'un mur de briques dont le pied est baigné par la mer. C'est le cimetière de Venise. A droite, le terrain réservé aux morts obscurs : il est semé de petites bornes chiffrées, seul indice auquel les survivants puissent reconnaître où ils doivent poser les genoux. Les morts riches dorment dans une autre enceinte, vaste espace sur lequel plane un bel ange de marbre aux ailes d'or. C'est l'ange du jugement dernier. Il regarde le ciel comme pour attendre l'ordre de Dieu. De sa main droite, il relève sa lourde robe et de l'autre, il tient la trompette dont le cri va secouer la terre et réveiller en sursaut tous ceux qui dorment dans la poussière. Sur le socle, la parole de Job, éternelle expression de l'espérance humaine :

ET IN NOVISSIMO DIE, DE TERRA SURRECTURUS SUM.

Rien, dans ce cimetière, ne rappelle les splendeurs du *Campo Santo* de Milan. C'est que sans doute, il est trop loin de la ville : la vanité des vivants se désintéresse davantage de la tombe des morts.

Après cette dernière visite, nous redescendons en gondole,

prêts cette fois à regagner nos demeures. Le soleil incendie les montagnes du Frioul à l'horizon; les cloches sonnent l'*Ave Maria* dans les clochers de Venise. L'air est doux, et rien n'égale la paix splendide qui nous environne. L'*île des Tombeaux,* qui s'éloigne et s'efface derrière nous, est une appellation qui paraît trop sombre en ce lieu et à cette heure : l'*île du Repos* conviendrait mieux. Des barques passent à côté de nous : elles sont pleines d'hommes et de femmes du peuple qui chantent des chansons langoureuses. Un enfant danse sur le pont. Cependant le soleil s'est couché, et l'étoile du soir, qui s'est levée, nous regarde par derrière, au-dessus de la ville qui se détache en puissants reliefs sur le ciel clair. Quand nous rentrons dans Venise, la nuit est tombée tout à fait. Mille lumières se reflètent dans l'eau, faisant dans la mer autant d'étoiles scintillantes qu'il y en a dans les cieux. On chante, des musiques voltigent dans l'air. C'est la nuit, Venise se réveille et s'amuse.

Nous la quittons à 11 heures. Pendant que nous nous éloignons, longtemps encore je la regarde, et longtemps encore sa masse noire nous apparaît dans la nuit, surmontée de son aigrette de lumière follette. Mais nous avons bientôt quitté la longue jetée que la mer assiège. Nous roulons alors longtemps en de profondes ténèbres où rien ne luit. Soudain, une odeur nauséabonde, vrai souffle pestilentiel, pénètre dans notre wagon; c'est Ferrare qui s'annonce en nous envoyant l'haleine écœurante de ses vastes marécages.

IV.

FLORENCE.

Dans les Apennins. — La ville. — Le Dôme. — Le Baptistère. — Le Campanile. — Aux Uffisi. — La Loggia.
Grand'messe à la cathédrale. — Mendiante. — Église Saint-Laurent. — La chapelle des Princes. — La sacristie nouvelle. — Officiers et soldats italiens. Au palais Pitti. — La promenade du Viale. — Au cimetière de San Miniato. — Le Panthéon de l'Italie. — A San Marco; Fra Angelico; Savonarole.

5 Septembre.

Partis de Bologne, ce matin, de bonne heure, nous sommes arrivés à Florence où j'écris ces lignes.

Si jamais vous faites le même voyage, tâchez de vous installer en quelque bon coin, et de là, contemplez le pays. Il est ravissant, particulièrement à cette époque de l'année. Les vignes mieux cultivées forment, dans la plaine que vous traversez d'abord, des guirlandes plus riches et plus larges entre les arbres plus espacés. On commence les vendanges hâtives; vendangeurs et vendangeuses sont grimpés sur des échelles, perdus dans la verdure mouvante des feuilles. Tout est grâce et fertilité. Bientôt, il est vrai, nous sommes enserrés par les montagnes qui se rapprochent en se rehaussant. Elles s'appuient les unes sur les autres, elles s'arrondissent en mamelons, elles s'élèvent en pointes aiguës. Mais leurs flancs sont toujours cultivés, leur sommet toujours couronné de maisons ou de bouquets d'arbres. Ces arbres sveltes et effilés se détachent en noir sur le bleu du ciel et font le plus gracieux effet. Ces paysages des Apennins rappellent ces fonds de tableaux du Pérugin où la perspective, pour être bornée, n'en est pas moins enchanteresse. Dans une vallée un peu plus aride, un groupe de bûcherons est couché sur la pierre, et nous regarde passer stoïquement. Deux petites filles, jeunes sauvagesses ébouriffées, cueillent des fleurs parmi les roches. Et les vallées succèdent aux vallées. Nous rencontrons des fermes, des villages. Partout le même peuple au visage brûlé du soleil, aux pieds nus, aux vêtements en lambeaux; riche peut-être, quoique j'en doute; mais d'un bien misérable aspect. On devine que si l'on passait près d'eux, ces gens-là tendraient leur chapeau. Sur le seuil des maisons, les grappes de maïs font sécher leurs grains d'or. Les paysannes lavent leur linge dans l'eau troublée des torrents, on les aperçoit courbées sur leur besogne, montrant leurs pieds plus jaunes que les pattes palmées des canards...

A partir de Vergato, les montagnes veulent se faire plus sévères, sans y réussir toujours. Plus tourmentées, plus décharnées, elles n'en offrent pas moins encore des recoins délicieux. Ce qui donne une teinte plus triste au paysage, c'est le large lit pierreux et sec du Reno, que nous longeons pendant des lieues. Dans la vallée riante, il forme une seconde vallée aride, plus morne qu'un désert, désert que la rivière, avec son mince filet d'eau verdâtre, ne suffit pas à égayer.

Peu à peu, les cimes se font plus sauvages. Elles ne sont jamais nues, mais elles sont plus hardies et moins habitées. En revanche, l'eau des torrents y coule plus abondante et plus limpide. Les masses énormes, dont pas un roc ne perce la surface, se contrarient et se répondent. Les gorges se coupent les unes les autres. Ainsi jusqu'au sommet qui partage les eaux de l'Adriatique et de la mer de Toscane. Même spectacle sur l'autre versant. Mais plus l'on descend et plus les vallées s'élargissent et se font charmantes, pleines de cultures et de villages. Après Pistoie, les montagnes s'écartent de plus en plus, surtout à droite. Elles forment ainsi la grande plaine où Florence est assise.

Nous y sommes arrivés tantôt, vers deux heures. A ce moment du jour, toutes les villes d'Italie dorment profondément. On les prendrait pour de vastes nécropoles, ou pour quelques cités mortes dont les habitants auraient disparu.

Fig. 14. — Panorama de Florence.

Florence, au contraire, est en pleine activité. Il y a bien encore des paresseux à l'ombre des portiques. Mais la vie néanmoins se révèle avec vigueur. Les voitures courent et se croisent, les passants se coudoient et se hâtent aux affaires. Telle est la première impression que nous avons ressentie.

La seconde, c'est l'impression d'une ville charmante. Si Rome que nous verrons dans quelques jours est la reine de l'Italie, Florence nous paraît en être la fleur. Elle s'épanouit dans son cadre clair, comme une rose dans un jardin, abritée par le mur de ses prochaines montagnes. Je remarquais tout à l'heure, avant d'arriver, sa belle campagne découpée en petits champs clôturés de buissons, par-dessus lesquels les mûriers haussent leur tête luisante. Tout, jusqu'aux maisons bâties en pierres jaunes, presque dorées, tout y a un air de bonheur. Ici, dans la ville, la même douceur semble répandue partout.

Cependant nous arrivons, à travers les rues populeuses, devant les portes du Dôme. Il se dresse, à la fois élégant et majestueux, dans l'azur que ses marbres reflètent vaguement. Impossible de retenir un cri d'admiration. Mais comment décrire cette construction immense, quand l'œil peut à peine l'embrasser dans son ensemble? A quel style la rattacher, quand elle est la création de la plus pure et de la plus originale fantaisie? Des murs d'une hauteur prodigieuse sans arcs-boutants ni soutiens; sur ces grands murs nus un revêtement de marbre noir et jaune; puis des ogives gothiques, des coupoles byzantines, de jolies colonnettes italiennes autour d'une bordure de caissons grecs, voilà l'œuvre, amalgame singulier de toutes les conceptions et de toutes les formes. Nous entrons et, le dirai-je? nous éprouvons le plus complet désenchantement. Certes, le vaisseau est immense; mais il est nu et triste. Pas de lumière, ou plutôt une lumière grise qui, passant avec peine par de petites baies rondes, semble ternir tout ce qu'elle touche au lieu de l'éclairer. C'est comme un froid crépuscule : cette ombre ne vous recueille pas, elle vous glace. Ce n'est pas cependant que les œuvres artistiques manquent au Dôme. Vous y trouvez la *Pieta,* que Michel-Ange avait sculptée pour orner sa propre tombe; sur la coupole, des peintures gigantesques de Vasari et de Zucchéro; derrière le chœur, une *Cène* sur fond d'or de Balducci; vous voyez dans le chœur même des bas-reliefs de Bandinelli, l'auteur des *Sabines :* sur les portes de la sacristie, des bas-reliefs en terre cuite de Lucca della Robbia, le Bernard Palissy de Florence; sur le mur de la nef latérale de gauche, Dante en robe rouge vous apparaît comme une vision de l'ancienne République. A chaque pas, vous rencontrez un tombeau célèbre; ici, celui de Brunelleschi, là, celui de Giotto avec une touchante épitaphe d'Ange Politien, le fameux latiniste. Mais rien de tout cela ne saurait

Fig. 15. — La cathédrale de Florence.

remplacer l'absence du jour, de cette belle lumière qui se joue dans la cathédrale de Milan par exemple, colorée par les vitraux, brisée par les colonnes, rejetée çà et là par le marbre étincelant, et qui donne à sa sévérité une grâce si séduisante.

En face du Dôme se dresse le Baptistère, sorte de temple octogone couronné par une coupole. C'est l'ancienne cathédrale de Florence. A quelle époque peut bien remonter cette petite église? Un évêque du VIII° siècle en parle, et Dante y fait allusion dans son Enfer, quand il rappelle qu'il brisa un jour l'un des fonts baptismaux, pour empêcher un enfant de s'y noyer (1). Déjà, en ce temps, le baptistère de saint Jean était célèbre par sa beauté. Il s'est encore enrichi depuis, et de quelles splendeurs ! Ce sont d'abord les portes de bronze, véritables merveilles de l'art florentin. Sur la première, André de Pise a représenté, en de jolis cadres quadrilobes, l'histoire de saint Jean et les Vertus cardinales. Sur la seconde, Ghiberti a ciselé vingt-huit sujets tirés de la vie de Jésus-Christ. Sur la troisième, le même artiste a reproduit dix scènes bibliques. La poussière jette malheureusement un voile épais et blanchâtre sur ces portes couvertes de chefs-d'œuvre et dignes, suivant Michel-Ange, de fermer le paradis. Malgré cela, il n'est pas difficile de lire et d'admirer ces trois pages sublimes de la ciselure, vrais tableaux de métal où mille personnages s'agitent, avec tous les mouvements de la plus noble vie, dans la perspective des plus ravissants paysages.

A l'intérieur, nous nous trouvons dans un monument où nous croyons reconnaître les formes de l'architecture antique. Des colonnes en marbre précieux dessinent le pourtour ; au-dessus, un cercle de colonnes plus petites, surmontées d'arcades plus hautes, va soutenir la voûte toute peuplée des légions saintes qui, sur quatre rangs, se pressent autour d'un grand Christ byzantin.

Enfin, entre la cathédrale et le baptistère, Giotto a dressé son Campanile, haute tour carrée du plus pur gothique allemand. Il se tient ferme et droit, avec une incomparable sveltesse. Jamais monument de pierres n'a atteint cette légèreté et cette grâce, cette élégance et cette simplicité : « Le sourire vous prend rien qu'à voir ce charmant petit chef-d'œuvre placé là, entre deux monuments sérieux, comme un joli enfant blond et rose entre deux vieillards. L'effet du Campa-

---

(1) *Enfer*, XIX, 17.

nile ne saurait se décrire. Charles-Quint voulait avec raison qu'on le mît sous verre, et en effet, on dirait que ce verre a été brisé de la veille (1). »

Nous nous hâtons ensuite vers la place de la *Signoria*, et nous entrons aux *Uffisi*, autrement dit *Palais des Offices*. Nous y sommes accueillis par les vieux Médicis, princes au profil allongé, au masque fier et sensuel, dont les bustes sont alignés au sommet de l'escalier monumental, qui conduit aux galeries. Dans le long couloir admirablement éclairé où nous pénétrons, nous nous

Fig. 16. — Baptistère de Florence.

trouvons déjà perdus au milieu d'innombrables œuvres d'art. Sculptures païennes et peintures chrétiennes sollicitent les yeux à chaque pas, tour à tour et simultanément. Ce sont les bustes antiques des Auguste, des Néron, des Caligula, des Tibère, des Agrippine, des Junie, de tous les féroces héros de Suétone ; ce sont des statues grecques ; ce sont de vivants bas-reliefs romains sur lesquels se déroulent des processions religieuses ou triomphales. Au-dessus, couvrant la muraille, les tableaux se succèdent, tableaux qui remontent aux premiers âges de la peinture chrétienne, œuvres inspirées par le génie du Bas-Empire,

(1) Jules Janin.

ou plutôt par le génie catholique à peine sorti de ses langes. C'est Andréa Rico, le Candiote, Cimabue, Giotto, Lippo Memmi, les deux Gaddi et d'autres moins célèbres. Ces peintres, à qui le plus souvent rien n'a manqué pour être grands, qu'une connaissance plus parfaite des formes, évoquent, avec un singulier bonheur, les poétiques visions de la foi. Ils nous montrent en un ciel d'or et les Séraphins joueurs de théorbes, et les Saints aux calmes figures révérencieuses, et les douces Vierges au regard sévère, aux épaules tombantes, frêles créatures, peintes non d'après la nature, mais d'après le rêve, et n'ayant de chair que tout juste ce qu'il faut pour révéler une âme. Puis après les Vierges absorbées dans l'extase, voici le drame redoutable du dernier jour, voici le Juge, voici le Ciel et ses Élus, voici l'Enfer, voici la Mort; toutes les terreurs à côté de toutes les espérances, l'inspiration la plus haute alliée à l'imagination la plus effrénée, le génie à côté de l'impuissance! C'est l'enfance de l'art, mais combien naïve et sincère! Comme on sent que l'âme a frémi, que la main a tremblé! Venus quelque cent ans plus tard, les créateurs de ces œuvres infirmes auraient peut-être dépassé les peintres les plus immortels, car plus tard l'imagination est mieux réglée, mais la conviction fait souvent défaut; l'âme a un plus haut idéal, mais elle ne frémit plus; la main est plus sûre, mais elle ne tremble plus.

Nous entrons dans d'autres galeries, puis dans d'autres encore. Partout des chefs-d'œuvre. Ici vous rencontrez les rêveries intenses de Léonard de Vinci; là, les fières et chaudes tendresses de Véronèse; là, les suprêmes élégances de Baticelli; là, le gracieux paganisme du Guide; là, l'exquise sensibilité du Guerchin; là, le radieux réalisme du Caravage, là, le virginal idéalisme d'Andréa del Sarto. Les pensées et les formes nues entrent pêle-mêle dans l'âme, toutes les idées, tous les souvenirs, tous les rêves. Et soi-même on s'en va dans ces galeries sublimes, comme dans un rêve où passeraient toutes les images.

Fig. 17. — Adieux du Christ à sa Mère. — D'après Paul Véronèse. Musée des Offices, à Florence.

Mais silence, nous entrons dans le Saint des Saints des beaux-arts, dans cette fameuse *tribuna*, où Florence a placé sous une coupole de nacre les chefs-d'œuvre qu'elle a jugés dignes d'une admiration éternelle. Là vivent et respirent la

Vénus de Médicis, le *Satyre*, les *Lutteurs*, le *Rémouleur* et *le Petit Apollon*. Jamais le marbre ne s'est plié avec plus de souplesse et de grâce aux volontés du génie. Le marbre s'est fait homme, s'il m'est permis de le dire, homme aux formes et aux attitudes idéales. Il faut avoir vu cela pour avoir une idée de la perfection de l'art antique.

Mais, quelle que soit la beauté de la statuaire, les peintures de la Tribuna ne pâlissent pas auprès d'elles. Ouvrez les yeux, regardez : il y a là des tableaux si beaux que vous en emporterez dans votre âme et dans vos yeux la vision impérissable. C'est de Raphaël, la *Vierge au Chardonneret* et le célèbre portrait de Joseph II ; c'est l'*Isaïe* de Fra Bartolomeo ; c'est la *Fornarina* ; c'est la *Vénus d'Urbain* du Titien ; c'est la *Sybille Samienne* du Guerchin ; c'est l'*Adoration des Mages*, la *Circoncision* et l'*Ascension de Mantegna* ; *La Sainte Famille avec Sainte Catherine* de Paul Véronèse ; que sais-je encore ? J'en oublie certainement et des meilleurs.

Nous ne manquons pas, en sortant de ce temple de la peinture, de nous arrêter devant la Loggia qui, justement, se trouve en face de la porte d'entrée. C'est une tribune à grandes voûtes d'arête, d'un style gothique un peu dégénéré. A la place où les anciens patriciens prenaient le frais, se dressent aujourd'hui plusieurs marbres et plusieurs bronzes magnifiques. Je remarque le *Persée avec la tête de Méduse* de Benvenuto Cellini, et *Hercule terrassant Nessus*, de Jean de Bologne. Mais tout est à voir, jusqu'à cette *Germanie vaincue* dont la figure de barbare revêt, dans une simplicité si majestueuse, une si haute expression de douleur concentrée.

Cette *loggia* est un vrai musée de sculpture en plein air et, sans le troupeau de flâneurs que notre présence semblait intéresser à l'excès, nous y serions encore.

Nous venons de rentrer à l'hôtel. C'est assez pour un jour.

Bien des hommes sont morts à cent ans qui n'ont rien vu de comparable.

6 septembre.

Nous avons voulu entendre la grand'messe ce matin à la Cathédrale. Nous espérions avoir le même bonheur qu'à Milan, l'autre dimanche. Déception nouvelle. Des chants mal exécutés, une église traversée par tout un peuple, comme un champ de foire. Rien d'imposant ni même de religieux. Comme nous faisions notre prière avant de partir, une femme est venue se placer derrière nous. Après s'être agenouillée dévotement, elle s'est approchée et nous a demandé l'aumône. Nous l'avons observée quelque temps. Évidemment, elle en faisait un métier. Après avoir fouillé de l'œil les nef et les chapelles, elle s'élançait, et toujours dévotement, doucereusement, humblement elle allait porter sa requête à ceux qu'elle avait reconnu pour des étrangers. Les Italiens ne tendent pas la main à leurs compatriotes, mais aux étrangers et particulièrement aux Français. Les Français sont généreux et confiants, par conséquent faciles à exploiter. Qui sait? Cette mendiante, dans ce temps de vacances, se fait peut-être dix ou quinze sous par jour avec son système! C'est une fortune!

L'église Saint-Laurent, la plus vieille de Florence, n'est pas loin du Dôme. Nous nous y rendons. Façade horrible en briques saillantes. L'intérieur est beau. Brunelleschi, qui a reconstruit cette église sous les Médicis, y a renouvelé la forme de l'antique basilique chrétienne à colonnes : trois nefs terminées par un transept, la nef majeure à plafond, les bas côtés à voûtes d'arête (1). Quoiqu'elle possède quelques beaux tableaux, nous ne nous y arrêtons pas. Nous sacrifions aussi la Bibliothèque Laurentienne, qui possède pourtant de si précieux

---

(1) Bœdeker.

manuscrits. Nous courons aux deux merveilles de ce quartier ; la Chapelle des Princes et la sacristie nouvelle.

La Chapelle des Princes, comme je viens de l'écrire, est une merveille. Les riches Médicis n'ont rien épargné ; dans un monument qui n'a que quelques mètres carrés, ils ont mis vingt-deux millions ! C'est une construction octogone surmontée d'une coupole. Les murs sont revêtus de marbre et de mosaïques de pierre. Telle est la pureté de ce marbre qu'on y voit se refléter tous les détails de l'édifice comme dans un miroir. C'est éblouissant, c'est étourdissant de richesse.

Pour tout dire, je préfère à ce bijou trop riche et qui sent l'ostentation, la sacristie nouvelle, élevée par Clément VII pour servir de mausolée à la famille des Médicis. C'est que, dans cette simple construction carrée qui a la sévérité d'un tombeau, je trouve deux chefs-d'œuvre de Michel-Ange.

A droite, le monument de Julien. Ce prince est représenté en général des États de l'Église, le bâton de commandement à la main, dans une attitude énergique et fière. Au-dessous, les statues du Jour et de la Nuit. Cette dernière est surtout admirable. Mollement appuyée sur le coude, elle dort, la tête renversée, dans toute la langueur du plus profond sommeil. Michel-Ange a mis dans ce marbre toute la grandeur et toute la mélancolie de son âme. Son sommeil n'est pas celui de la mort, c'est celui de la vie que la vie a lassée, et qui, ayant goûté à l'amertume des choses, est heureuse de l'oublier dans les songes.

On dit qu'un poète contemporain de Michel-Ange écrivit ces vers sur le socle :

> La Nuit, que vous voyez si doucement dormir,
> Fut par un Ange en la pierre formée ;
> Puisqu'elle dort, c'est qu'elle est animée !
> Parlez : vous la verrez s'éveiller et frémir !

Michel-Ange répondit en faisant allusion à l'oppression de la liberté :

> J'aime à dormir et ne regrette pas
> D'être pierre ; en ces jours d'injustice,
> Voir et sentir me serait un supplice :
> Épargne-moi ; de grâce, parle bas !

Vis-à-vis est le tombeau de Laurent le Magnifique. Assis sur son trône, Laurent est plongé dans une rêverie profonde. De là, ce nom de *il pensiero* dont on l'a baptisé. Sans doute le Maître a voulu montrer par là, comme en un symbole, la puissance de la pensée, la réflexion, l'amour des choses de l'esprit, en un mot les qualités maîtresses du prince dont son œuvre abrite si magnifiquement les cendres.

En bas, les statues du Crépuscule et de l'Aurore, dignes pendants du Jour et de la Nuit.

Nous rencontrons, en revenant à l'hôtel, beaucoup de soldats et d'officiers. Les soldats n'ont pas une tournure bien martiale. Quant aux officiers, avec leur pantalon gris-bleu, leur dolman noir traversé de brandebourgs et leur casquette à galons, je les trouve trop pimpants. Ils sont braves, je n'en doute pas! mais ils n'en ont pas l'air, on sent qu'ils n'ont guère triomphé jusqu'ici que dans les salons et les estaminets.

Fig. 18. — Officier de cavalerie en petite tenue.

Même jour, soir.

Nous quitterons demain cette belle ville de Florence, la fête de l'Italie. Le regret de partir si tôt nous a donné la fièvre; nous avons mis un véritable acharnement à parcourir et à voir, cet après-midi, tout ce que nous n'avions pu encore visiter. Pensez donc : passer à côté de merveilles dans un pays où l'on ne reviendra peut-être jamais, se dire après, toute sa vie : J'ai eu l'occasion de contempler ce chef-d'œuvre, et je l'ai manquée ; il me semble que ce doit être là un crève-cœur, presque aussi douloureux qu'un remords. Ce crève-cœur, nous ne l'aurons pas, car nous n'avons perdu ni une minute ni une seconde.

Quand nous quittons l'hôtel, vers deux heures, comme c'est dimanche, les rues sont pleines de monde. Rien d'extraordinairement pittoresque dans les costumes. A part quelques paysans des montagnes voisines, errant dans la cité d'un pas lent et lourd qui sonne sur les dalles, les hommes portent nos habits français. Quant aux femmes, une de nos compatriotes prétendait tantôt qu'elles retardaient de deux ans sur la mode. C'est vrai *peut-être,* car je ne sais si sur ce chapitre il faut toujours en croire les dames. Au fond, peu importe pour ce qui nous occupe, puisque leur mode vient de Paris.

Nous avançons ainsi dans la ville au milieu de tout ce monde ; nous longeons le quai de l'Arno et le pont qui l'enjambe, et nous arrivons au palais Pitti, ancienne résidence des rois d'Italie pendant les trois ans que Florence fut capitale.

Magnifique palais, en vérité, quoiqu'un peu lourd et sévère.

Rien d'amusant et d'étonnant à la fois comme l'histoire de celui qui l'a fait bâtir.

Pitti était d'abord un pauvre petit marchand qui allait à Venise en chassant son cheval devant lui ; quand le commerce chômait, notre homme jouait aux cartes et aux dés, où il était d'un bonheur presque malhonnête. A Pise, il tombe malade. Comme il se meurt sur le grabat d'une mauvaise auberge, passe une troupe de Bohémiens qui le guérissent en le faisant danser et boire. Remis sur pied, il joue, il gagne, il achète six chevaux ; et le voilà parti pour Rome obéissant aux caprices d'une grande dame qui à son retour, lui rit au nez. Pour se consoler, l'aventurier va faire de la politique sur la place publique, et tout en discutant, il tue un concitoyen d'un coup d'épée. Chassé de Florence comme Guelfe, il se met à la tête d'une troupe d'exilés pour rentrer de force dans la ville. Il est fait prisonnier. Mon Pitti va être pendu, quand il s'échappe par ruse. Voyant alors que l'air de Florence lui est contraire, il va à Bruxelles tenter fortune.

Fig. 19. — Le palais Pitti, à Florence.

A Bruxelles, en France, en Allemagne, il prête, il change, il vend, il achète, il joue, il se bat, il intrigue, il se pousse, il arrive. Il revient à Florence, riche et partant considéré. Il fait alors bâtir ce palais royal et s'y ruine.

C'est aujourd'hui un musée. Vous entrez, en effet, dans de vastes salons dont les murailles sont couvertes de tableaux, et vous sentez tout de suite qu'ici encore vous êtes dans un des sanctuaires de l'art.

Sous un plafond de Paul Véronèse est la plus admirable

des *Vénus* du Titien. Non loin de là, cette belle et terrible femme, c'est la *Judith* d'Allori. Voilà vingt tableaux d'Andréa del Sarte, ce maître si suggestif. Ici, c'est *l'Ezéchiel* de Rembrandt, une figure d'une grandeur vraiment biblique. Là, ce sont des portraits de Van-Dick et de Rubens. Les *trois Parques* de Michel-Ange sont là aussi, avec leurs vieilles têtes dures qui s'harmonisent si bien ensemble. Là aussi, l'incomparable Vierge du Grand Duc, de Raphaël, d'un modèle si pur, d'une si exquise finesse.

Visiter un musée est toujours un assez dur labeur. Les yeux se fatiguent à force de voir la variété et l'éclat des couleurs; l'esprit se fatigue à force de chercher à démêler les scènes qui s'offrent à lui avec une diversité inépuisable; l'attention se fatigue à force d'être tendue; la sensibilité elle-même se fatigue à force de sentir. Aussi sort-on rarement de là sans un assez violent mal de tête.

C'était notre cas.

Pour nous délasser, *M. le Directeur* nous a fait faire, en voiture, la plus charmante promenade de la charmante Florence, je veux dire celle du *Viale dei colli*. Une belle route, en pente douce, bordée de tamaris et de chênes verts, grimpe le long d'une colline, couverte de blanches et riantes villas. On n'est plus dans la ville; on est dans la campagne. Plus l'on s'élève, plus on trouve de silence et de solitude. Cependant, par les clairières des arbres, on aperçoit Florence, mollement étendue dans la vallée, sur les bords de son petit fleuve. Arrivé au sommet, sur lequel s'élève la jolie petite église de San-Miniato, on l'embrasse tout entière du regard, avec son cadre admirable de montagnes et de collines. Je ne crois pas qu'on puisse avoir ici-bas une plus belle vue. Fiésole qui domine tout le pays à droite, de la pointe du pic où elle est juchée, ajoute encore au pittoresque. On resterait là des heures à regarder cela, comme on regarde une œuvre d'art. Tant il est vrai que la nature est encore la maîtresse de tous les maîtres et le plus prestigieux de tous les artistes.

Nous n'avons pu entrer dans la petite église. Nous nous sommes contentés d'admirer sa belle façade de marbre clair, ornée d'incrustations et de mosaïques.

Un cimetière montre tout à côté ses croix et ses monuments

Fig. 20. — Église de San Miniato, près Florence.

funèbres. Nous l'avons parcouru. Quoique la recherche se fasse trop souvent sentir dans les sculptures dont ce champ de mort est comme semé, je dois dire cependant que plusieurs statues nous ont paru fort touchantes. Ici, c'est un enfant qui expire. Il est couché sur son petit lit, la face voilée. Il est mort. Mais son âme, image fidèle des traits qu'on devine sous le voile transparent, s'élance au-dessus de la couche funèbre et s'envole vers le ciel. Cette œuvre paraît être le fruit d'une gageure; c'est un vrai tour de force, mais le tour est si bien réussi et l'idée est si belle que j'ai été séduit. Là, c'est la tombe de je ne sais quelle vieille marquise, grande bienfaitrice des pauvres. Le statuaire y a placé une mendiante avec ses deux enfants, dans une attitude très saisissante d'abattement et de douleur. Plus loin, deux petites sœurs sont mortes l'une après l'autre; on voit la petite morte qui descend du ciel et vient chercher sa sœur cadette pour l'emmener avec elle. Encore une fois ce n'est pas là du grand art : la simplicité manque. Mais on aime à voir ces touchantes images : elles parviennent à émouvoir le cœur malgré toutes les protestations de l'esprit et du goût.

Nous redescendons lentement la belle route ombragée, et nous rentrons dans Florence. Voici la citadelle bâtie par cet homme prodigieux, Michel-Ange. Voici la place du grand poète de l'Italie, le Dante; voici l'église *Santa Croce,* le Panthéon du pays où nous sommes.

Cette église est fort belle, couverte de tableaux de haute valeur, riche d'une des plus belles chaires du monde. Mais je l'ai mal vue, d'abord parce que le jour commençait à tomber, ensuite parce que mes regards étaient attirés surtout par tous ces mausolées superbes, que l'Italie a élevés là à ses grands hommes. A cette heure, dans ce grand vaisseau plein d'ombre et de silence, dans cette nécropole du génie, j'étais envahi par le sentiment poignant de la vanité des choses.

> Voilà donc ce que peut pour ses hommes célèbres
> L'humanité si folle et si pleine d'orgueil :
> Des marbres contournés sur des pierres funèbres,
>   Des lettres d'or sur un cercueil !
>
> Rossini, Michel-Ange et Dante, vastes gloires,
> Ici, votre génie est venu s'endormir ;
> Mais les vivants, hélas, riant de vos mémoires,
>   Foulent vos cendres sans frémir !

Connaissent-ils, au moins, vos œuvres magnifiques?
Ont-ils chanté vos chants! ont-ils chanté vos vers? Non!
Et quand ils ont franchi ces sublimes portiques
    Vous n'êtes plus pour eux... qu'un nom!

Fig. 21. — Cloître du couvent de Saint-Marc à Florence, XVᵉ siècle, célèbre par les fresques de Fra Angelico, de Fra Bartolommeo della Porta, et par les prédications de Savonarole.

C'est bien cela, un nom, c'est-à-dire un son sur les lèvres, un vague et froid souvenir dans la pensée, rien.

Nous avons encore le temps de courir, avant la fin du jour,

au fameux cloître de San Marco, séjour de Fra Angelico et de Savonarole. Là, le premier a laissé nombre de fresques admirables ; l'autre, des souvenirs qui vivront autant que Florence elle-même.

Bientôt nous voilà dans l'antique monastère, errant de cellule en cellule. Presque toutes renferment une peinture soit du *Beato* lui-même, soit de quelqu'un de ses élèves. Ce sont presque toujours les mêmes sujets : un Christ en croix, assisté dans sa mort sublime par la Vierge, saint Jean et les saintes Femmes.

C'est de la vraie peinture religieuse, peinture qui vient de l'âme et qui va à l'âme. Certes, la forme est loin d'être parfaite. Ces corps ne sont pas des corps, et pourtant, ils vivent, tant est ardent le sentiment qui les pénètre. Ce Fra Angelico, malgré les défauts de son dessin, est néanmoins incomparable. Ici et ailleurs, nous avons vu un assez grand nombre de ses œuvres. Il n'y a pas à dire, toutes vous font une impression profonde. Quelle simplicité, quelle pureté, quel éclat! Comme l'amour respire sur toutes ses figures!

Depuis, le souvenir du Beato m'a hanté toute la soirée, et au risque de vous fatiguer, cher ami, je vous citerai encore des vers. Je sais bien qu'aujourd'hui personne n'en lit plus. Mais est-ce que les poètes se sont jamais préoccupés d'avoir des lecteurs !

J'ai essayé de peindre à mon tour le grand peintre religieux, tel qu'il m'est apparu, pendant que je contemplais et les fresques des cellules, et les *lunettes* qui ornent le rez-de-chaussée du cloître : *le Christ en croix avec saint Dominique*, la *Pieta*, *Jésus en pèlerin*, et surtout le vaste tableau de la salle du chapitre. Celui-là représente un grand Christ environné de vingt saints et de dix-sept dominicains peints à mi-corps.

Voici mes vers ; lisez ou passez, à votre guise.

LE BEATO.

Quand Fra Angelico, ce doux frère de Dante,
Qui, trop pur et trop saint, ne sut voir que les cieux,
Sous l'inspiration sentait son âme ardente
Frissonner, cependant que, troupe grave et lente,
De chastes visions passaient devant ses yeux,

Avant que de saisir sa palette divine,
Il courait se cacher à l'ombre de l'autel,
Et là, dans cette nuit que Dieu seul illumine,
Il laissait son grand cœur brûler dans sa poitrine
Au pied du Dieu vivant, son amour immortel !

Le voyez-vous là-bas, sur les dalles de pierre ?
Il est à deux genoux, il joint ses maigres mains ;
Pour regarder la croix, il rejette en arrière
Son front rasé d'ascète et, tout à sa prière,
Murmure en mots brûlants des désirs surhumains !

L'eau du ciel en tombant fait déborder le vase ;
Telle la grâce alors fait déborder son cœur ;
Sa paupière ruisselle, et chaque pleur s'écrase
Sur son pâle visage où rayonne l'extase
Avec tous les reflets d'un idéal bonheur !

Tout à coup, il s'éveille et sort du grand mystère
Où l'amour l'a ravi pour l'en priver trop tôt ;
Il est redescendu sur notre triste terre,
Mais il a conservé, sans que rien ne l'altère,
L'image des beautés qu'on ne voit que là-haut !

Plein de ces doux portraits qui lui sourient dans l'âme,
Il se relève, il prend ses pinceaux radieux,
Et sa fiévreuse main dessine en traits de flamme,
Sur des tons d'or pareil au soleil qui s'enflamme,
Des anges et des saints qu'on prendrait pour des Dieux !

> La nature autour d'eux se fait plus solennelle,
> Les champs se font plus verts, les lis se font plus purs,
> Ils portent sur leur front la jeunesse éternelle
> Et leur vaste bonheur dans leur fixe prunelle
> Roule tout l'infini des grandes mers d'azurs !...
>
> C'est ainsi que devant tes tableaux pleins de grâce,
> Moi, l'humble voyageur, ô saint, je pense à toi,
> Et, rêveur, je me dis que, quoi qu'on dise et fasse,
> Rien n'est impérissable en ce monde où tout passe
> Comme l'Art inspiré par l'Amour et la Foi !

Un autre homme, je l'ai dit, a laissé aussi dans ce cloître un souvenir impérissable. C'est l'infortuné Savonarole. Nous avons visité sa petite cellule, pleine de ses reliques : sermons écrits de sa main, livres de prières écrits de sa main, mille papiers couverts d'une fine écriture gothique, aujourd'hui presque indéchiffrable. On a gardé aussi la toile sur laquelle Fra Angelico avait peint le Christ en croix, sainte image dont la vue le consola sur le gibet, dans les affres de la mort.

Quel homme ! quelle existence ! quels temps ! Un clergé infidèle, des princes corrompus, les peuples entraînés dans le torrent, cette triste vision de son siècle lui fit concevoir le généreux dessein de tenter une réforme religieuse. Il crut à la démocratie sans penser à l'ingratitude des foules. Religion et république, telles étaient ses deux idées, et il les défendit avec un courage qui alla souvent jusqu'à la plus extrême audace. Grand homme mal équilibré dont les malheurs ont encore grandi la gloire, il n'en eut pas moins une influence considérable sur son siècle. Pour moi, j'oublie ses torts, pour ne penser qu'à ses vertus et à sa foi ; à mes yeux, les flammes de son bûcher lui font une impérissable auréole.

Quand nous sortons de San Marco, la nuit est presque tombée. Adieu, Florence ! L'aube de demain nous trouvera sur d'autres rivages.

V.

RAVENNE.

A la gare. — Guignon. — Les fillettes de San Giovanni. — Mon bedeau. — San Spirito. — Le monument de Théodoric. — San Vitale, copie de Sainte-Sophie. — Le tombeau du Dante. — Luigi Carlo Farini.

7 septembre.

Nous sommes arrivés ce soir à Ravenne. Par quel chemin ? Impossible de le dire. Je sais que nous avons repassé à Bologne. Mais une fois là, la nuit nous a pris et nous n'avons plus rien vu. Le nom d'Immola, crié sur la voie, a éveillé en nous le souvenir de Pie IX, qui fut évêque de cette petite ville, avant d'être le grand pape des douleurs ! Aucun autre nom ne nous a rien dit. Du reste, nous sommeillions un peu dans le wagon où nous étions seuls, comme toujours. Soit goût, soit pauvreté, les Italiens voyagent peu.

Les cochers de Ravenne se sont chargés de nous réveiller. A peine sommes-nous sortis de la gare, qu'ils se précipitent sur nous, vociférant des noms d'hôtels que le Guide qualifie de *médiocres* ou de *peu honnêtes*. Nous avons beau nous débattre, il faut se battre, donner des coups de pied et des coups de parapluie, et faire une trouée dans ce bataillon d'automédons faméliques.

Nous sommes délivrés ; mais, comme on dit en France, le guignon nous poursuit. Nous allons frapper à la porte d'un hôtel qui, faute de voyageurs, avait dû fermer depuis quelques mois. Nous choisissons un autre hôtel : idem. C'était à coucher dehors de désespoir. Nous trouvons enfin un gîte dans je ne sais quel albergo mal noté, et nous nous livrons aux douceurs d'un sommeil bien gagné.

Tout cela, c'était hier soir. Ce matin, nous avons commencé de bonne heure la visite des églises et de la ville. Nous l'avons poursuivie et achevée au milieu des impressions les plus diverses.

Mon intention était de dire ma messe à San Giovanni Battista, église toute voisine de notre hôtel. Je m'y rendis, en effet, avec un de mes compagnons de voyage. A l'extérieur, à l'intérieur, rien d'extraordinaire. Le plus grand mérite de ce monument est d'avoir été construit, en 438, par Placidie, pour son confesseur, saint Barbatien...

Quand nous entrâmes, San Giovanni était rempli de fillettes qui se confessaient pour la fête du 8 septembre. Notre apparition produisit toute une révolution dans ce petit peuple. Ce fut d'abord de la surprise, des têtes agitées, des yeux grands ouverts! Mais bientôt après, ce fut une explosion de rires fous. On nous examinait des pieds à la tête, on détaillait toutes les particularités de notre costume, notre rabat français avait surtout un succès prodigieux! Évidemment, jamais ces enfants n'avaient vu pareils phénomènes! Pour couper court à cet innocent petit scandale, nous nous réfugiâmes à la sacristie. Mais voici qu'un bedeau effaré vient chercher un prêtre pour l'église de *San Spirito*, réduite, paraît-il, à la plus complète détresse. Je me dévoue et me voilà dans les rues avec mon homme. J'essaie de lier conversation. Je parle un italien macaronique dans lequel il n'entend que des sons, et lui, l'affreux patois de Ravenne, incompréhensible aux Italiens eux-mêmes. Deux petits-fils de Noé, fraîchement descendus de la tour de Babel, se seraient mieux compris! Le plus agaçant pour moi, c'est que mon affreux bedeau arrêtait tous les passants pour leur dire :

— *Ceun' Francese! ma, che volete? no parla italiano.*
(C'est un Français. Mais que voulez-vous y faire? il ne parle pas italien...)

Je hâtai le pas et nous arrivâmes enfin à *San Spirito*. Là, je remplis ma mission de mon mieux, devant trois ou quatre vieilles femmes au plus; puis je fis le tour de l'église. O désolation! un beau portique ancien en avant de la nef, quelques jolies colonnes en marbre. Mais, au milieu de tout cela, le plus délabré des délabrements. Mon aimable sacristain eut beau multiplier ses éloquents commentaires, je ne pus l'entendre; je lui donnai 25 centimes et je me sauvai.

Quelques minutes plus tard, j'avais rejoint mes amis et nous partions tous les trois à la recherche du fameux monument de Théodoric. Nous faisons vingt détours, butant à chaque pas sur le pavé aigu des rues, et nous voilà dans la campagne. De monument de Théodoric, pas l'ombre. Des fortifications que l'ennemi n'osera jamais attaquer que de loin, dans la crainte qu'en tombant, la masse des briques mal entassées ne l'écrase. Quelques maisons sur la route, des haies, des arbres, des champs. Et nous marchons toujours, soulevant la poussière blanche que le vent emporte. Nous ne trouvons toujours rien. Enfin, dans un creux, près d'une chaumière misérable, une espèce de rotonde, coiffée d'une coupole plate, assez semblable à un casque de barbare. C'est le mausolée élevé à son royal père par la belle Amalasonthe. Avouons-le tout de suite, pour une époque sauvage, cela n'est pas trop mal. C'est lourd, mais c'est puissant, et si la roche d'Istrie, d'un seul bloc, qui couronne le tombeau, n'a rien de comparable à la coupole du Panthéon, elle a du moins le mérite d'être d'une seule pièce. Un vieux jardinier, muet comme une carpe, et lugubre comme s'il pleurait encore sur Théodoric, nous fait les honneurs de la crypte, d'ailleurs absolument vide. Nous montons un étage au-dessus, lequel est aussi vide que l'autre. A droite, à gauche, nos yeux se perdent dans les feuillages. Rien à voir. Nous descendons, et nous regagnons la route poudreuse par laquelle nous sommes venus.

Fig. 22. — Portrait et tombeau du Dante à Ravenne.

Comme nous revenons, une fillette s'accroche à nous et s'obstine à vouloir nous conduire. Elle nous mène à *San Vitale,* où nous nous en débarrassons pour deux sous. Cette église est, du moins, intéressante, et dans certaines parties vraiment belle. Copie fidèle de Sainte-Sophie de Constantinople, elle n'en a pas les dimensions grandioses, mais elle en a l'étrangeté et la grâce. Représentez-vous un monument de forme octogone qu'une coupole surmonte et dont des colonnes de marbre grec soutiennent le pourtour. Tables de porphyre, bas-reliefs et mosaïques, l'ornent avec une magnificence toute byzantine.

Tout près se trouve le tombeau de Galla Placidia, la fille de Théodose.

Honorius II, son frère et Valentinien III, son fils, reposent à côté d'elle.

C'est une espèce de crypte obscure où le contestable génie de Byzance brille encore de son plus pur éclat. Là règne un

Fig. 23. — Intérieur de l'église Saint-Vital à Ravenne.

luxe recherché, emphatique et barbare ; mais il est difficile de voir rien de plus curieux !

Un coup d'œil à la basilique Ursienne et au baptistère, et nous allons faire, au tombeau de Dante, un pèlerinage d'un autre genre.

Oui, de Dante, car c'est dans cette ville perdue et plus que morte que le grand poète italien, exilé jusque dans la tombe, a trouvé les quelques mètres de terre nécessaires à la dépouille d'un homme.

Il y mourut en 1321, en pleine vie et en plein génie : il avait cinquante-six ans.

Je me suis rappelé son existence agitée devant cette petite chapelle où dort sa noble poussière ; son idéal amour pour une jeune morte qu'il sut rendre immortelle, ses premiers essais, ses passions politiques si violentes qu'à ses yeux ce n'était pas avec des arguments qu'il fallait répondre aux Guelfes, mais avec le couteau ; la *Vita nuova* dans laquelle il dénoue la prose italienne ; son long, malheureux et si fécond exil, sa vie errante, l'inspiration le suivant sur tous les chemins qu'il parcourt, et enfin cette *Divine Comédie* qui est l'un des trois ou quatre grands poèmes de l'humanité, je me suis rappelé tout cela, et pris de pitié et d'admiration pour cette grande et malheureuse destinée :

> Dors, ô vieux Gibelin, lui disais-je en moi-même ;
> Dors dans ce vain tombeau, ta patrie ici-bas ;
> Ton monument, à toi, c'est ton divin poème :
> Le marbre peut s'user ; lui, ne périra pas !

> Toi qui fus enivré de pleurs et d'amertume,
> Toi qui par des ingrats fus longtemps insulté,
> Dans le royal manteau de ta gloire posthume,
> Dante, repose-toi, tu l'as bien mérité !

> Dors; tant que sur la terre, où tout s'épuise et tombe,
> Avant de s'enfoncer dans l'abîme éternel,
> L'homme aura le frisson des choses d'outre-tombe,
> Et croira qu'un Dieu juste habite dans le ciel ;
>
> Échappés de l'enfer, comme une troupe immense
> Qui parcourrait le globe en y semant l'affront,
> Tant que les sept péchés gouverneront le monde
> Où les humbles vertus doivent baisser le front ;
>
> Tant que la liberté ne sera qu'un vain rêve
> Hélas ! jamais atteint par les peuples déçus,
> Et que l'oppression, par l'Idée ou le Glaive,
> Aux sentiers des douleurs poursuivra les vaincus ;
>
> Dors, — on lira toujours tes vers, tercets sublimes
> Où l'espérance humaine a de si beaux accents,
> Mais où ton fouet cinglant punit si bien les crimes
> Que la peur vous étreint et vous glace les sens !
>
> Dors, ô vieux Gibelin, lui disais-je en moi-même ;
> Dors dans ce vain tombeau, ta patrie ici-bas ;
> Ton monument, à toi, c'est ton divin poème :
> Le marbre peut s'user ; lui, ne périra pas !

Sur une place voisine de ce tombeau, des ouvriers étaient occupés à dresser un piédestal à la statue de lord Byron. On sait que le trop fameux poète anglais vint cacher ici, pendant quelque temps, son pied bot, sa conduite équivoque et son génie atrabilaire. Ainsi, la gloire de deux grands hommes va se trouver fleurir également à ce carrefour d'une ville ignorée. Byron coudoiera Dante ; le poète sarcastique coudoiera le poète théologien ; le poète incrédule coudoiera le poète chrétien ; le poète qui ne sut voir que la terre coudoiera celui dont la vision hanta toutes les régions d'outre-tombe ; l'un des grands poètes de notre petit siècle coudoiera l'un des grands poètes de l'humanité. Je n'y trouve rien à redire. Cependant, on peut hausser la statue de Byron jusqu'au ciel, il n'atteindra jamais à la grandeur de Dante. Génies tous deux, si vous le voulez, mais pas de la même mesure : l'un n'est que du temps, l'autre est de l'éternité.

Nous regagnons la gare. Mais pour y arriver nous passons sur la place *Garibaldi*. Là, un monument dont le socle est soutenu par des lions à museau de sanglier attire encore mon attention. J'y cours, et voici ce que je lis :

Aux libéraux morts en 1870
Pour l'Unité.

L'Univers vous admire,.
La Patrie vous adore....

Ce *vous adore* est divin! Mais je n'étais pas au bout de mes émotions. Voici que, sur la place même de la gare, je vois se dresser un nouveau marbre. Il représente un homme entre deux âges, à moustaches timides, de figure assez ingrate du reste. Son pantalon *long*, comme disent les mamans, et sa redingote serrée à la taille ne sont pas faits pour augmenter son charme esthétique.

Je m'approche néanmoins, prêt à m'incliner devant l'image auguste de quelque grand génie. L'inscription me dit, en belles lettres d'or, à qui j'ai affaire. Cette statue est celle de l'illustre, que dis-je? de l'immortel

Luigi Carlo Farini!!!

C'est ainsi que l'Italie n'a pas voulu rester en arrière de la France. Depuis 1870, la statuomanie y fleurit avec une fureur non pareille. A ce point que, dans ce trou de Ravenne, on ne peut faire un pas sans rencontrer quelque effigie médiocre d'homme plus médiocre encore...

A la gare, comme je prononce par hasard le nom de Cialdini, le fameux général de Victor-Emmanuel, les gendarmes rient d'un rire équivoque, comme pour nous laisser entendre qu'il faut vraiment être un brave et un génie pour avoir volé les États du Pape! Nous remarquons cela presque partout : ce peuple est fier d'être l'esclave du Piémont. Il porte des panaches et paie des impôts, il se croit grand! Impossible, en vérité, de trouver une vanité plus naïve!

VI.

ANCONE.

La plaine. — Castel-Bolognèse et le gendarme italien. — La République de Saint-Marin. — Rives de l'Adriatique. — A l'hôtel de la Paix. — Souvenir du siège d'Ancône. — Il est minuit.

8 Septembre.

Nous avons quitté Ravenne, vers midi, les pieds écorchés par son pavé détestable, les yeux attristés par le vide et la désolation de ses ruelles étroites en même temps que par la banalité ambitieuse de ses nombreuses places. Nous n'avions pas perdu grand'chose hier décidément, en traversant cette contrée sous la nuit noire. Rien d'attirant : des champs de maïs entrecoupés de guérets, séparés les uns des autres par des arbres auxquels la vigne s'enlace en guirlandes maigres et maladroites. Peu de villages, autant qu'on en peut juger à travers le fouillis des feuilles et des branches. Çà et là, une ferme isolée, d'aspect misérable. Cependant la végétation devient plus riche et plus variée au fur et à mesure qu'on s'éloigne davantage de cette ville vilaine et malsaine. Il pleut une petite pluie fine qui rafraîchit l'air, et fait tomber la poussière. Mais de Ravenne à l'Adriatique, le chemin est long autant que monotone. C'est toujours des champs et des arbres; toujours, devant la porte du paysan, la grande aire en terre battue sur laquelle il égrène et fait sécher le maïs; toujours des vendangeurs grimpés sur une échelle et jetant dans un sac attaché aux barreaux, la gueule ouverte, les grappes qu'ils cueillent. Par bonheur, on s'arrête une petite heure à Castel-Bolognèse.

Je ne suis pas entré dans cette petite ville qui, du reste, n'a rien de remarquable. Je jure pourtant que je ne l'oublierai jamais, dussé-je vivre deux mille ans.

C'est que c'est à Castel-Bolognèse que le gendarme italien m'est apparu dans toute sa splendeur. Taille un peu au-dessus de la moyenne; des moustaches victorieuses. L'œil noir, un peu somnolent. L'attitude pacifique. Vingt ans, vingt-trois ans au plus. Rien, en somme, d'extraordinairement guerrier. Mais quel costume! Un pantalon à larges lisérés rouges; un juste-au-corps à basques flottantes ornées de grenades d'argent et bordé de pourpre. La manche décorée de passementeries. Des épaulettes de laine blanche tressée sur une plaque d'argent. Des brandebourgs blancs et noirs; des aiguillettes également d'argent. Mais tout cela n'est rien. Ce qui donne à mon gendarme une séduction à nulle autre pareille, c'est le chapeau, bicorne épique, plaqué d'argent aux armes du Piémont et surmonté d'un plumet blanc et rouge d'une demi-coudée. On voit que le gouvernement italien l'a traité avec un ineffable amour et l'on ne s'étonne plus qu'il soit si pauvre. Vous le verrez à toutes les gares; seulement, quand il y en a un, il y en a deux. Car le gendarme italien est nécessairement accouplé à un autre gendarme. C'est un mariage sans divorce possible! Accoutrés comme je l'ai dit plus haut, ces deux frères siamois éblouissants vont et viennent sur les quais, paisibles, automatiques, silencieux, inoffensifs, innocents, bref, d'un aspect très rassurant pour les voleurs. Longtemps je contemplai ceux de Castel-Bolognèse avec une admiration que je déclare profondément sincère. Ils s'en sont aperçus, je crois, car je les ai vus baisser les yeux et rougir modestement!

C'est à regret que je m'arrache à ma contemplation pour remonter dans le train et filer sur Ancône. Nous longeons la ligne des Apennins que nous ne quitterons plus de longtemps. Décidément, presque partout, on commence à vendanger et l'Italie, à cette époque de l'automne, me paraît ressembler à une bacchante antique couronnée de vignes mûres. Le voisinage des montagnes, doucement, tendrement grises, sous le ciel couvert, donne à la contrée que nous traversons un charme inexprimable.

Mais voici que la pluie nous reprend. Cette fois, elle tombe à torrents et s'amasse en flaques sur le sol. Alors tout ce paysage, tout à l'heure enchanté, change de figure. Les vignes laissent retomber leurs chevelures alourdies. Au loin, les montagnes disparaissent presque. Jamais, avant de l'avoir vu, je n'aurais cru qu'on pût avoir en Italie des jours si maussades. Grâce à Dieu, cependant, le soleil ne tarde guère à reparaître, et, dès Gambettola, le paysage nous est rendu. L'eau du ciel l'a rafraîchi ; une rosée brillante perle au bout des branches, et les charmantes collines qui nous ont suivis invisiblement se montrent de nouveau sous un léger voile humide, tout irisées de rayons. De San-Archangelo, jolie ville sur une hauteur, nous découvrons la République de Saint-Marin sur son rocher inabordable, couronné de nuages. Longtemps, nous l'apercevons à notre droite, et la vision de cette petite République chrétienne nous fait tristement songer à la nôtre, cette République française qui, si elle voulait se vivifier aux sources de l'Évangile, effacerait par sa puissance et sa grandeur les plus illustres républiques du présent et du passé. Enfin, les collines s'abaissent, l'horizon

Fig. 24. — Gendarme italien.

s'aplanit et se vide, l'antique Rimini nous apparaît, humble ville sur laquelle planent les plus tragiques souvenirs de théologie, d'amour et de batailles, et enfin l'Adriatique se découvre dans toute son immensité. A partir de ce moment, le chemin devient littéralement incomparable. A droite, les éternelles montagnes, mais toutes petites, arrondies, cultivées, charmantes. A gauche, la mer bleue qui déferle sur le rivage en nappes argentées. Au loin, quelques grands vaisseaux, immobiles sur l'horizon. Près des rives, de petites barques aux voiles colorées, qui, sous les rayons du soleil qui commence à descendre, paraissent tissées de lin, de pourpre et d'or. Tantôt courant dans les vallées, tantôt rasant les flots, traversant de jolies villes gaîment assises sur les coteaux, le chemin est si ravissant qu'on voudrait le faire à pied pour en goûter les charmes plus à loisir. Voici Pesaro, la patrie de Rossini, située dans un décor si harmonieux qu'on ne s'étonne pas qu'elle ait donné le jour à ce rossignol de la musique. Voici le Sesano : il est à sec, des vaches paissent dans son lit. Enfin nous arrivons à Ancône à la nuit tombante, par une courbe d'une grâce infinie. La ville se dessine vaguement sur le ciel du crépuscule. Sur la colline, la citadelle; au pied de la citadelle, la ville; au pied de la ville, le port et la mer. Mais l'heure n'est plus aux contemplations. Vite à l'hôtel...

Voyageurs pacifiques, nous descendons à l'hôtel de la Paix. Nous sommes accueillis par une vénérable matrone aux allures de bonne maman. A table d'hôte, un prieur de conventuels fume paisiblement son cigare. A côté, un jeune Italien qui sait quelques mots de français nous sert d'interprète. Il est charmant et nous assure aimer beaucoup la France. — « Pourquoi se haïr, dit-il, quand on est du même sang? » — On rencontre ainsi en Italie quelques âmes généreuses.

Notre hôtesse nous fait conduire dans nos chambres avec mille politesses.

— C'est la veuve, sans doute, dit l'un de nous avec un sourire à mi-voix.

— Quelle veuve?...

Fig. 25. — Église Saint-Dominique, à Ancône.

— Vous ne connaissez pas l'aventure racontée dans les *Souvenirs d'Ancône*.

— Dites toujours.

Et il rapporta le fait suivant, dès que nous fûmes installés autour de sa table.

« C'était le 18 septembre 1860, si je ne me trompe. L'amiral Persano assiégeait Ancône, héroïquement défendue par Lamoricière. Les vaillants champions du Pape étaient descendus dans ce même hôtel où nous sommes. C'était le seul de la ville qui fût alors un peu convenable. Il faut dire aussi qu'il en fallait surveiller le propriétaire, révolutionnaire fieffé, qui plus d'une fois avait prêté ses salons pour des réunions de Carbonari.

Nos officiers, presque tous Français, furent tout à coup témoins d'un spectacle assez extraordinaire. Poulets et dindons arrivaient à l'hôtel par douzaines. Tous les marmitons étaient sous les armes. Bientôt le feu flambait dans les cheminées, les charbons pétillaient sur les fourneaux, les broches tournaient, et dans toute la maison se répandait le parfum délicieux des chairs fumantes.

C'est que l'hôtelier avait été mis au courant des projets des Piémontais. Il avait connu d'avance l'heure du bombardement, et, ne doutant pas un instant de la victoire des Italiens, le bonhomme préparait tout pour les recevoir.

Voici qu'en effet le canon se met à tonner; les projectiles pleuvent sur la ville; c'est un orage qui rugit sans repos et laisse tomber la foudre à chaque instant.

Cependant le maître d'hôtel et ses marmitons souriaient sournoisement, activant les cheminées, soufflant sur les charbons, tournant les broches avec délire. Pensez donc : ils allaient être, ce jour même, délivrés de la tyrannie du Pape!

Mais voici. Tout à coup, une bombe imbécile qui ne savait sans doute pas ce qu'elle faisait, une bombe de 75 kilogrammes, tombe sur l'hôtel, défonce successivement tous les étages, arrive dans la cuisine, éclate en mille pièces, renverse et brise plats, marmites, casseroles, fours à rôti, et jette tous les cuisiniers et leur chef la face contre terre dans un océan de sauce répandue.

Pendant plusieurs minutes, hôteliers et marmitons se crurent morts. Ils restaient là immobiles, glacés d'épouvante au milieu du liquide brûlant dans lequel ils nageaient à qui mieux mieux.

Ils n'étaient pas encore remis de leur frayeur quand, quatre ou cinq heures après, Lamoricière rentra à Ancône, presque seul survivant de la bataille de Castelfidardo.

Cette aventure égaya un peu les héros, pendant les jours si terribles du siège.

Je parierais, ajouta notre ami en finissant, que l'hôtelier d'alors était le mari de cette vieille femme doucereuse.

La peur lui aura fait *tourner les sangs,* comme on dit chez nous, et, sans doute, il n'aura pu survivre longtemps à la cruelle déception qu'il eut ce jour-là.

Pleurez, casseroles! gémissez, chaudrons!...

Nous nous quittâmes sur cette bonne histoire. Mais je ne pus me résoudre à me coucher tout de suite. Je m'accoudai à ma fenêtre, et je me mis à écouter les gémissements de la mer toute proche. J'ai même essayé de saisir son rythme, et j'ai écrit les vers suivants; je vous les envoie vaille que vaille.

Il est minuit. La nuit, sombre beauté sans voiles,
    Les mains pleines d'étoiles,
Dans la vague splendeur du vitreux firmament
    Passe, et fuit lentement.

Immense lac, bruni comme un miroir antique,
    La mer Adriatique,
Avec un bruit profond où j'entends des sanglots,
    Roule à mes pieds ses flots.

Une barque est au loin dont la voile se penche,
    Sous la lumière blanche,
Comme une aile de cygne où s'agite en passant
    Un souffle frémissant.

Et tout dort, excepté la vague sur la grève,
    Qui vient, pleurant sans trêve,
Et cette barque frêle, et la brise en émoi,
    Et les astres, et moi !

O nature sublime, ô paix des grands espaces,
    Vastes mers jamais lasses
De briser sur vos bords sous l'haleine des vents
    Vos flots toujours mouvants,

Étoiles aux yeux d'or, astres au cœur de flamme,
    Mon âme avec votre âme
Se mêle, et je bénis dans ce séjour si doux
    Le Seigneur avec vous !

Car j'ai vu bien des nuits sur notre sol de France,
    Nuits dont la transparence
Égalait la splendeur de ce firmament bleu
    Dont l'azur est en feu ;

Et néanmoins jamais dans leur muet mystère,
    Ni le ciel ni la terre
Aux obscures clartés des célestes flambeaux
    Ne m'ont paru si beaux !

Ah ! c'est que l'Italie est le seul coin du monde
    Qui, tout entouré d'onde
Et toujours caressé des souffles attiédis,
    Ressemble au paradis !

VII.

LORETTE, ANCONE.

Messe à la Santa Casa. — Les pèlerinages italiens et la foi italienne. — Visite de l'église. — A Castelfidardo. — Les nobles. — Retour à Ancône.

9 septembre.

A six heures, je suis à ma fenêtre. Le soleil, tout fraîchement levé, éclaire doucement la rade et la mer frissonnante. Au loin, la grève reluit, bariolée, et devant moi s'étend l'infini, sur lequel se balancent déjà les petites barques des pêcheurs, allant jeter leurs filets au large. Je serais resté là longuement, à contempler cette admirable marine, ainsi peinte par le soleil levant. Mais, somme toute, nous ne sommes venus à Ancône que pour faire le pèlerinage de Lorette, et l'heure est venue de partir. En route! Pays de mamelons et de vallées, un peu sec; la mer au loin. Lorette, où nous arrivons après une heure à peine de chemin de fer, est bâtie sur le sommet d'un de ces mamelons. Elle apparaît, ceinte de hautes murailles blanches, étagée sur les pentes, et dominée par le dôme de Notre-Dame.

Emportés par deux coursiers du pays, nous montons rapidement la route poudreuse, déjà toute couverte de pèlerins qui redescendent. Nous regardons à peine la ville, la place, l'église elle-même. Ce à quoi nous aspirons, c'est, d'abord et surtout, au bonheur de dire la sainte messe dans la *Santa Casa*, c'est-à-dire dans cette sainte maison qui fut habitée par Marie, où elle reçut la visite de l'ange, où l'Esprit l'abrita de son ombre, où elle conçut l'Enfant-Dieu !

Nous avions discuté en chemin sur l'authenticité de la célèbre *translation* (1). Mais sitôt que nous sommes entrés, les doutes se sont envolés bien loin. La pensée qu'en nos mains de prêtres, le Christ va renaître sur l'autel sous l'humble toit même où il a pris vie, cette pensée nous transporte et arrache à nos yeux les plus saintes larmes que nous ayons jamais pleurées.

C'est vers midi seulement que nous pûmes monter à l'autel. Mais, en ces sanctuaires célèbres, la prière ne languit jamais ni dans le cœur ni sur les lèvres. D'ailleurs plusieurs pèlerinages vinrent nous apporter de pieuses distractions.

Rien d'étrange pour nos yeux français comme ces spectacles de la foi italienne. Les pèlerins arrivent par groupes de vingt, de cent, de plusieurs milliers. C'est un village de la montagne ou de la vallée, c'est une ville entière. S'ils viennent de loin, les femmes portent sur leur tête les provisions du voyage. La procession s'organise à la porte, et sans prendre la peine de secouer la poussière du chemin, ils entrent ainsi dans la basilique. Ils se jettent à genoux et, lentement, ils avancent dans la grande nef, au chant monotone et traînant de quelque cantique à la Vierge. Hommes, femmes, enfants portent des costumes du plus haut pittoresque, et c'est en cette posture humiliée qu'ils pénètrent dans la Santa-Casa.

Là commencent des scènes indescriptibles. La foi, l'espérance, l'amour, exaltent peu à peu ces âmes méridionales et démonstratives. Les uns récitent des litanies, les autres égrènent leurs chapelets, les autres chantent. Soudain, une femme se lève de la poussière où elle était affaissée, elle gravit les degrés de l'autel, elle appuie ses mains sur la pierre sacrée,

---

(1) Voir l'abrégé de cette histoire dans *Les trois Rome*, de Mgr Gaume, III, p. 305.

et, les yeux fixés sur la sainte image, elle laisse déborder son cœur, et prie tout haut, avec des accents inouïs. Entraînés par son exemple, tous ceux qui sont là supplient avec elle. De temps à autre, elle pousse un grand cri : *Evviva la Maria,* un écho formidable lui répond : *Evviva la Maria!* Mon premier mouvement fut de sourire, tant cette manière de prier me paraissait folle. Mais à un cri plus perçant du coryphée, à un écho plus profond de la foule, je fus ébranlé à mon tour et je fondis en larmes. C'est que toutes ces pauvres âmes avaient rendu un son sublime, le son de cette foi dont parle l'Évangile et qui soulève les montagnes.

Après déjeuner, nous revînmes à l'église, vers deux heures. Le Père Grégoire, le Pénitencier français avec qui nous avions fait connaissance le matin, nous y attendait, prêt à nous servir de guide.

Il nous fit d'abord parcourir la grande basilique, dont le dôme rayonnant sert d'abri à la demeure de la mère de Dieu. De nobles artistes y ont prodigué partout les œuvres de leur génie, travaillant la plupart par amour et pour rien. C'est ainsi qu'on admire les trois portes merveilleuses de bronze sculpté par lesquelles on entre. Au-dessus, la Vierge tenant son enfant dans ses bras est un chef-d'œuvre de Lombardo. L'église elle-même forme une croix latine à trois nefs, environnée d'une ceinture continue de chapelles. Des peintures de Luc Signorelli et du Pomerancio décorent la voûte de grandes images en clair-obscur.

Mais nous voici en face de la *Sainte Maison*. Tout autour, les dalles sont creusées de sillons profonds, tracés par les genoux des pèlerins. Jusqu'à hauteur d'homme, les murailles de marbre blanc gardent la marque des baisers. Plus haut se développent des bas-reliefs admirables dus au ciseau immortel des Cioli, des Raniero di Pietra, des Francesco del Tadda, des Lombardo, des Sansovino, des Bandinelli. Sybilles et prophètes dont la voix a prédit les gloires de la Vierge-Mère, se donnent la main entre les superbes colonnes corinthiennes qui supportent le monument, et enfin d'angéliques figures, planant dans un déluge de couronnes, s'agitent au-dessus de toutes ces scènes dans le beau et vivant désordre du plus gracieux triomphe.

Nous faisons mille remarques qui nous avaient échappé le matin, dans le premier trouble de notre piété. La *Sainte Maison,* nous dit le Père Grégoire, à vingt-neuf pieds huit pouces de longueur sur douze pieds huit pouces de large et treize pieds trois pouces de haut. Ce n'est pas un château, comme vous voyez. Des pierres vives, rougeâtres, veinées de jaune, forment les quatre murs, lesquels reposent sur la terre nue, sans fondation. D'un côté, à cause de l'inégalité du terrain, elle ne touche même pas le sol. On voit, au niveau du pavé, une pièce de la charpente primitive. En haut, quelques têtes de solives apparaissent, sciées au ras du mur. Toutes ces pièces sont en bois de cèdre, bois absolument étranger à l'Italie. Une poutre du même bois traverse la chapelle et soutient les lampes d'argent qui brûlent devant l'image de la Vierge. On nous montre dans le fond l'antique cheminée, et, tout à l'opposé, la fenêtre de l'Ange.

Dans une armoire, à gauche de l'autel, on conserve une tasse en terre qui aurait servi au ménage de la sainte Famille. Enfin, sur l'autel même, rayonne, au milieu des cierges allumés qui font resplendir de mille feux les pierreries qui la recouvrent une statue de Marie, que la tradition attribue au ciseau de saint Luc.

Nous sommes tombés à genoux encore une fois devant tant de souvenirs vénérables si doux au cœur et si consolants pour la foi.

Nous avons visité aussi le Trésor et la sacristie. Dans l'une nous voyons l'admirable tableau du Guide représentant une pieuse dame au milieu de jeunes filles qu'elle instruit; un *Ecce homo* de Gérard des Nuits; le *Saint Jérôme* de Véronèse; la *Sainte Famille à table* du Corrège; dans l'autre, une multitude innombrable d'objets précieux éblouit nos regards, perles et diamants, calices d'or, montres, bagues, croix, couronnes et colliers, dons d'une reconnaissance qui n'a pas su compter. Ces dons émeuvent le cœur, dit Louis Veuillot; que de secrets efforts pour le bien, que de bonnes joies, que de douleurs apaisées, que de pieux souhaits accomplis, que d'infortunes secourues ils représentent! L'âme d'un chrétien devine ces touchants mystères; elle associe ses vœux, sa reconnaissance, ses prières, à tous ces objets, qui ne sont plus qu'autant de formes visibles données à des sentiments nobles et doux (1). Nous avons éprouvé cela.

Après cette visite, le Père Grégoire veut bien nous conduire aux champs de Castelfidardo.

A trois quarts d'heure à peine de Lorette, au delà de la vallée, s'élèvent en étages plusieurs petites collines dont les molles ondulations fuient vers Ancône et la mer. Tout au bas s'étend une petite plaine encore un peu inégale et bossuée. C'est là, c'est dans ces plis de terrains qu'eut lieu la fameuse bataille de Castelfidardo, du nom de la bourgade qui domine ces champs d'éternel honneur. Oh! quel vaillant travail fit en ce jour-là la baïonnette française! Ils étaient quatre mille contre quarante-cinq mille! Mais les soldats du Pape ne savaient pas ce que c'était que la peur. Il faut combattre; ils combattent. S'il faut mourir, ils mourront!

Voici à mi-côte la ferme qu'ils enlevèrent à l'ennemi. Là-haut, voici les *Crociettes*, cette autre ferme, position inexpugnable, à l'assaut de laquelle l'héroïque Pimodan, pour la quatrième fois, conduisait ses héroïques soldats, lorsque, frappé par un

---

(1) Louis Veuillot, *Rome et Lorette*, p. 320.

traître, il tomba à son tour, percé de coups. La ferme fut prise par les Franco-Belges. Pendant cinq heures, ils s'y firent écharper plutôt que de renoncer à la lutte et à leur cher drapeau. A la fin, une bombe mit le feu à la maison, et s'ils ne se laissèrent pas enterrer sous les décombres, c'est qu'il fallait sauver les blessés. Suivant l'expression de l'un d'eux, quand ils se rendirent, la maison était *criblée comme une écumoire*.

Enfin, ils furent écrasés, non pas vraiment vaincus, mais trahis par leurs alliés et lâchement assassinés par une légion de bandits italiens. Général sans armée, Lamoricière regagnait Ancône, où, abandonné des puissances catholiques sourdes à la voix de Pie IX, il succombait enfin, prisonnier plus glorieux que ses vainqueurs.

Un petit cimetière, entouré de murs, renferme les tombes ignorées de ces martyrs, qui pour la plupart appartenaient à la noblesse française. Aussi est-ce avec une émotion profonde que je quitte ces lieux témoins de tant de prodiges d'héroïsme. Mes amis, accompagnant le Père, marchaient devant, se faisant expliquer tous les détails stratégiques de cette épopée. Trop fatigué pour suivre leur pas rapide, je me laissai devancer, et, au souvenir de tant d'hommes et de jeunes gens, fauchés ici en pleine fortune et en plein bonheur, je ne pus m'empêcher d'admirer cette classe sociale qui a donné à l'Europe des temps modernes un spectacle peut-être inouï depuis les Thermopyles.

C'est au milieu de ces réflexions que je rejoins mes compagnons au cher sanctuaire où nous faisons une dernière prière ensemble.

Quand nous quittons Lorette, le soleil est couché; l'azur du ciel se fonce pour laisser percer le clair regard des étoiles. Bientôt le mince croissant de la lune paraît au milieu du firmament, environné d'un cercle d'or. Nous arrivons enfin à notre hôtel *della Pace* vers dix heures, et c'est là que j'écris ces lignes.

Fig. 25. — Intérieur de la Sainte Maison de Nazareth. Église de Lorette.

Et maintenant, je sais quelqu'un qui va aller se coucher sans souper; mais après toutes les émotions de cette journée consolante, il n'osera certainement pas s'en plaindre.

VIII.

ROME.

Vue par la portière. — Rome. — Première impression. — Saint-Pierre.

11 septembre.

Nous avons vu jusqu'ici en Italie mille belles choses, et ressenti partout des impressions que nous croyons impérissables. Cependant, nous n'oublions pas que le but principal de notre voyage est Rome, et que c'est là, dans la Ville Éternelle, près du tombeau des Saints Apôtres et aux pieds du Pape, que nous avons à faire notre plus sacré pèlerinage : Rome et le Pape, en effet, c'est l'Église.

Nous quittons donc la jolie ville d'Assise (1) à regret, mais nous la quittons avec une grande et sainte espérance. Nous descendons la gracieuse vallée par-dessus laquelle elle regarde Pérouse; nous laissons Trévi sur son pic isolé, Spolète qui contourne et embrasse sa montagne, Terni environnée de sites sauvages; et nous allons toujours au milieu de vallées plus ou moins longues et larges, mais sans cesse environnées de pittoresque hauteurs.

Nous passons Narni, bâtie sur le roc et comme suspendue

---

(1) Nos voyageurs ont aussi visité Assise : mais cette intéressante partie du manuscrit nous manque.

sur un abîme. Nous longeons la Nera bouillonnante et rapide, puis les bords du Tibre aux eaux tour à tour bleuâtres et jaunes. Le Tibre ne remplit pas tout à fait son lit et, comme il est midi, des bœufs sont couchés nonchalamment sur ses rives.

Seuls debout dans la petite plaine que le soleil dévore, des ânes, — il y en a tout un peuple, — cherchent le chardon savoureux parmi les chaumes. Pendant des lieues, rien de plus charmant que les bords du grand fleuve romain. Mais un peu avant Cures, l'antique berceau de Numa Pompilius, les montagnes s'écartent, le Soracte *aux trois fronts* paraît et disparaît, et nous voilà dans une vaste plaine jaune, sèche et désolée. Nous saluons au passage Mentana, cette noble victoire française... Tout à coup, Rome! crie quelqu'un à la portière de gauche. A ce mot magique, nous nous levons, mus comme par un ressort. Les têtes s'entassent sur les têtes et les yeux avides sondent l'horizon. On aperçoit, en effet, au-dessus d'un amas confus de maisons et de monuments, le dôme énorme de Saint-Pierre. Il s'arrondit comme un ballon qui s'enfle et qui va s'élancer dans le ciel. Il domine tout, autour de lui, comme le mont Blanc dans les montagnes que nous parcourions naguère. De loin nous saluons le centre de la catholicité, vrai cœur du monde, priant Dieu déjà dans notre âme, pour le grand vieillard qui, depuis douze années, vit à son ombre dans le plus glorieux des emprisonnements. Peu après nous descendions à la gare de Sainte-Marie-Majeure. Nous étions à Rome.

J'oserai le dire, j'éprouve une déception. Les premières rues que je traverse ressemblent à toutes les rues de nos grandes villes. Rien d'antique, rien de vénérable, rien qui rappelle que nous sommes dans une cité dont la gloire remonte à plus de trois mille ans. Les susdites rues s'allongent en ligne droite, bordées de maisons neuves, brillantes de soleil

Fig. 27. — Vue de Rome, prise du Pincio.

et noires d'un peuple affairé. Il est vrai qu'en avançant, nous leur trouvons un cachet plus saisissant : elles sont plus étroites et plus pittoresques. En revanche, leur aspect est plus misérable et plus délabré!

Mais voici le môle puissant du château Saint-Ange. Voici le vieux pont sur lequel se démènent si tragiquement les statues du Bernin. Voici la place Saint-Pierre. Notre cœur bat; nous nous demandons quelle impression nous attend. La fierté de notre foi souhaite voir le plus beau monument que la main des hommes ait élevé à la gloire de Dieu. Une déception serait pour nous une véritable douleur.

Un instant, nous tremblâmes; toutes ces grandeurs nous paraissaient écrasées et trop petites. — Quoi! ce n'est que cela, cette place qu'on nous disait immense! cette colonnade qu'on nous disait gigantesque, ce temple qu'on nous disait incomparable! — Cependant nous avançons. Entre les deux fontaines éternellement jaillissantes, près de ce fier obélisque qui porte si victorieusement les promesses du triomphe final de l'Église, tout change d'aspect, et nous sentons enfin que nous n'avons rien vu jusqu'ici de plus imposant ni de plus beau. Oui, la svelte colonnade du Bernin qui, de chaque côté du portique, étend son cloître sinueux, comme deux bras qui attirent; le portique majestueux, avec ses statues ornant sa grâce sévère; les colonnes puissantes et si sveltes; oui, tout cela dépasse tout ce que nous avons admiré, en fait d'architecture, dans cette Italie où nous n'avons pu faire un pas sans rencontrer un chef-d'œuvre. On sent qu'une grande puissance a bâti cela; soi-même on se sent petit devant ces montagnes de pierre et de marbre entassés.

Nous ne voulions pas encore étudier Saint-Pierre; nous réservions cette étude pour un autre jour, jour de plus de loisir et de moins de fatigues. Ce que nous voulions, c'était recueillir une impression générale, et nous faire une première idée de ce que nous verrions plus tard dans le détail.

Nous franchissons donc le vaste portique aux deux extrémités duquel cavalcadent si noblement Charlemagne et Constantin, et nous entrons.

Même impression que sur la place. « Comment? ce n'est pas plus grand que cela, Saint-Pierre? » C'est que les proportions des différentes parties du monument sont si bien gardées que l'œil s'y laisse prendre. Ici encore, en effet, nous avançons et nous changeons d'avis. Des piliers énormes élancent vers la voûte dorée et écussonnée leur masse carrée d'un style très simple. Un homme, à leur pied, ne paraît plus avoir que la taille d'un nain. Le bruit de nos pas se perd dans cette vastitude, et c'est à peine si la voix des chanoines réunis derrière la Confession, arrive jusqu'à nous.

L'or, ici encore, est prodigué, mais, j'ai hâte de le dire, avec plus de sobriété que dans les autres églises de l'Italie. Plusieurs fois nous nous étions dit : « Cette église ferait aussi bien un théâtre qu'un temple. » Ici, non. C'est bien un temple, et l'impression qu'on y éprouve, en dehors de tous les souvenirs et de tous les préjugés, est bien une impression religieuse.

Mais voici, là-bas, sous un baldaquin aux colonnes torses de bronze doré, des flambeaux qui brillent un peu au-dessus du pavé de marbre, et font tant d'étoiles qu'on dirait qu'un coin du ciel est tombé là.

Nous dirigeons nos pas vers ces lumières. Arrivés près de la balustrade qui entoure cette constellation de lampes allumées, nous tombons à genoux : nous sommes devant la *Confession*, devant le tombeau des saints Apôtres, sacré tombeau qui est en même temps le berceau éternel de l'Église, car c'est là qu'elle se vivifie éternellement dans la cendre de ses premiers héros.

Là, nous avons prié longtemps pour l'Église et pour le

Pape, et des larmes ont jailli de nos paupières au souvenir de tant de grandeurs et d'infortunes.

Quand nous nous relevons, le jour a tellement baissé que le vaste temple, tout à l'heure plein de soleil, est déjà plein d'ombre. Les pontifes de bronze qui supportent la *Chaire de saint Pierre* se dressent tragiquement sous le poids énorme qu'ils soutiennent de leurs épaules. On dirait qu'une tempête

Fig. 28. — Place Saint-Pierre et palais du Vatican.

affreuse souffle autour d'eux; leurs amples vêtements flottent et se tordent; eux-mêmes luttent de toute leur force dans la nuit qui les environne. Plus loin, les belles mosaïques de marbre éteignent leurs douces couleurs, semblables à un beau ciel clair que le crépuscule envahit, et les statues des mausolées, comme enveloppées d'un voile noir, semblent vouloir s'endormir à leur tour sur la cendre de ceux qui reposent là, couchés dans l'éternel sommeil...

En descendant les marches de la basilique, nous nous

sommes tournés vers le Vatican, et nous avons salué du cœur le vieillard octogénaire qui est pour nous plus qu'un père et qu'une mère, et pour lequel tout prêtre catholique est prêt à verser son sang.

IX.

ROME.

De notre hôtel à Sainte-Marie-Majeure. — L'église. — Sainte-Praxède. — A la Colonne de la Flagellation ; poésie. — Sainte-Pudentienne. Dans les rues. — Rome des Papes et Rome des Rois. — A Saint-Onuphre. — Tombeau du Tasse. — Saint-Pierre in Mont orio. — Vue de là-haut. — Sainte-Cécile.

12 septembre.

Nous n'avons certes pas l'intention de visiter toutes les églises de Rome : il y en a quatre cents! Cependant, nous serions heureux de voir celles qui sont les plus remarquables soit par les souvenirs qu'elles rappellent, soit par leur antiquité, soit par leur richesse et leur style. Voilà pourquoi vous auriez pu nous voir, dès ce matin, arpenter les rues, les petites rues commerçantes et tumultueuses. Nous allons à Sainte-Marie-Majeure. — En voiture? — Fi donc! nous avons assez roulé hier, toute la journée. — Avec un guide, au moins! — Et pour qui prenez-vous notre ami le directeur? il a sa carte et sa carte lui suffit. Quel stratège, notre ami! avec sa carte, il parcourrait les yeux fermés le plus inextricable dédale. Seulement il lui faut une boussole pour s'orienter. Autrement il prend le midi pour le nord, le nord pour le midi, et il arrive juste au point opposé à celui où il voulait se rendre. Avons-nous tourné et retourné nos inquiètes personnes dans ces ruelles mal pavées ! — Je vous demande pardon, mes chers amis, je me suis trompé, je crois. — Alors, ce pauvre directeur s'écarquillait les yeux et s'écrasait le nez sur son papier déroulé : — C'est par ici. — Puis : — Non, c'est par là! — Et nous le suivions avec la docilité des chiens perdus qui s'accrochent au passant. Par bonheur, la Providence nous envoya un jeune capucin, qui nous tira de peine. — Vous n'avez qu'à suivre tout droit, Messieurs! — Nous prîmes la rue qu'on nous indiquait, et quelques minutes après, nous étions sur la place de Sainte-Marie-Majeure.

Debout devant l'église, un superbe obélisque, surmonté de la croix, montre sur ses flancs les curieuses inscriptions suivantes :

« J'honore avec bonheur le berceau du Christ, Dieu éternellement vivant, moi qui servais à décorer le triste tombeau d'Auguste. »

Cet obélisque, en effet, apporté d'Égypte sur l'ordre d'Auguste pour être placé je ne sais où, fut dressé par Claude près du mausolée du grand empereur.

Sur une autre face, on lit encore cette autre inscription :

« J'adore Celui qu'Auguste vivant adora comme devant naître de la Vierge. C'est pourquoi il défendit qu'on lui donnât à lui-même le titre de Dieu. »

L'illustre monolithe se fait ici l'écho d'une ancienne tradition d'après laquelle Auguste aurait eu la révélation de la naissance du Messie.

Enfin, sur le côté qui regarde l'église :

« Que par sa croix invincible, le Christ donne la paix au monde, lui qui, durant la paix d'Auguste, voulut naître dans une étable. »

C'est ainsi que dans Rome chrétienne les pierres elles-mêmes crient la gloire du Christ, *Lapides clamabunt*. Ces vieilles filles de la terre, que la main des hommes a taillées mais non détruites, redisent aux générations ce que les générations leur ont appris, et, témoins survivants de tant de grandeurs et de tant de ruines, proclament la divinité de la foi.

Mais d'autres souvenirs sollicitent ici notre mémoire. C'est là, en effet, sur l'emplacement de l'ancienne boucherie livienne (1), que s'est produit le fameux *miracle des Neiges*. Au quatrième siècle, vivaient à Rome un patricien et son épouse, qui, étant privés d'enfants, consacrèrent leur immense fortune aux bonnes œuvres. Une nuit, la sainte Vierge leur apparut à tous les deux. « Vous me bâtirez, leur dit-elle, une basilique sur la colline qui, demain, sera couverte de neige. » On était à l'époque des chaleurs excessives, dans la nuit du 4 au 5 août 352. De la neige à Rome à cette époque, c'était impossible! Pourtant le lendemain dès l'aube, toute la ville était en rumeur; on court du côté de l'Esquilin : l'Esquilin est couvert d'une couche épaisse de grésil... Le patrice Jean, — c'est lui qui avait reçu l'ordre de la Vierge, — révéla au pape Libère la cause du prodige, et commença la construction de cette église, dont le premier nom fut et reste celui de *Notre-Dame des Neiges* (2).

Nous gravissons les degrés de marbre. Ce qui nous frappe, au premier coup d'œil, c'est l'incomparable richesse de ce monument. Cette richesse éclate dans l'or, étincelle dans les pierres précieuses, se reflète dans les marbres polis. On éprouve un véritable éblouissement. Trois larges nefs, harmonieusement soutenues par trente-six colonnes de marbre éblouissantes de blancheur, s'allongent dans la direction de l'autel. Rien de joli comme ces colonnes couronnées de chapiteaux doriques, dont la corniche en mosaïque est enrichie de branches de vigne et d'arabesques. Elles conduisent doucement l'œil au plus resplendissant plafond qui se puisse voir, plafond

---

(1) *Macellum Liviæ*.
(2) Cette église s'appelle encore *Basilique Libérienne*, en mémoire du pape Libère qui en fit la dédicace; *Sainte-Marie à la Crèche*, à cause de la crèche du Sauveur qu'on y conserve; *Sainte-Marie-Majeure* enfin, parce qu'elle est la plus importante des églises de Rome consacrées à la Vierge.

à compartiments, et doré avec le premier or apporté d'Amérique, don princier de la cour d'Espagne à cette *Étoile de la mer*, qui avait guidé Colomb dans sa découverte.

L'autel est formé d'une grande urne de porphyre antique que l'on croit avoir servi de tombeau au patrice Jean et à sa femme. Il est abrité sous un baldaquin superbe, que soutiennent quatre colonnes de porphyre entourées de palmes d'or. Au sommet de chacune d'elles, quatre anges présentent une couronne triomphale. Quatre colonnes de granit égyptien soutiennent les deux grands arcs de la nef, et projettent jusque sur cette partie de l'église la gravité de leur aspect sévère et grandiose.

De chaque côté de l'autel, deux chapelles que je ne décrirai pas, parce qu'elles défient toute description. L'une porte le nom de *Sixte-Quint,* l'autre celui de la famille *Borghèse*. Imaginez le plus prodigieux entassement de matières précieuses, de statues et de peintures, jaspe oriental, agate, lapis-lazzuli, or, bronzes inestimables, vous en aurez une idée. Celle de Sixte-Quint a, en outre, l'inappréciable avantage de posséder la crèche du Sauveur, enfermée dans un magnifique tabernacle octogone. Le rude et savant saint Jérôme, l'ermite de Bethléem, y a aussi son tombeau (1).

Des mosaïques du cinquième siècle annoncent les mystères de la Maternité divine dans le style barbare de cette époque; un tableau miraculeux de la Vierge attribué à saint Luc, et d'admirables fresques du Guide achèvent de mettre cette église, gracieuse et néanmoins sérieuse, majestueuse et néanmoins brillante, au premier rang des plus belles églises de Rome. On est heureux de voir un si beau temple placé sous le vocable de la mère de Dieu.

Nous allons de Sainte-Marie-Majeure à *Sainte-Praxède,* à gauche de cette église.

(1) Toutes ces richesses ne sont pas les seules que possède ce monument si riche. Aucun sanctuaire de Rome ne renferme autant de reliques.

Dépendance de la maison du sénateur Pudens qui accueillit saint Pierre, asile des premiers chrétiens dans les jours d'orage, oratoire fréquenté dès le second siècle, *Sainte-Praxède* est encore l'un des sanctuaires les plus vénérables de la mère patrie des âmes catholiques. Dès l'entrée, nous sommes frappés par la vue d'une vaste mosaïque. C'est

Fig. 29. — Église Sainte-Marie-Majeure, à Rome.

encore une composition curieuse des vieux âges byzantins. Au centre, une ville, dans laquelle se tient le roi du monde, portant le globe dans sa main. A droite et à gauche, une longue file d'élus, lesquels se dirigent vers la sainte Cité, les mains chargées de présents. Deux anges en gardent les portes; ceux-là seuls y pénétreront, qui en seront dignes. Déjà, les heureux possesseurs de la gloire entourent leur chef, ceints de diadèmes et chargés de palmes. En dehors de la ville, un ange indique aux voyageurs le chemin du ciel.

Il y a là de l'idée, je ne le nie pas, mais, pour Dieu, quel art étrange, ou plutôt quelle absence d'art !

Il y a bien d'autres choses curieuses ou vénérables dans ce vieil oratoire du temps jadis; mais nos yeux n'y cherchent qu'une chose, c'est la colonne où fut attaché Jésus-Christ pendant sa flagellation. La voilà, dans la chapelle de saint Hennon, martyr (1).

Quand un chrétien se trouve en présence d'une pareille relique, son premier mouvement n'est pas de regarder, c'est de tomber à genoux et de prier. Après s'être abandonné à ce premier et saint saisissement, il relève les yeux : il voit alors une colonne de marbre veiné de blanc et de noir, haute de trois à quatre pieds. Peut-être aura-t-elle été brisée. Quoi qu'il en soit, c'est là l'une des reliques les plus vénérables de Rome chrétienne. Quand on pense que le sang divin a coulé sur

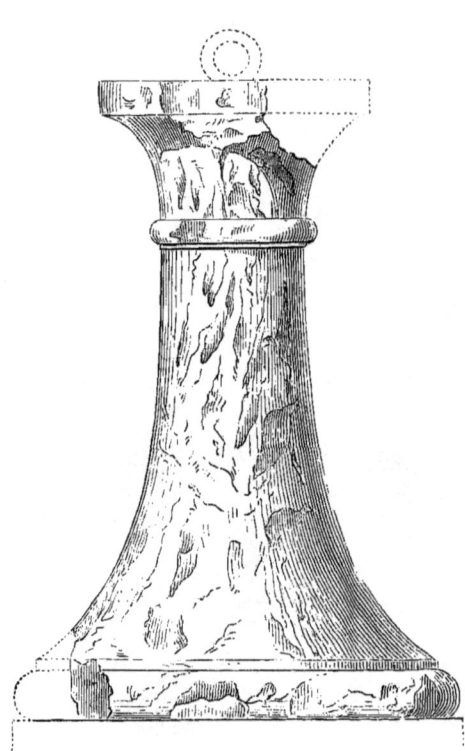

Fig. 30. — Colonne de la Flagellation, conservée à l'église Sainte-Praxède, à Rome ; elle est en marbre noir veiné de blanc, au sommet était scellé un anneau de fer.

(1) Cette colonne a été rapportée de Jérusalem par le cardinal Jean Colonna, en 1223.

cette pierre, on voudrait la baiser mille fois, et mille fois
l'arroser de ses larmes.

A LA SAINTE COLONNE.

Salut, marbre sacré, salut, pilier sévère
Auquel le Juif brutal riva le Tout-Puissant,
Premier autel sur qui le Dieu mort au Calvaire
  Versa son premier sang !

O marbre, à ton aspect mon triste cœur se brise,
Et dans mes yeux gonflés je sens des pleurs courir ;
Des pleurs, car je comprends devant ta masse grise
  Combien Il dut souffrir !

Ils avaient arraché la robe sans couture
Par la Vierge autrefois tissée avec amour ;
Et le Christ était nu, devant la horde impure,
  Tout nu sous l'œil du jour !

Scène d'ignominie impossible à décrire :
Pendant qu'il était là, calme en sa chasteté,
Les impudents soldats de leur impudent rire
  Salissaient sa beauté.

Et quand ils furent las de lui jeter l'insulte,
Ils serrèrent ses mains en des chaînes de fer,
Puis, armés de longs fouets, frappèrent en tumulte
  Sur sa divine chair.

Et Celui qui, là-haut, soutient les vastes pôles,
Jusque dans son martyre ivre d'amour pour nous,
Offrait ses flancs bénis et tendait ses épaules
  A la grêle des coups.

Et les bras acharnés retombaient avec rage,
Et des veines de Dieu coulait le sang humain,
Comme ces gouttes d'eau qui, pendant un orage,
  Roulent sur le chemin !

Mais ce sang te teignait de sa pourpre écarlate,
O colonne, et fumait ainsi qu'un pâle encens,
Quand dans le temple saint l'hymne du peuple éclate
　　En sublimes accents;

Aux demeures du ciel, ce parfum salutaire,
Monta; Dieu tressaillit dans son cœur irrité,
Et déjà ses regards contemplèrent la terre
　　Avec plus de bonté!

Voilà, marbre divin, ce que tu me rappelles
A cette heure où mon front s'incline devant toi;
Voilà les visions douces et solennelles
　　Qui renaissent en moi!

Est-il donc surprenant que mon âme frémisse,
Et que mon cœur se fende, et que tout mon esprit,
A ton aspect, objet de son premier supplice,
　　S'envole à Jésus-Christ?

A genoux sur le sol, toi qui fis sa torture,
Laisse-moi te baiser de mes lèvres en feu,
Et serrer sur mon cœur ta pierre froide et dure.
　　O pilori de Dieu!

Après la croix sublime où dans un cri suprême
Jésus jeta son âme au ciel enténébré,
Parmi ce qui me touche et parmi ce que j'aime,
　　Rien ne m'est plus sacré!...

Non loin de là, nous rencontrons l'église Sainte-Pudentienne, vieille église élevée, dès le second siècle, sur l'emplacement même de la maison du sénateur Pudens. C'est là qu'a vécu cette famille hospitalière et héroïque, qui, non contente d'abriter le premier Vicaire du Christ, bravant tous les périls, recueillait le sang des martyrs et ensevelissait furtivement leurs glorieux cadavres. Pudens, Praxède, Pudentienne,

Timothée et Novat, leurs noms resteront chers aux chrétiens jusqu'au dernier jour. Ils ont été les premiers amis du premier Pape et, par leur dévouement à sa personne, les modèles éternellement admirés des vrais fils de l'Église.

Nous voyons avec plaisir le gracieux clocher byzantin qui se dresse à côté de l'humble monument. A l'intérieur, quelques tableaux et quelques statues d'une respectable valeur attirent nos regards sans trop les retenir. Nous nous agenouillons seulement devant l'autel de marbre, qui renferme l'autel en bois, sur lequel saint Pierre, dit une inscription, offrait le corps et le sang du Seigneur, pour les vivants et pour les morts, priant Dieu d'augmenter la multitude des fidèles (1).

Il y avait quatre ou cinq heures que nous étions sur les jambes, et comme la vue des plus belles choses du monde n'empêchent pas un homme qui est sur les jambes de se fatiguer, nous ne pouvions vraiment plus nous tenir debout.

— Ne trouvez-vous pas que le pavé de Rome est un peu dur? hasardai-je timidement quand nous fûmes dehors.

— Les pierres sont dures partout, répond le directeur qui sent la pointe.

— Croyez-vous que si nous prenions une voiture pour nous conduire d'un lieu à un autre dans cette immense ville, nous n'aurions pas le temps de nous reposer d'être assis en visitant les monuments?

Il sourit. L'autre (celui qui n'est pas le directeur) souriait aussi, et il était visible que son plus cher désir était de ne plus recommencer les marches et les contre-marches de la matinée. Il fut décidé que nous nous jetterions dans les bras du premier cocher qu'on rencontrerait. Mais il était midi; sans doute les cochers de Rome faisaient la sieste; nous n'en rencontrâmes aucun. Nous revînmes à la place d'Espagne

---

(1) « In hoc altare sanctus Petrus, pro vivis et defunctis, ad augendam fidelium multitudinem, corpus et sanguinem Domini offerebat. »

d'où nous étions partis, tirant les grègues, cherchant un mince filet d'ombre sur le trottoir, le long des maisons dévorées par le soleil.

Telle a été notre première promenade dans la ville éternelle.

Même jour, soir.

Après nous être reposés pendant les heures brûlantes de midi, nous partons pour le Transtevère. Cette fois, nous avons cheval et cocher, et cela marche à merveille.

Nous traversons les rues de la vieille Rome, rues étroites pleines d'ombre, mais aussi pleines de familles misérables et d'enfants déguenillés. L'Italie, Dieu merci, ne périra pas par la dépopulation. Il y a des nuées d'enfants sur notre passage. Ils jouent sur le seuil des maisons; ils grouillent à certaines places plus fraîches; ils flânent sous les arbres. On voit partout l'éclair de leurs yeux noirs; on entend partout leurs cris aigus. Parfois, ils chantent d'une voix aigre et nasillarde des chansons aux rythmes rapides, dans lesquelles ils font sonner les syllabes sonores de leur langue natale. Vous trouverez par là la plus belle collection de petits va-nu-pieds qui soit au monde, gamins bruyants, fillettes échevelées, types souvent charmants. Mais pourquoi toute cette misère?

Je ne sais ce qu'était Rome sous les Papes, je vois que le sort des pauvres ne s'est assurément guère amélioré sous les Rois.

Tout d'un coup, nous nous trouvons hors de la Cité. Une route tournante bordée de planches, puis de haies, nous conduit jusqu'à une vieille église, mélancoliquement assise aux flancs du Janicule. C'est Saint-Onuphre. Nous nous arrêtons, car il y a là plusieurs œuvres d'art remarquables, et, par-dessus le marché, le souvenir toujours vivant d'un des plus grands poètes de l'Italie.

Sous un portique, à gauche, nous apercevons tout d'abord trois fresques du Dominiquin. Le verre qui les protège est un peu troublé par la poussière; on peut cependant distinguer les lignes et le coloris. Elles représentent le baptême de saint Jérôme, sa flagellation par les anges à l'heure où il se reproche sa trop vive admiration pour Cicéron, et enfin sa tentation, à cet autre moment si terrible de sa vie où, le brûlant soleil de Palestine échauffant son sang toujours jeune, il revoyait en imagination toutes les folles délices dont Rome, encore à moitié païenne, avait enivré sa jeunesse. Rien de plus poétique, que la façon dont le peintre a rendu ces diverses idées.

Au-dessus de la porte d'entrée, vous voyez une belle Vierge avec l'enfant Jésus. C'est encore une œuvre du Dominiquin.

Les abords de cette petite église de Saint-Onuphre sont des plus engageants. Par malheur l'intérieur ne répond pas à

Fig. 31. — Le Tasse.

tant de promesses. Nous n'y avons pas remarqué un seul tableau qui vaille la peine d'être vu. Mais, en revanche, cette église possède une relique qui, pour n'être pas celle d'un saint, n'en est pas moins sacrée pour des voyageurs comme nous, qui, pèlerins de la foi et de l'art tout ensemble, recherchons de préférence tout ce qui peut éveiller en nous une croyance, un sentiment ou un souvenir.

C'est ici que repose dans la paix qu'il ne trouva qu'à la mort, ce grand et malheureux poète qui s'appela le Tasse.

Nous trouvons son tombeau à gauche en entrant, tombeau bien simple : mais pour la grandeur d'un tel monument, il suffit quelquefois d'un nom gravé sur la pierre. Et c'est le cas.

La statue du poète domine le marbre qui recouvre ses cendres. Debout, appuyé sur une armure de chevalier, le chantre immortel des croisades relève la tête, comme s'il écoutait les voix inspiratrices.

Pauvre grand poète, c'est ici qu'il est venu mourir. Après avoir été fêté par la cour du duc d'Este, fêté par la cour de France, fêté par Florence et toute l'Italie, il avait passé tout d'un coup de la plus brillante fortune aux plus étranges malheurs. Sept années entières, il avait gémi dans cette prison humide, froide et noire, que nous avons vue à l'hôpital de Ferrare. Et la maladie et la folie étaient venues épuiser son corps et vider son cerveau. Pourtant la raison lui revint, et, avec elle, la plus enviée des espérances. Clément VIII l'avait appelé de Naples à Rome. Le pape voulait que le plus populaire des poètes italiens reçût au Capitole le laurier des grands poètes. Tasse accourut. Mais il tomba malade en arrivant, et il dut se retirer au monastère de Saint-Onuphre. « Mes Pères, dit-il en entrant, je viens mourir au milieu de vous. » L'air pur du Janicule ne parvint pas, en effet, à lui rendre sa vigueur dès longtemps perdue. Il languit plusieurs mois. On montre un vieux chêne sous lequel il venait s'asseoir. Il restait longtemps à son ombre, les yeux fixés sur Rome, pensant au néant de la gloire, dégoûté de la vie et des hommes, et n'aspirant plus qu'à l'autre monde. Quand il vit venir la mort, il la salua avec une joie délirante. La mort le privait des honneurs du Capitole, mais elle le délivrait de la vie et lui donnait le ciel, le ciel, seule et suprême aspiration de son âme brisée.

Le réveil de tous ces souvenirs laisse une mélancolie au fond de nous. Mais le chemin que nous suivons en quittant Saint-Onuphre est si charmant, Rome qu'on aperçoit couchée au pied de la colline est si splendide dans le vêtement de rayons que lui fait le soleil qui décline, la villa Pamphili que nous traversons est si souriante dans son cadre de verdure sous laquelle on aperçoit la blancheur des statues, que cette mélancolie s'envole comme un léger brouillard au premier regard du jour. Nous saluons au passage la magnifique fontaine de marbre de Paul V, et nous arrivons, au milieu d'un perpétuel enchantement, à Saint-Pierre in Montorio.

Cette église n'a rien de remarquable. Seul son cloître nous attire. Là, en effet, est la petite chapelle bâtie par Bramante, pour abriter la place où coula le sang du premier Pape.

Un bon vieux franciscain nous introduit dans la cour du couvent. La chapelle se trouve tout au milieu. C'est un bijou, beau comme un temple antique. Imaginez une simple rotonde surmontée d'une coupole que supportent seize jolies colonnes de granit noir. Rien de moins compliqué, et aussi rien de plus ravissant. Au-dessous de ce gracieux monument se trouve une crypte; mais on n'y descend pas. Le regard, plongeant dans l'intérieur par une ouverture grillée, n'en peut même pénétrer le mystère. C'est que cette crypte cache l'endroit même où fut dressée la croix du prince des Apôtres. Si on l'eût laissé à découvert, les fidèles en eussent gratté la terre jusqu'à la racine de la montagne. Le religieux plonge un long bâton ferré dans le trou, et en ramène quelques pincées d'un sable aussi jaune que l'or. Il vous offre cette modeste relique, et vous partez content.

Mais, en sortant, vous vous arrêtez sur l'esplanade qui s'étend devant l'église, et, le cœur encore plein du souvenir de Saint-Pierre, vous contemplez Rome étendue à vos pieds dans sa magnificence.

Vous ne pouvez vous empêcher de penser à la puissance de cette idée chrétienne que le batelier de Capharnaüm est venu implanter ici, il y a déjà plus de dix-huit siècles.

Cette ville immense, quand il arriva, n'avait pour monuments que des palais d'empereurs, des temples de faux dieux, des forums et des théâtres.

Regardez à cette heure. De toutes ces splendeurs païennes il ne reste que des ruines, et la parole de Pierre a fait surgir, à leur place, les quatre cents églises que vous voyez d'ici, avec leurs campaniles ou leurs dômes.

Ceci a tué cela, et si bien tué, que malgré les efforts séculaires des impies, il n'y a jamais eu et il n'y aura jamais de résurrection possible. Les dieux qui sont partis ne reviendront plus.

Fig. 32. — Sainte Cécile, sculpture de Maderno.
Église de Sainte-Cécile, à Rome.

Et quand l'œil, franchissant la barrière des petites montagnes qui bornent l'horizon, interroge le reste de l'univers, l'univers lui répond qu'il a les regards fixés sur Rome, et que la foi du Christ, partie de la Ville éternelle, est déjà venue le faire tressaillir jusqu'en ses plages les plus reculées.

A ces souvenirs, on sent qu'on foule une terre sacrée.

Muets d'émotion, nous contemplions ce double spectacle des yeux et de la pensée. C'est à peine si le bruit de la grande ville, à cette heure en pleine activité, montait jusqu'à nous. Nous étions au-dessus des agitations et des tumultes, tout entiers à nos sublimes visions.

Pourtant il faut nous arracher à ce spectacle. Nous dégringolons une pente rapide, et nous nous trouvons en plein quartier populaire. Des haillons aux fenêtres et sur le dos des gens, plus que partout ailleurs. Mais aussi, quels types admirables on rencontre à chaque pas dans ce Transtevère ! Il semble que ce soit sur ce fumier que pousse la fleur de la beauté romaine. Sur une place, une foule énorme de désœuvrés se presse autour d'un charlatan dont le tambour nous entre dans les oreilles. C'est au milieu de cette cohue que nous arrivons à Sainte-Cécile.

L'église est précédée d'une vaste cour, avec portique à l'en-

Fig. 33. — Le Corso, à Rome.

trée. A l'intérieur, trois nefs : la voûte de la nef principale est magnifiquement décorée par Conca.

Mais je ne veux pas m'arrêter à la description complète de ce vaisseau : j'arrive au maître-autel. C'est là que repose le corps de la jeune et glorieuse martyre, dans une riche châsse d'argent, abrité par un baldaquin de marbre de Paros, lequel est soutenu par quatre colonnes antiques de marbre noir et blanc. Devant l'autel est le chef-d'œuvre admirable d'Étienne Maderno : une statue de Cécile. La sainte est couchée sur le côté droit, les genoux repliés, un bandeau sur les yeux, telle enfin qu'on la retrouva aux catacombes de saint Calixte, enveloppée dans une robe tissée d'or, et ayant à ses pieds des linges teints de sang.

Pour qui connaît la vie de cette vierge charmante, rien de suggestif comme cette statue. On revoit cette jeune patricienne, noble, riche et belle, saisie en plein bonheur par des monstres, faisant avec amour le sacrifice d'une vie pleine d'avenir. J'ai vu la chambre nuptiale où elle montra son ange gardien à son fiancé; j'ai vu la salle de bain où, après avoir essayé de l'étouffer, ses bourreaux la tuèrent. Quels temps! mais quelles âmes!

Deux tableaux d'une idéale beauté achèvent de vous faire aimer cette jeune Romaine héroïque, dont la vie a commencé et a fini sur ce sol de sa demeure, changée en église.

Quand nous sortons, la nuit est venue; nous revenons par le Ghetto, aujourd'hui transformé et méconnaissable; nous traversons le Corso, longue rue très animée dans laquelle le beau monde se promène aux clartés blafardes de l'électricité.

Nous sommes rentrés au logis, et j'écris aux accents criards d'un flageolet qui joue dans la rue l'air si connu du Brave Général!...

X.

ROME.

L'église des Capucins. — Leur cimetière. — Sainte-Marie des Anges. — Thermes de Dioclétien. — Saint-Laurent hors les Murs. — Le Campo Santo. — Deux inscriptions. — Sainte-Croix de Jérusalem. — La Santa Scala. — Saint-Jean de Latran.
Le Frère Pierre. — La Fontaine de Trévi. — Le Forum. — Le Palatin et ses ruines impériales.

14 septembre.

Le soleil rit dans les rues de Rome, gai soleil qui ménage encore ses ardeurs, et dont une brise, venue sans doute des montagnes voisines, rafraîchit encore les rayons. Des pauvresses environnées d'enfants demi-nus sont assises sous le porche des églises et à la porte des palais. Le peuple sillonne les rues; les voitures se croisent sur le pavé inégal qui retentit sous les roues; on va, on vient; les costumes des Romaines échevelées promènent leur pittoresque bigarrure. Un cardinal passe dans son carrosse. Un moine italien, debout au coin d'une place, cause avec un homme du peuple. Et partout des cris, des gestes, la vie enfin. C'est au milieu de cette agitation que nous arrivons à l'église des Capucins. Nous voulons voir un tableau de ce fameux Dominiquin qui, une fois du moins, sut vaincre Raphaël lui-même. Nous avons la bonne fortune de le découvrir. C'est un admirable Saint François d'Assise, pâli par les jeûnes et par les veilles, consumé par son amour de Dieu et des hommes.

Cependant, nous avons le plus profond désir de voir aussi

ce fameux cimetière dont on parle tant. Mais pas un moine dans l'église. Nous appelons ; pas de réponse. Nous secouons les portes; peine inutile. A la fin, Dieu merci, une porte cède, et sans trop savoir où nous allons, nous entrons dans un long couloir. Au bout, nous nous trouvons nez à nez avec un jeune capucin sans barbe, qui paraît assez surpris, mais qui ne se fait pas prier pour nous montrer *le Campo santo des religieux*. Il nous conduit jusqu'au seuil et nous laisse. Jamais, je crois, je n'éprouvai une impression plus pénible. Avec les ossements de leurs morts, les capucins ont fait, dans un espèce de cave, quatre chapelles d'une architecture plus que macabre. Tous les os du pauvre corps humain ont été utilisés, et, omoplates et fémurs, côtes et clavicules, tibias et vertèbres, composent une décoration qu'on ne peut voir qu'avec épouvante. Il y a des guirlandes; il y a des arabesques; il y a des bouquets; il y a des lampes faites avec des crânes blanchis et suspendus à la voûte par des chapelets d'osselets jaunis; il y a des niches profondes tapissées d'ossements, et dans lesquelles des squelettes, vêtus en moines, étendent leurs longs et maigres membres, que des lambeaux de peau desséchée recouvrent encore par endroits. Quelques-uns ont encore leur longue barbe adhérente à leur tête, tête aux yeux vidés, au rictus tragique. Je le répète, on ne peut voir cela qu'avec épouvante.

C'est avec un bonheur profond que nous nous retrouvons dehors, en plein soleil et en pleine vie. Il est bon, il est sain de causer avec la mort, mais pas en un pareil tête-à-tête. Le religieux qui chaque jour vient prier dans cet ossuaire, pour ses frères devenus squelettes, apprend peut-être à se détacher du monde. Le voyageur, peu familiarisé avec de pareilles visions, est violemment choqué dans ses sentiments de respect pour la mort, et cette ornementation dont des débris humains font les frais ne lui semble être qu'un jeu barbare, pour ne pas dire une profanation.

Que j'aime mieux la vaste et belle église de Sainte-Marie des Anges, où nous entrons en sortant de l'église des Capucins! Notre âme n'est plus écrasée par les pensées funèbres sous cette voûte grandiose (1), devant ces tableaux dont plusieurs sont des chefs-d'œuvre, à l'ombre de ces colonnes gigantesques de granit égyptien. Nous parcourons doucement ce vaisseau immense dans lequel douze mille hommes tien-

Fig. 34. — Types de la campagne de Rome.

draient sans difficulté. Nous admirons en entrant le beau marbre de Houdon, ce saint Bruno si vivant, qu'il parlerait, a-t-on dit, si la règle des Chartreux ne l'obligeait au silence. Plus loin, c'est la *Chute de Simon le magicien,* par Pompeo Battoni; plus loin, c'est l'admirable composition de Subleyras : *Saint Basile refusant la communion à l'empereur Valens;* plus loin, c'est le *Bienheureux Nicolas Albergati,* d'Hercule Groziani. C'est surtout l'admirable fresque de ce Dominiquin que j'aime tant : *le Martyre de saint Sébastien.* Dieu sait si les peintres ont usé et abusé de ce sujet. Aucun n'a su y mettre cette vie

(1) L'église Sainte-Marie des Anges était autrefois la Bibliothèque des Thermes de Dioclétien. Michel-Ange et plus tard Vanutelli ont transformé l'édifice.

débordante, cette variété de couleurs, cette diversité d'attitudes, ce triomphe de lumière et de draperies. On voudrait être à la place de ce beau jeune saint dont les yeux mourants voient s'ouvrir le ciel, et vers lequel les anges descendent, traversant l'azur en toute hâte, pour apporter au martyr la couronne immarcescible d'une gloire achetée au prix du sang.

Cette vaste église n'était pour ainsi dire qu'un recoin, servant de salle de Bibliothèque aux Thermes de Dioclétien.

En sortant de *Sainte-Marie des Anges*, nous visitons les *Thermes* eux-mêmes, énormes constructions, à hautes arcades superposées. Ce sont les chrétiens qui ont été condamnés à bâtir ces murs cyclopéens aujourd'hui en ruines. Pas une brique qui n'ait été remuée, posée, cimentée par un confesseur de la foi ou un martyr. Quand on pense aux proportions de ce carré immense, dont chaque côté avait mille soixante neuf pieds, aux portiques, aux jardins suspendus, à toutes ces salles magnifiquement décorées dans lesquelles trois mille deux cents personnes pouvaient se baigner à la fois, on a une idée de la grandeur romaine; mais on ne peut oublier les souffrances endurées par des hommes pour élever à l'orgueil et au plaisir de pareils monuments. Une chose console de ces réflexions amères : c'est que les chrétiens, en même temps qu'ils travaillaient à ces thermes somptueux, collaboraient à une œuvre autrement puissante, je veux dire à l'érection et au développement de cette vivante Église, qui règne aujourd'hui sur toutes ces splendeurs écroulées du paganisme persécuteur !

Mais nous ne sommes pas au bout de notre course. A Rome, un voyageur dont le temps est limité, est plus occupé qu'un homme de peine dans nos fermes de la Beauce. Il faut qu'il marche.

Nous passons donc sous la porte de l'ancienne voie Tiburtine, et nous arrivons à *Saint-Laurent hors les murs*.

C'est là que reposent les corps de deux martyrs, celui du premier diacre et celui de Pie IX, l'un martyr par l'effusion du sang aux premiers jours de la foi ; l'autre, martyr par ses longues douleurs à la fin de ce dix-neuvième siècle si plein d'épreuves pour l'Église et la papauté. Ils reposent là, du

Fig. 35. — Thermes de Dioclétien, à Rome.

moins leur dépouille repose là, dans la paix de la campagne, à l'ombre d'une église isolée, toute enveloppée de silence.

Je sais plus d'un auteur qui profiterait de l'occasion pour raconter l'histoire du célèbre diacre et celle de l'illustre Pontife, au risque de ne rien apprendre à personne. Je préfère entrer tout de suite sous le portique qui s'ouvre devant moi.

J'aperçois, en effet, au-dessus de la porte de l'église, le rayonnement multicolore de fresques curieuses. Elles représentent le baptême de saint Hippolyte. Dans l'église même, en avant de la crypte, deux ambons antiques. Au-dessus de la crypte, la belle mosaïque du pape Pélage II. Enfin dans la crypte elle-même, soutenue par huit belles colonnes, quatre en marbre vert, quatre en marbre de Paros, l'autel même sous lequel reposent les restes des deux grands diacres martyrs, saint Laurent et saint Étienne.

C'est dans une petite chapelle en contre-bas, située tout au fond de l'église, que le corps de Pie IX a été déposé. Son monument funéraire est simple, et la décoration de la chapelle, dans laquelle resplendissent déjà cependant de belles mosaïques, n'est pas encore achevée.

Nous avons prié près de sa tombe, prié pour son âme, prié surtout pour l'Église que cette grande âme aimait tant. Quelques minutes après, nous nous retrouvions sur la grande place déserte où nous étions descendus.

Tout près de cette place est le cimetière de Rome. Nous y entrons pour nous distraire un peu des lugubres visions des Capucins, qui nous poursuivent encore. Le fait est que le soleil de midi jette sur le vaste champ semé de tombes, le ruissellement de sa plus vaste allégresse.

Au milieu, une âme prend son élan vers le ciel, beau marbre, plein d'immortalité. Tout autour une élégante colonnade, dont les murailles sont ornées de fresques rappelant de près ou de loin le grand mystère d'outre-tombe. Sous cette colonnade et hors de son enceinte, des chapelles somptueuses, de riches mausolées, des statues assises ou debout en des attitudes désolées, des portraits rappelant la vie dans la mort. On se demande parfois s'il est possible que les admirables créatures dont ils reproduisent l'image soient bien vraiment là sous vos pieds, mangées des vers ou réduites en poussière. Et puis, comme partout, les petites croix des morts vulgaires, de ces pauvres, déshérités jusqu'au bout, mais sans doute bénis là-haut et accueillis par le Dieu des pauvres.

Un mausolée nous attire, celui des zouaves pontificaux glorieusement tombés à Mentana. Un chevalier est à genoux devant saint Pierre et semble lui offrir son épée : l'œuvre est médiocre. Nous n'en lisons pas moins avec une émotion profonde l'inscription gravée par Pie IX sur le marbre blanc.

Fig. 36. — Tombeau de Pie IX. Église Saint-Laurent hors les Murs, à Rome.

Aux vaillants soldats
Fils de ce pays ou des terres lointaines
Qui en l'année 1867
Debout contre une armée de parricides
Après maints combats
Pour la Religion
Et le salut de Rome
Luttant sans défaillance

AU SEIN MÊME DE LA VICTOIRE
ONT DONNÉ LEUR VIE AVEC LEUR SANG

Ces héroïques victimes de Mentana étaient pour la plupart des Français, et nous étions fiers de voir leur souvenir éternisé en de si nobles paroles.

Mais soudain la rougeur nous monte au front. Voici en effet ce que nous lisons sur une plaque de marbre apposée, par ordre de la municipalité, à la base du monument. Lisez à votre tour, et jugez si ce n'est pas révoltant :

CE MONUMENT
QUE LE GOUVERNEMENT THÉOCRATIQUE A ÉLEVÉ
AU SOUVENIR DES MERCENAIRES ÉTRANGERS
ROME RENDUE A ELLE-MÊME
LE LAISSE A LA POSTÉRITÉ
EN TÉMOIGNAGE ÉTERNEL
D'UNE ÉPOQUE DE MALHEURS
LE SÉNAT ET LE PEUPLE ROMAINS
EN OCTOBRE 1871

La date ci-dessus a une bien amère éloquence! Ces nobles Italiens, pour jeter l'insulte à la face de la France, dont ils traitent les soldats de *mercenaires*, ont profité de l'heure où elle était écrasée par l'Allemagne. Et ils signent cet outrage : *le sénat et le peuple romains*, empruntant dans leur stupide orgueil, la grande formule des jours antiques! Mais le monde entier rit, Dieu merci, de ces prétentions grotesques, sachant bien que le *sénat et le peuple romains*, qui cependant firent tant de vilenies, n'auraient jamais été capables de perpétrer celle-là!

Par un chemin plein de détours et bordé, tantôt de haies, tantôt de vieilles murailles, nous nous en allons vers Sainte-Croix de Jérusalem. Partout, sous nos pas, des débris antiques : fûts, colonnes, architraves. Parfois à côté de nous, se dressent des ruines gigantesques aux échancrures béantes, restes d'aqueducs écroulés.

Nous arrivons enfin. Les orgues jouent, l'encens parfume l'édifice, des prêtres sont à l'autel. Derrière, suivant le dessin

Fig. 37. — Titre ou écriteau de la croix de Notre-Seigneur, fragment de la tablette en bois de cèdre, conservée dans l'église Sainte-Croix de Jérusalem, à Rome.

de l'abside, un demi-cercle de Cisterciens, dans leur robe blanche, prient ou chantent, debout comme de grands spectres. Quelques fidèles, bien clairsemés, assistent à l'office.

Nous descendons à la crypte. C'est là, dans ce souterrain faiblement éclairé par le jour qui tombe d'en haut, que se trouvent les reliques de la vraie Croix, et l'inscription que rédigea Pilate lorsqu'il envoya le Christ à la mort.

Hiesus Iudæorum Nazarenus Rex.

Suivant toujours la longue ligne du grand aqueduc, nous nous rendons à Saint-Jean de Latran. Mais avant d'entrer dans la basilique des Papes, nous allons vénérer la Santa Scala.

Le jour de la Passion, Pilate fit monter le Christ sur une espèce de balcon pavé en pierre. C'est de là qu'il le présenta au peuple en disant : *Voilà l'homme! Ecce homo*. Cet escalier de douleur a été transporté à Rome, et ses degrés de marbre syrien, arrosés par le sang de la flagellation, sont devenus l'objet de la vénération du monde. Pour que les marches ne s'usent point à la longue sous les pas des pèlerins, Clément XII les a fait recouvrir de planches épaisses, percées çà et là, afin de laisser voir la blancheur du marbre. L'escalier du Prétoire ne se monte qu'à genoux; c'est à genoux que nous l'avons gravi jusqu'au faîte, le cœur brisé au souvenir des souffrances du Fils de Dieu pour le rachat du monde.

Si M. Taine qui en en a vu d'autres avec tant de pitié, nous avait vus à notre tour, trébuchant, cahotés et grimpant, nous accrochant des mains aux marches et aux murailles, cognant de nos genoux le bois retentissant, sa pitié n'aurait plus connu de bornes. Bon M. Taine, tant aimer le genre humain, et le voir, en plein dix-neuvième siècle, encore si naïf et superstitieux! Je comprends vraiment sa peine. Je n'en crois pas moins qu'il y a des moments où les philosophes n'ont pas le sens commun, car après tout, il n'y a rien de plus extraordinaire dans ces démonstrations de la foi que dans la plupart des démonstrations humaines, et je ne vois pas qu'il soit plus ridicule de s'agenouiller sur des marches consacrées par les pas du Christ, que de s'agenouiller sur la tombe de sa mère. S'il y a de pauvres gens qui ne font pas cette opération avec toute la grâce voulue, ce serait le cas pour le philosophe de montrer de l'indulgence. N'est pas élégant qui veut.

Cet escalier qu'on a appelé la *Scala santa,* conduit à une chapelle supérieure, qui est la plus riche en reliques de toute la ville de Rome.

Non est in toto sanctior orbe locus.

Nous saluons du cœur et des lèvres les dépouilles de ces vaillants, et nous redescendons par l'un des escaliers parallèles. Nous nous arrêtons un instant devant les deux marbres qui se dressent à l'entrée, comme une tragique évocation de la Passion du Sauveur : un *Ecce homo* et le *Baiser*

Fig. 38. — Église Saint-Jean de Latran, à Rome.

de Judas, et, cette fois, nous allons visiter Latran, « église très sainte, de toutes les églises de la Ville et du monde la mère et la maîtresse » (1). Elle se dresse à côté de l'ancien palais pontifical, palais aujourd'hui désert, et comme tout ce qui l'entoure, enveloppé de solitude et de silence. L'Italie nouvelle a encore passé par là. Sa façade est imposante avec sa balustrade couverte de statues s'agitant dans le bleu du ciel.

(1) On lit, en effet, cette inscription sur le frontispice : *Sacrosancta Lateranensis ecclesia, omnium Urbis et Orbis ecclesiarum mater et caput.*

Dans sa vue d'ensemble, cette église a de la grandeur. Il n'y a pas jusqu'aux douze apôtres du Bernin formant la haie dans la grande nef, qui ne fassent un puissant effet sur l'âme. Il est vrai qu'on les juge moins favorablement quand on les examine un à un : ils ont tous les défauts des plus mauvaises œuvres du grand artiste, tourmentés, prétentieux, poseurs, et se débattant furieusement dans leurs draperies soulevées par le plus déchaîné des ouragans. Un de nos amis appelle ce genre : la sculpture du courant d'air.

Partout, dans le monument, une profusion de peinture, de marbre et d'or. La chapelle Torlonia en est éblouissante; celle de Clément XII, quoique plus sévère, est encore somptueuse à l'excès.

Dans la partie supérieure du baldaquin qui surmonte le maître autel, sont conservées de nombreuses et précieuses reliques, entre autres les chefs vénérables de saint Pierre et de saint Paul.

Nous vénérons aussi, dans l'abside, la fameuse effigie du Sauveur qui a échappé à tous les incendies dont la basilique a eu à souffrir, et, en face de la belle porte de bronze du douzième siècle qui ferme la Sacristie, la Table de la Cène, sur laquelle Jésus institua la sainte Eucharistie.

Mais nous ne pouvons tout visiter en détail.

Quand nous sortons, il est déjà l'heure de la sieste. Du perron de la *porta San Giovanni*, nous jetons un coup d'œil sur la campagne romaine, et les montagnes qui, de là, vous apparaissent comme un tableau d'une saisissante grandeur, et vite nous rentrons à notre hôtel, — d'ailleurs pour en repartir presque aussitôt.

Même jour. Soir.

Ce soir, nous avons un guide; mais non pas un de ces guides de rencontre qui, en Italie, s'accrochent à vous sur le seuil de tous les monuments; parasites au mielleux sourire qui vous racontent un tas de choses qu'ils n'ont jamais bien sues. Notre guide, c'est le Frère Pierre, des Frères des Écoles chrétiennes! Vieux français devenu romain, depuis près d'un demi-siècle qu'il est venu, d'Orléans, se fixer à Rome, il en connaît l'histoire à fond. Il est aussi spirituel qu'il est instruit. Souvenirs religieux et profanes, il possède tout le passé des hommes dans une mémoire d'ange, et on l'écoute avec plus de plaisir et d'intérêt que Télémaque n'écoutait Mentor, car il est tout aussi sage et bien moins ennuyeux.

Toute la soirée, nous avons erré avec lui, parmi les grandes ruines de la Rome païenne. Tant de choses nous ont passé sous les yeux, tant de souvenirs ensevelis au plus creux de notre mémoire s'y sont réveillés soudainement, que je me vois plus embarrassé que jamais dans ma mission de chroniqueur. Je suis comme un homme qui reviendrait d'un autre monde, et qui, dans la confusion de ses pensées et dans son désir de tout redire, ne saurait par où commencer.

Nous partons en pleine chaleur, sous un soleil dont les rayons à pic vous percent comme des flèches. Nous saluons en passant la fontaine de Trévi, avec ses chevaux emballés au milieu de l'eau qui les entoure de ses ruissellements éternels; nous saluons aussi la colonne Trajane avec sa spirale de bas-reliefs guerriers, jadis couronnée par la statue de Trajan, aujourd'hui dominée par la statue de saint Pierre. C'est ainsi que le christianisme a tout christianisé à Rome : Dieu a remplacé les dieux, et les saints ont remplacé les héros. Changement immense qui a montré au monde où était la vraie gloire.

Mais nous voilà en plein cœur de la vieille Rome. Nous avons devant nous un champ en contre-bas, semé de colonnes brisées, d'arcs-de-triomphe mutilés, de pierres entassées et croulantes, de monuments en ruine. C'est l'ancien Forum romain, le théâtre où se sont déroulés les plus grandes scènes de ce grand drame qui s'appelle l'histoire romaine. A gauche, le Palatin montre son dos couvert de vieilles murailles et jonché de débris pittoresques. Derrière nous, les pentes du Capitolin, soudainement arrêtées par un mur, et à l'ombre de ce mur, le temple de la Concorde, le temple de Vespasien et le portique des douze dieux. C'est à peine si, de tout cela, il reste pierre sur pierre. Mais rien n'égale la mélancolie de ce *Forum romanum* qui s'étend là sous nos yeux. Lui, le lieu le plus vénérable de Rome, le rendez-vous de ses plus illustres personnages, la place où son peuple discutait les intérêts de la République, le centre du monde, lui si vivant jadis, il est désert et mort, aussi mort qu'un cadavre dont le vent aurait balayé la poussière et blanchi les ossements.

Le Frère Pierre nous indique du doigt chaque ruine et nous rappelle son passé. Ces quelques pavés grisâtres, qui forment un dallage presque au milieu des ruines, c'est la voie sacrée. Cet éboulement à gauche, c'est le temple de Faustine. Ces colonnes tronquées, c'est ce qui reste du temple de Vénus et Rome. Ici voici les Rostres d'où Cicéron jetait au peuple ses magnifiques harangues. Là voici l'Ombilic, prétendu centre de la terre. Plus loin le milliaire d'or, point de départ des grandes voies romaines. Cette autre colonne qui s'élève sur un soubassement grossier de blocs de tuf, c'est la colonne de l'empereur byzantin Phocas, dont elle supportait la statue dorée. Ces trois autres colonnes qui forment comme un portique, marquent l'emplacement du temple de Castor et Pollux. Ces dalles de marbre et ce noyau de piliers révèlent l'emplacement encore parfaitement reconnaissable de la basilique Julia. Ces lourdes colonnes lisses sont les seules qui aient survécu au temple de Saturne. Cette maçonnerie circulaire en blocage indique l'emplacement du temple de Vesta, temple étrange dans ce monde ancien si corrompu, temple où pontifiaient des femmes vierges, gardiennes du feu sacré..... Et le bon Frère Pierre continue ce lugubre inventaire d'un peuple à jamais disparu. Chaque mot que sa bouche prononce éveille dans notre pensée des souvenirs divers de gloire et d'ignominie. Quelques vertus et beaucoup de crimes, une force inouïe d'activité expansive et un égoïsme effréné, voilà le peuple romain, peuple sans

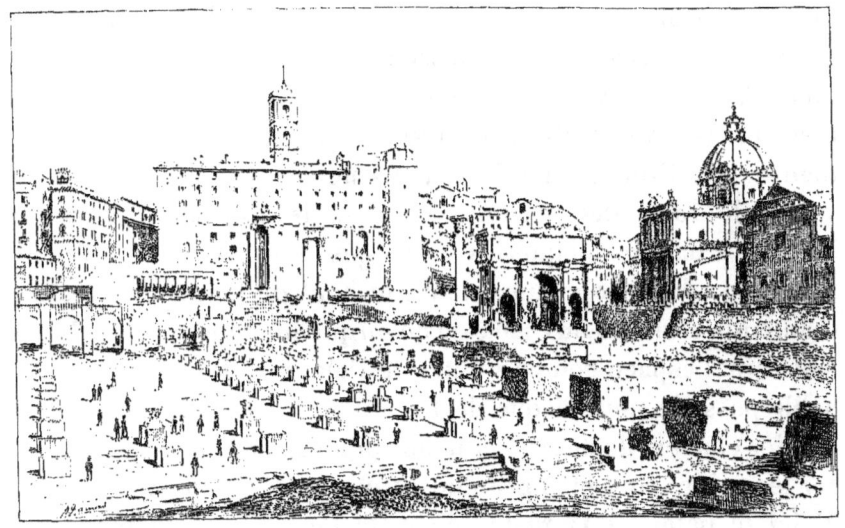

Fig. 39. — Le Forum Romain.

entrailles qui marcha sur le ventre de toutes les nations, qui pressura l'univers, assez grand pour que je l'admire, trop vil pour que je l'aime. Assez puissant pour conquérir la terre, il ne fut pas assez sage pour éterniser son empire. Les peuples ne meurent que quand ils le veulent; lui est mort étouffé par le sang des martyrs. Il n'a pas voulu du Christ, le Christ l'a rejeté; et des ruines lamentables, voilà ce qui en reste.

Du Forum, nous nous sommes transportés au Palatin, colline

impériale, couverte, elle aussi, de débris épars. Nous passons près d'une grotte creusée dans le rocher. C'est le *Lupercal*, c'est-à-dire l'antre où une louve allaita Romulus. Toutefois, le Frère Pierre a bien soin de nous avertir que c'est là une légende, et que cette louve n'était probablement qu'une mégère aux instincts de bête fauve. Nous parcourons ensuite une rangée de cellules étroites dont les murs sont couverts de griffonnages et de croquis, de noms propres et de devises. C'est le Pædagogium, école des esclaves impériaux. C'est là qu'on trouva la fameuse caricature du Christ : un homme à tête d'âne attaché à une croix et regardant un autre homme agenouillé à ses pieds, avec cette inscription : « Alaxamène adorant son dieu » (1). Preuve que les païens ne se contentaient pas de verser le sang des martyrs, mais qu'ils insultaient encore à leurs fers par des moqueries sacrilèges. Puis voici devant nous les ruines de la loge impériale, du haut de laquelle le maître du monde assistait aux jeux de ce cirque immense, qui embrassait tout l'espace compris entre le Palatin et l'Aventin. Après avoir passé le petit cirque de Domitien, nous prenons un petit sentier couvert de débris, et nous voilà au sommet de la colline. Ici les ruines sont plus grandioses et méritent plus d'attention. Voici le palais d'Auguste, siège de l'empire et séjour de la puissance romaine. Voici le Lararium, ou chapelle domestique des empereurs. C'est là qu'Alexandre Sévère avait placé, au milieu des statues des grands hommes divinisés, celles d'Orphée, d'Abraham et de Notre-Seigneur Jésus-Christ. Il avait même fait graver sur les façades de ce petit temple cette sentence toute chrétienne : *Ne faites pas aux autres ce que vous ne voudriez pas qu'on vous fît à vous-même*. Plus loin, s'élevait la fameuse tour d'Héliogabale. Un pavé d'or et de pierres précieuses l'environnait, afin que le jour où cet impérial débauché

(1) Cette caricature odieuse est aujourd'hui au Musée Kircher.

serait las de la vie, il pût, en se précipitant en bas, se casser royalement la tête. Voici maintenant la petite maison de Livie, boudoir de princesse dont les murs sont décorés de peintures assez délicates. Là, commençait la maison de Néron, construction gigantesque qui s'étendait de cette colline où nous sommes à celle de l'Esquilin qui se dresse là-bas. Ici enfin, vous voyez les restes du Septizonium, édifice à sept étages de portiques.

Toutes ces choses se brouillent un peu dans ma tête, car il y a sur cette colline du Palatin une foule de ruines fécondes en souvenirs. Evandre y fonda sa bourgade, les cinq premiers rois de Rome y fixèrent leur demeure; les Gracques, Cicéron, Catilina et Marc Antoine y habitèrent. Auguste, Tibère, Néron, Caligula, Adrien, Septime-Sévère, presque tous les empereurs y eurent leurs palais, appartements follement luxueux, aux murailles revêtus d'or, d'ivoire et de diamants. Et voilà tout ce qui reste de ce passé de gloire païenne, tout ce qui reste de ces splendeurs incomparables!

Pendant que j'étais là, debout au milieu de ces vastes ruines, il me sembla entendre tout à coup des voix qui, à travers les mers et les montagnes, arrivaient jusqu'à moi. L'une disait : « Vanité des vanités, et tout est vanité (1) ». Et l'autre ajoutait avec un accent de colère : « Malheur aux nations pécheresses, aux races corrompues, aux fils d'iniquité qui ne veulent pas du vrai Dieu et qui blasphèment le saint d'Israël! (2) » Une autre voix disait encore, avec un accent de profonde tristesse : « Voilà. Ils sont confondus, parce qu'ils ont fait des choses abominables; ou plutôt, la confusion même n'a pu les confondre, parce qu'ils ne savaient plus rougir. Aussi sont-ils tombés dans la foule des mourants! (3) »

(1) Salomon.
(2) Isaïe, I, 4.
(3) Jérémie, VIII, 12.

Nous quittâmes ces antiques repaires des monstres de Rome, et par le *Cryptoportique,* passage souterrain qui relie les palais impériaux au Forum, nous allâmes visiter le Colisée.

Mais il est tard, et du reste j'ai l'intention de retourner, un de ces jours, dans cette glorieuse arène de nos martyrs.

XI.

ROME.

Piteux attelage. — Sur la voie Appienne. — Les tombeaux. — Domine quo vadis. — Les Catacombes de Saint-Calixte. — L'église Saint-Sébastien. — Histoire de voleurs. — Saint-Paul hors les Murs. — Cheval rétif. — A Saint-Paul Trois-Fontaines.
Saint-Etienne le Rond. — Les fresques de Pomerancio et de Tempesta. — Saint-Jean et Saint-Paul. — Saint-Clément. — Le prince de Galles dans cette église.

15 septembre.

C'est encore le Frère Pierre qui nous conduit. Dès l'aube, nous partons dans une voiture que le bon Frère avait eu soin de louer lui-même. Saint homme! il n'avait pas choisi le plus bel attelage de la Ville éternelle, je vous en réponds. Carrosse et cocher étaient bien certainement ce qu'il y a de plus misérable dans la Péninsule. J'imagine que Frère Pierre a voulu obliger un malheureux, et je suis sûr de ne pas me tromper...

Dès le départ, le cheval, mal éveillé et un tantinet rétif, n'avance qu'à petit pas et en zigzag. En regardant bien, je me demande même si c'est bien un cheval qui nous conduit, ou si ce n'est pas plutôt une de ces ombres que le joyeux Scarron a vues sur les bords du Styx.

> Tout près de l'ombre d'un rocher,
> J'aperçus l'ombre d'un cocher
> Qui, tenant l'ombre d'une brosse,
> Nettoyait l'ombre d'un carrosse.

Notre cheval appartenait à ce monde-là. Hélas! et notre cocher aussi! Ils sont aussi maigres, aussi usés, aussi fourbus, délabrés et vermoulus l'un que l'autre.

Cependant, comme la voiture n'avance pas, l'ombre de notre cocher rougit de honte et de colère; elle lève son fouet et en donne un grand coup à l'ombre de sa bête. L'autre paraît aussi invulnérable qu'Achille, et aussi insensible que le cheval de Troie.

Nous finissons tout de même, à force de coups de fouet, par sortir de la ville.

L'air est pur et frais, la belle lumière matinale dore tout ce qu'elle touche, nous allons fouler la terre la plus sacrée qui soit au monde après celle du Calvaire; nous oublions le conducteur et sa voiture, et nous nous laissons entraîner vers les Catacombes, l'esprit déjà plein des visions du martyre.

Nous roulons sur la voie Appienne, belle et large route bien dallée, et bordée à son point de départ de chênes verts qui frissonnent doucement. C'est de là que les légions romaines s'élançaient à la conquête du monde. La parole colorée du Frère Pierre les ressuscitait devant nos yeux, et nous croyions les voir, sous la conduite d'un César ou d'un Pompée, s'avancer en masses profondes du sein desquelles s'échappaient des éclairs d'armes et des chansons de bravoure. Peu à peu la belle route se rétrécit et se change en un chemin poudreux, un vrai chemin vicinal! A gauche, les thermes de Caracalla, longues murailles croulantes. Puis, des champs de roseaux. Puis l'oratoire de Saint-Laurent et Saint-Sixte. Puis cette antique Porte Latine, où saint Jean fut plongé dans la chaudière d'huile bouillante. Puis la petite église où le conclave élut le Pape Sergius. Et voici les tombeaux qui commencent à paraître. Je suis déçu. Quand je me représentais la voie Appienne, je me représentais une magnifique route bordée de magnifiques monuments. Ces tombes des grands Romains avaient sans doute essuyé les outrages des siècles. Néanmoins, ils gardaient quelque chose de leur ancienne splendeur. On éprouvait là des sensations profondes et inoubliables. Les morts vous y parlaient... Rien de tout cela. Ces tombeaux illustres n'ont rien conservé de leur richesse ; ce ne sont plus que des entassements informes de pierre et de terre, sans caractère et sans

Fig. 40. — Voie romaine.

architecture, espèce de huttes couvertes d'herbes, comme s'en bâtissent les cantonniers en certains pays. Les morts ne disent rien ; Scipion l'Africain lui-même est muet, tant sont profondément anéantis les grands hommes d'un peuple qui n'existe plus.

Nous passons sous l'arc de Drusus et sous la porte Saint-Sébastien, non loin de vieilles fortifications en détresse. A gauche sous un berceau de roseaux nous apercevons couler les eaux limpides de la Fontaine Égérie. Un peu plus loin, nous rencontrons l'humble petite église du *Domine quo vadis*, élevée sur la place où Pierre, fuyant Rome et la persécution, rencontra son divin maître et retourna sur ses pas, cette fois prêt à mourir.

Mais nous voici arrivés chez les Pères Trappistes, gardiens des Catacombes de Saint-Calixte. C'est le principal but de notre course de ce matin. Sur le seuil un jeune religieux nous accueille avec une amabilité toute française. Il nous indique le chemin à suivre. Nous traversons un vaste jardin où les légumes poussent péniblement dans la terre trop desséchée, mais de chaque côté, le sentier est bordé de vignes magnifiques. Les lourdes grappes blondes présentent leurs gros grains, jaunes déjà, au soleil qui commence à les dorer. Elles sont si belles, qu'on se croirait en pleine terre promise. De là, la vue est admirable. Rome et ses collines, Saint-Pierre; la cime dentelée des monts Albains; la grande et belle plaine ondulée, tout ce paysage se développe splendidement sous la lumière d'un ciel admirablement limpide.

Au bout du chemin, nous trouvons un vieux Père Trappiste sous une espèce de chaumière en bois, dans laquelle il a installé un magasin d'objets de piété. C'est lui qui va nous accompagner. Il nous recommande de nous bien couvrir; il nous arme de torches, et nous voilà en route.

Nous passons près de deux bons religieux, hommes jeunes encore, qui, en silence et sans lever la tête au bruit de nos pas, coupent les mauvaises herbes avec de longues serpes recourbées. Ce sont les fils de ces vieux moines qui ont abattu tant de forêts et défriché tant de terres incultes, obscurs et infatigables travailleurs, les premiers pionniers de la civilisation dans notre Occident. Leur place est bien là, près de ces Catacombes où dorment les ossements des martyrs, car, martyrs, ils l'ont été aussi, quoique d'une autre manière. D'autres ont versé leur sang ; eux, ils ont versé leurs sueurs sur la glèbe stérile que leur âpre labeur a rendue féconde, et cela pendant les longs jours d'une vie consacrée tout entière à la gloire de Dieu et au bonheur de l'humanité.

Mais voici qu'une porte s'ouvre, découvrant tout à coup un abîme béant, plein d'ombre. Nous descendons lentement les degrés humides, pendant qu'un froid glacial nous tombe sur les épaules. Le Père Trappiste marche devant nous, armé de sa torche qui vacille, et projette sa longue silhouette maigre sur la noire muraille. Nos cœurs battent dans nos poitrines en entrant dans ces demeures étranges, témoins de l'héroïsme des premiers chrétiens. Une galerie s'ouvre devant nous : nous la suivons, et nous voilà dans un labyrinthe de souterrains qui se croisent et s'entrecroisent. A droite et à gauche des tombes s'étagent, placées les unes sur les autres avec une symétrie parfaite. Aujourd'hui, la plupart sont vides. Mais quel saisissement devaient éprouver autrefois ceux qui traversaient ces rues ténébreuses, quand chacun de ces cercueils possédait encore son hôte, pontife, vierge ou martyr, légion de morts immortels! Quelle leçon éloquente, et quel encouragement au dédain de la vie et à la vertu !

Nous lisons sur la paroi des inscriptions grecques ou latines très laconiques, mais aussi très touchantes.

O Sophronie, puisses-tu vivre !

plus loin,

Sophronie bien-aimée, tu vivras toujours
En Dieu.

ou bien encore :

Souvenez-vous d'Elaphis,
Souvenez-vous de Denis.

ou plus simplement :

Souvenez-vous !

Il y a de ces recommandations qui vous arrachent des larmes.

> Démétrius et Léontia
> A Syraca
> Leur fille bien-aimée.
> Seigneur Jésus, souvenez-vous de notre enfant.
>
> O Dieu, rafraîchissez l'âme d'Antonia !

C'est ici, ô très doux fils, que ta vie s'est achevée. Et maintenant, je vous en prie, ô Père Tout-Puissant, ayez pitié de ses douleurs ;

> Ayez pitié de notre bien-aimé !

Ainsi, les cadavres sont tombés en poussière dans les sépulcres, mais l'amour qui les y avait déposés a laissé sur la pierre sa marque sacrée en traits de flammes.

Nous avançons et nous entrons dans la *crypte des Papes*, sorte de petite chapelle dans laquelle on célébrait les saints mystères. J'y relève l'épitaphe suivante, rédigée par le pape saint Damase :

Si tu me le demandes, c'est ici que reposent les ossements des saints dont les âmes, en foule, ont pris leur essor vers les palais du ciel. Ici sont les compagnons de saint Sixte, chargés des trophées qu'ils ont remportés sur l'ennemi ; ici est la multitude des ministres saints qui gardent les autels du Christ ; ici, les confesseurs que la Grèce a envoyés à Rome ; ici, des enfants, des jeunes gens, des vieillards et des vierges. Et moi, Damase, j'aurais souhaité aussi ensevelir ma dépouille en ces lieux ; mais j'ai tremblé d'insulter aux cendres des saints !

Nous trouvons à gauche la chapelle où l'on découvrit le corps de sainte Cécile, un peu plus loin la chapelle dite des Sacrements, et un peu plus loin encore, la chapelle de Saint-Corneille. Ce qui fait l'intérêt de ces cryptes, ce sont les peintures murales dont elles sont ornées. Je n'irai pas jusqu'à dire, avec notre regretté Mr Bougaud, que l'on y trouve des traces du plus grand art (1). D'ailleurs je serais mauvais juge, n'ayant vu ni le cimetière de Sainte-Priscille, ni le cimetière de Lucine, ni tant d'autres catacombes célèbres qui forment sous Rome vivante une nécropole aussi vaste que la ville elle-même. Mais qu'importe? Ce qui est autrement intéressant, c'est qu'on trouve là, fixés en de saisissantes images, tous les dogmes du catholicisme. Regardez ces vivants symboles. Ici, c'est un poisson qui porte un panier dans lequel se trouve des pains, et une fiole renfermant du vin rouge. Le poisson dans le style pictural des Catacombes représente le Christ (2); le panier et le vin symbolisent les espèces sacramentelles de l'Eucharistie. Là, c'est le bon Pasteur qui porte une brebis sur ses épaules; de chaque côté on voit d'autres brebis qu'un apôtre pousse vers le bon Maître; l'une tourne le dos avec un air de dédain, l'autre écoute et regarde attentivement, une troisième broute l'herbe, indifférente; mais la pluie du ciel tombe sur toutes : c'est le symbole de la Grâce. Dans une autre fresque, Moïse frappe le rocher, l'eau jaillit : c'est le symbole du Baptême. Dans une autre encore, voici le paralytique emportant son grabat. Cet infortuné à qui le Seigneur a dit : *Va en paix, tous tes péchés te sont remis*, c'est le symbole frappant de la Pénitence.

Impossible de résister à l'évidence de cette démonstration. L'Église, à son berceau, nous parle par ces transparents symboles, et elle nous dit, pour notre éternelle sécurité, que dans l'espace de si longs jours, rien n'a changé en elle, que ma foi est celle des apôtres et des martyrs, et que toutes les sectes séparées ne sont que des filles bâtardes.

Après avoir erré plus d'une heure dans ces froides galeries

---

(1) *Les dogmes du Credo*, p. 42.
(2) Le mot grec Ἰχθύς est l'anagramme du Christ; il se décompose ainsi : Ἰησοῦς Χριστὸς, Θεοῦ υἱὸς, σωτήρ, ce qui se traduit, Jésus-Christ, fils de Dieu, Sauveur.

où l'âme s'échauffe, malgré tout, des feux d'un si brûlant enthousiasme, nous avons baisé cette terre arrosée de tant de sang, baignée de tant de larmes, sanctifiée par tant de prières, et nous sommes remontés vers le jour. Le premier objet que j'aperçus, ce fut là-bas, se détachant sur la chaîne des monts Albains, le Monte Cavo avec son temple de Jupiter en ruines; et le second, la coupole de Saint-Pierre, temple du vrai Dieu, roi éternel des siècles. Voilà, me dis-je, ce qu'a fait le sang des martyrs enterrés ici : comme un nouveau déluge, il a noyé l'ancien monde et fait surgir le monde nouveau.

Nous disons adieu à ces vaillants Trappistes français qui, sur le refus des religieux italiens d'habiter un tel lieu, sont venus simplement y respirer l'haleine méphitique de la *malaria*, et languir et mourir à ce poste d'honneur.

Nous visitons rapidement la petite église Saint-Sébastien. C'est là que repose le corps de l'illustre martyr. Sa statue est sous l'autel. Beau jeune homme mort, percé de flèches, la main sur sa poitrine et la tête noyée dans ses longs cheveux, il dort, les yeux clos par le dernier sommeil. C'est une des belles inspirations du Bernin.

En sortant, nous saluons de loin, le tombeau de Cécilia Metella, et nous nous rendons à Saint-Paul hors les Murs. Le chemin encaissé est bordé de haies très hautes, puis de vieux murs brûlés du soleil. Ensuite, un bout de campagne romaine, sèche et triste. Enfin, une belle allée d'eucalyptus, d'acacias et de tilleuls nous conduit jusqu'à la fameuse église.

Comme le chemin est long et sans grand intérêt, le Frère Pierre nous raconte une histoire qui a trait justement aux catacombes de Saint-Calixte que nous venons de parcourir.

— Quand je suis arrivé ici, nous dit-il, il y a quarante ans, il ne faisait pas toujours bon d'aller se promener dans les souterrains dans lesquels vous êtes descendus tout à l'heure.

Fig. 41. — Intérieur de la crypte des Papes, disposée par saint Calixte et décorée par saint Damase. (Catacombes de Rome.) Restitution de M. le comte de Rossi.

Les Pères Trappistes n'étaient pas encore là pour servir de guides aux pèlerins, et les guides laïques qui s'offraient aux voyageurs n'étaient quelquefois que de fieffés brigands. D'ailleurs, aujourd'hui encore, à Rome, il faut toujours se défier des laïques, et quelquefois aussi des gens d'église. Je parle principalement des sacristains, ajouta-t-il avec un malin sourire.

Je me rappelle qu'un jour deux prêtres français prirent pour conducteurs deux de ces chevaliers d'industrie, gens aimables qui leur avaient offert leurs services presque pour rien. Ils descendirent ensemble sous les voûtes souterraines. Avec beaucoup d'empressement, les guides montraient aux étrangers tout ce qu'il y avait de plus curieux à voir. Et l'on avançait ainsi dans les ténébreux corridors, s'enfonçant toujours plus avant dans les galeries enchevêtrées. A un moment, comme les deux prêtres entendaient chuchoter derrière eux, ils se retournèrent. Et qu'est-ce qu'ils virent? leurs deux guides, le pistolet au poing, qui leur demandaient la bourse ou la vie. Ils protestèrent, ils voulurent résister. Mais paroles et résistances, tout fut vain. Une détonation les avertit qu'il n'y avait aucun espoir possible de s'en tirer sans sacrifier leur bourse. Ils la jetèrent aux brigands. Les brigands la ramassèrent, et, éteignant les flambeaux, se sauvèrent par des chemins qu'ils connaissaient dès longtemps.

Les deux malheureux prêtres se trouvèrent, sans lumière aucune, perdus dans les épaisses ténèbres des Catacombes. Tâtant les murs, trébuchant à chaque pas, pendant plusieurs heures mortelles, ils essayèrent de retrouver l'entrée, marchant toujours, sans jamais apercevoir un rayon de jour. Déjà ils avaient perdu toute espérance, résignés à mourir vivants dans cette nécropole des martyrs, quand, tout à coup, ils entendirent un bruit d'ailes, accompagné d'un cri aigu et triste de chauve-souris. Ils mouraient de faim et de soif, ils mouraient de peur. Ce cri inattendu leur rendit du courage. Ils se levèrent, ils marchèrent encore. Une baie moins obscure s'offrit à leurs yeux. C'était la porte. Mais dehors, la nuit étouffait toute clarté, et ils durent rester là jusqu'à ce que le jour reparût. Ce n'est qu'à l'aurore qu'ils purent rentrer dans Rome.

Cette tragique histoire finit juste au moment où nous arrivions devant la porte de Saint-Paul hors les Murs.

A l'extérieur, rien de moins orné que cette église. Sauf le portail auquel des maçons travaillent activement, c'est l'aspect d'une grange immense. Mais que vous êtes remué par le contraste, quand une fois vous avez pénétré dans l'intérieur de ce temple, qui est bien, à coup sûr, le plus riche et le plus rayonnant de la Ville Éternelle ! Il a cent vingt mètres de long sur vingt-trois mètres de large. Quatre-vingts colonnes monolithes, en granit gris du Simplon, le divisent en cinq nefs. Sous vos pieds un dallage de marbre plus brillant qu'un miroir ; au-dessus de votre tête un splendide plafond à caissons écussonné aux armes de Pie IX et de Grégoire XVI. Tout autour de la nef principale, au-dessus des colonnes, rayonnent les portraits de tous les papes, depuis saint Pierre jusqu'à Léon XIII, en de superbes mosaïques à fond d'or.

En avant de la Confession, deux belles statues de saint Pierre et de saint Paul, dont de précieuses reliques reposent sous l'autel papal, non loin des restes de saint Timothée.

C'est un bijou que cet autel papal. Surmonté d'un premier baldaquin gothique aux colonnes de porphyre, il est encore abrité par un second baldaquin plus grand, supporté par quatre colonnes d'albâtre oriental. Ces colonnes, don de Méhémet-Ali, vice-roi d'Égypte, s'appuient sur les bases en malachite, offertes par le czar Nicolas Ier.

Je vous le dis, c'est un gigantesque bijou.

Nous craignîmes de rester éternellement sur la petite place nue qui s'étend devant Saint-Paul hors les Murs. A peine étions nous sortis de l'église et remontés en voiture, que notre

Fig. 12. — Intérieur de la basilique Saint-Paul hors les Murs, à Rome.

cheval, en effet, sans doute pris de vertige, se met à décrire des cercles et des cercles, nous entraînant avec lui dans un mouvement gyratoire étourdissant. Le cocher crie et tape à grands tours de bras. Vains efforts. L'animal rétif tourne toujours imperturbablement, comme si tourner était son devoir. D'autres cochers sont là qui attendent ; ils accourent, les coups pleuvent drus comme grêle sur son maigre dos. Il tourne encore, il tourne toujours. Il faut qu'une main énergique et charitable vienne le prendre par la bride et le mettre dans son chemin. Il se décide alors à marcher cahin-caha, s'éloignant de l'écurie avec le plus amer regret.

Nous montons et descendons de petites côtes dont les sommets et les flancs brûlés attristent la vue. C'est la campagne romaine dans sa nudité la plus sèche.

Dans le creux d'une minuscule vallée, nous rencontrons enfin une oasis.

Nous nous engageons dans un petit sentier qui serpente à l'ombre des eucalyptus, et nous arrivons à la petite église de la *Scala Cœli* qui renferme dans sa crypte les reliques de plus de dix mille martyrs. C'est dans cette église que saint Bernard eut sa fameuse vision, alors que Dieu, comme à un nouveau Jacob, lui montra la mystérieuse échelle sur laquelle les âmes, que la prière a délivrées, s'élèvent jusqu'au ciel. Une autre allée d'eucalyptus conduit du bosquet où la *Scala Cœli* est cachée, à l'église de Saint-Paul Trois-Fontaines.

C'est un monument très humble et très simple. Dans le fond, trois autels se dressent sur les trois sources qui jaillirent aux trois bonds que fit la tête de saint Paul, quand le glaive l'eût tranchée. Les sources coulent encore, et le pèlerin peut s'y désaltérer. La tête de l'apôtre est sculptée sur le devant de chaque autel. A droite, protégée par une grille, est la colonne à laquelle le glorieux martyr fut attaché.

Voilà ce que nous sommes venus voir à plus d'une lieue de

Rome, en vérité peu de chose pour un profane, mais beaucoup pour nous. C'est qu'en effet, Paul a tenu dans la fondation de l'Église une telle place, il a pris une telle part à son développement, il a mis à propager l'Évangile tant de foi, de vigueur et de génie, il a eu, par la grâce de Dieu, tant d'influence sur sa destinée, et aujourd'hui, après tant de siècles, il y est encore tellement vivant par ses écrits, que tout ce qui le rappelle touche encore un chrétien instruit de nos jours, aussi profondément que si son martyre datait d'hier. Nous avons voulu baiser la place où est tombée cette tête si fière, que le glaive seul a pu la faire courber, baiser la pierre où ce sang généreux a coulé à flots pour Jésus-Christ, revoir ces lieux enfin, où, son grand cœur ayant cessé de battre, son âme a pris son élan vers Celui pour l'amour de qui elle avait tant de fois souhaité la suprême rupture de la mort (1).

On revient toujours un peu meilleur de ces visites-là : le martyre est la grande école du courage chrétien.

Même jour, soir.

Toujours avec le Frère Pierre, dont la bonté est infatigable. Nous partons un peu tard, mais cette fois nous avons un jeune cocher, un jeune cheval et une assez bonne voiture. Nous brûlons le pavé de Rome, nous dévorons l'espace; on nous regarde avec ébahissement, et les gens qui nous ont vus le matin, sourient, devinant sans doute que nous prenons une revanche.

Nous sommes à peine partis, que nous sommes déjà arrivés à Saint-Étienne le Rond. Ancien temple de Bacchus, c'est une assez vaste rotonde, surmontée d'une coupole, laquelle repose sur deux piliers et sur deux colonnes de granit. Une colonnade règne tout autour, suivant la courbe des murailles.

(1) Cupio dissolvi et esse cum Christo.

Mais ce n'est pas le temple lui-même qu'on vient voir, ce sont les peintures de Pomarancio et de Tempesta. Une suite de tableaux peints à fresque couvrent tout le tour de l'édifice, représentant des scènes de martyre. Après le cimetière des Capucins, je n'ai rien vu à Rome ni ailleurs de plus impres-

Fig. 43. — Église Saint-Paul Trois-Fontaines, à Rome.

sionnant, j'allais dire de plus horrible. Le sang coule à flots dans ces compositions atrocement réalistes; partout des blessures béantes, partout des corps mutilés, partout des bourreaux qui frappent ou qui attisent des flammes, partout l'image de la souffrance corporelle à son paroxysme. J'en étais malade, et pourtant j'ai voulu tout voir, car hélas! si c'est là du réalisme, c'est aussi de la réalité. Les peintres ici ont été plus historiens qu'artistes; là est leur tort et leur mérite. Leur tort, car leur œuvre est médiocre; leur mérite, car ils secouent plus victorieusement l'être humain. Voilà donc ce qu'ils ont souffert, ces hommes, ces femmes délicates, ces jeunes filles charmantes, ces petits enfants, héroïques dès le berceau ! Les fers, les glaives, l'huile bouillante; les peignes d'acier qui déchirent les chairs, les tenailles qui arrachent la langue, les dents, les ongles; les pierres qui écrasent le corps en broyant les os, voilà ce qu'ils ont souffert sans murmure et le sourire aux lèvres, consolés par leur foi triomphante et leur surnaturelle espérance, ivres d'un amour plus fort que la douleur et que la mort, plus fort que tout amour mortel. Quelles convictions, quel mépris de la vie, quelle sécurité devant le mystère de la tombe! Le vieux monde païen aurait dû se mettre à genoux devant de tels héros; ceux dont il avait fait ses dieux ne les valaient pas. Il n'a su au contraire qu'ameuter les peuples et exciter les tortionnaires. Il était tombé trop bas pour les comprendre : il les a tués. Mais le sang de ces héros a fait germer la vertu qu'on ne connaissait plus sur la terre; le monde s'est élevé au-dessus de lui-même au spectacle de tant d'exemples de la beauté morale, et l'homme devenait meilleur pour longtemps. Les noblesses, que nous avons conservées dans les abaissements de notre époque, nous viennent encore de ces martyrs.

Voilà ce qu'on se dit devant ces peintures trop brutales. Pour ma part, je n'ai jamais mieux compris qu'en les voyant et l'héroïsme des premiers chrétiens et la nécessité des épreuves sanglantes pour le relèvement moral des nations.

Nous reprenons notre course; nous passons sous l'arc de Dolabella, au sommet duquel nous apercevons la fenêtre de la petite chambre où saint Jean de Matha, nouveau stylite, a passé quinze ans de sa vie; et nous arrivons à Saint-Jean et Saint-Paul. Sauf qu'elle possède les reliques des deux martyrs dont elle porte le nom, cette église n'a rien absolument de remarquable. Le corps de saint Paul de la Croix dort dans une jolie chapelle à droite. L'illustre solitaire repose doucement sous l'autel, la tête appuyée sur deux oreillers de drap d'or. Je remarque aussi, dans cette chapelle, deux beaux tableaux modernes. L'un représente la Vierge des Douleurs, l'autre Jésus à Gethsemani. Je les regarde longuement, voulant protester contre le culte trop exclusif du passé qui s'est emparé de moi, comme de tous ceux qui viennent à Rome. On n'y regarde que les ruines, on n'y admire que les chefs-d'œuvre qui datent au moins de quelques centaines d'années. On croirait déroger et faire preuve de mauvais goût en jetant un regard sur une œuvre contemporaine. Vingt fois, cent fois, j'ai entendu cette réflexion : — Ah! c'est moderne! passons! — et l'on passait, sans même lever les yeux. Franchement, les artistes contemporains sont à plaindre en ce pays-ci, et je les plains de tout mon cœur d'avoir du talent et de n'être pas morts depuis trois cents ans. Pendant que nous nous retirons, le Frère Pierre nous raconte l'attachement de Pie IX pour cette modeste église. Lorsqu'il n'était encore que l'abbé Mastaï, il est venu plus d'une fois frapper à la porte du monastère voisin, pour solliciter son admission dans l'ordre des Passionistes.

Dieu le réservait à de plus grande destinées.

Comme le soleil commence déjà à descendre, nous nous hâtons vers Saint-Clément. La *Maison d'or*, les *Quatre saints*, rien ne nous arrête plus, nous traversons des quartiers neufs tour à tour déserts et peuplés à l'excès, quartiers où la misère semble avoir fixé sa demeure, et nous arrivons au seuil de l'antique église.

Nous nous trouvons dans un vaste parvis pavé en marbre vert et jaune et entouré d'un portique. Au milieu, une petite fontaine ruisselle et chante doucement. Les bruits de la rue arrivent encore dans ce vestibule du temple; cependant, dans ce cadre de colonnes ioniques, dont le ciel forme la tente, l'âme se sent déjà environnée de paix religieuse. C'était de là que les catéchumènes assistaient aux parties de l'office divin qu'il leur était permis d'entendre. Nous entrons. Trois nefs soutenues par seize colonnes antiques s'allongent dans la direction de l'abside, ornée de belles chapelles et splendidement décorées. Je remarque seulement une assez belle statue de saint Jean Baptiste, par Simone, frère de Donatello, dans la chapelle du Saint-Sacrement; dans la chapelle Sainte-Catherine, les magnifiques fresques de Masaccio; *l'Annonciation, les Quatre Évangélistes, le Crucifiement, Saint Clément au berceau, l'Inondation de la ville de Cherson, la Mort d'un saint; Sainte Catherine prêchant dans un temple païen, défendant le Christ contre les docteurs alexandrins, sauvée miraculeusement et enfin subissant le martyre.* L'illustre peintre florentin, ce pauvre homme si gauche et si distrait qu'il était la fable de ses contemporains, a écrit là une des plus belles pages de peinture qu'il ait pu réaliser en sa courte carrière de vingt-six ans. Perspective, vivacité du coloris, clair-obscur, attitudes pleines de vie, expressions naturelles et saisissantes, il a rassemblé, dans cette œuvre aux sujets multiples, toutes les qualités qui l'ont fait admirer de Raphaël et de Michel-Ange, et qui ont porté son humble nom de Thomasso, changé par les malins et les envieux, en celui de Masaccio, jusqu'à la postérité elle-même.

Nous nous agenouillons un instant devant les reliques de saint Clément, ce collaborateur de saint Paul. Il repose sous l'autel, dans le *presbytorium*, à côté de l'héroïque saint Ignace d'Antioche.

On peut admirer de là les mosaïques de l'abside. Au sommet, la main divine étendue comme pour commander; au milieu une croix sortant d'un buisson de feuillage qui fleurit sur une éminence, au pied de laquelle coulent les quatre fleuves du Paradis; près des fleuves deux cerfs se désaltérant; enfin douze petites colombes blanches sur les bras de la croix à la-

Fig. 44. — Sainte Catherine d'Alexandrie et les docteurs. Fresque de Masaccio, église Saint-Clément, à Rome.

quelle le Sauveur est cloué, tel est le sujet de cette mosaïque. C'est, comme vous voyez, le symbole touchant de la Rédemption. Le reste de la voûte est occupé par de magnifiques rinceaux. Mais l'art naïf du treizième siècle a disparu : les génies, les dauphins, et le reste, annoncent la mythologie et la Renaissance. Au-dessous, les quatre Docteurs de l'Église d'Occident, saint Augustin, saint Jérôme, saint Grégoire et saint Ambroise, servent de centre à des groupes qui semblent écouter et boire leurs graves paroles. De chaque côté, des scènes de la vie champêtre, des paons et des oiseaux aquatiques, comme dans les catacombes. Enfin, sur la bande que forme le soubassement de la voûte, un agneau nimbé et douze brebis sortant, six de Bethléem et six de Hiérusalem. Le réalisme et le symbolisme s'unissent pour former de toute cette voûte éclatante un tout assez disparate et étrange. Ces sortes de peintures ont été faites en des temps plus naïvement croyants que les nôtres, et pour des âmes qui comprenaient ce langage des couleurs à la fois mystique et figuré. Nous, elles nous étonnent sans nous ravir, ou si nous les admirons, c'est seulement en qualité d'archéologues. Somme toute, quoi qu'en disent certains de mes amis, je crois que l'art qui a subi au seizième siècle une déviation si profonde n'y a pas trop perdu.

Il y a encore une mosaïque sur l'arc triomphal. Elle représente le Christ en buste ; sur la même ligne le Lion, l'Ange, l'Aigle et le Bœuf ; et dans les zones inférieures, saint Laurent, saint Paul, saint Pierre, saint Clément, Isaïe et Jérémie. Mais c'est assez de description, et d'ailleurs il me faut descendre dans la basilique souterraine si intéressante aussi par ses fresques.

Cette antique église, découverte seulement en 1859, offre le plan des anciennes basiliques : trois nefs, un narthex et l'abside. Nous avançons lentement, à la clarté vacillante de nos flambeaux, sur le sol inégal. Un petit sacristain fort aimable qui, par un hasard inouï à Rome, n'est habillé ni en évêque ni en prêtre, nous précède de quelques pas, et nous indique la place des fresques anciennes que nous venons étudier. Il fait bien, car la nuit est si épaisse sous ces voûtes massives que, même avec nos flambeaux, nous passerions à côté sans les voir.

Je dois dire que toutes ces peintures dont quelques-unes remontent au septième siècle, et d'après plusieurs auteurs beaucoup plus loin dans le passé, sont plus ou moins détériorées. Pour ce qui est de l'art, il est aussi absent que possible. Elles n'en sont pas moins précieuses au point de vue de l'hagiographie et de l'histoire. Comme les fresques souvent informes des Catacombes, elles montrent la perpétuité de la foi catholique. Il en est qui rappellent les deux grands apôtres des Slaves, saint Cyrille et saint Méthode; d'autres le Crucifiement de saint Pierre; d'autres le culte de la Vierge et la pratique des sacrements. Ce sont ces dernières qui ont tant frappé le prince de Galles à sa visite à l'église Saint-Clément. Ces fresques, en effet, toutes antérieures au protestantisme, prouvent péremptoirement que le protestantisme a dévié de la tradition chrétienne. Un réformé, soucieux de la vérité et de la logique, ne peut plus rester dans la Réforme, après les avoir vues : elles l'accusent, elles le réfutent, elles l'acculent, elles le confondent.

J'ai remarqué une autre de ces peintures, parce qu'elle m'a paru plus particulièrement touchante. Elle occupe le milieu du narthex. C'est la traduction naïve d'une charmante légende.

Le corps de saint Clément, après un cruel martyre, fut jeté par ses bourreaux au fond de la mer, non loin de la ville de Cherson. Mais les anges de Dieu n'ont pas voulu laisser cette sainte dépouille devenir la proie des monstres de l'abîme. Ils ont élevé, au milieu même des flots, un magnifique tombeau de marbre, et c'est là que dorment, pieusement ensevelis par leurs mains, les restes vénérables de l'apôtre.

Cette scène est presque entièrement effacée ; mais il y en a une autre au-dessous qui s'y rapporte et qui, celle-là, est très distincte.

Elle nous montre la petite ville de Cherson, la mer qui baigne ses murailles avec ses flots glauques où nagent toutes sortes de poissons, et, au milieu des eaux, le temple bâti pour saint Clément par les esprits célestes. Chaque année, au jour anniversaire du martyre, la mer s'éloigne et laisse libre passage à la foule des pèlerins. Et, en effet, le clergé et le peuple, précédés de l'évêque, sortent de la cité et se dirigent vers le tombeau. Mais une femme, pauvre veuve qui a perdu son enfant douze mois auparavant, englouti dans une tempête, se hâte et arrive la première. Elle entre ; que trouve-t-elle ? son fils vivant, conservé là par la puissance du saint. A demi agenouillée devant l'autel, on la voit attirer sur son cœur l'enfant qu'elle croyait à jamais perdu, pendant que le cher petit lui sourit en lui tendant les bras (1).

On sourit soi-même devant ce naïf tableau, mais en même temps on a des larmes d'attendrissement dans les yeux.

C'est sur cette émotion que notre journée va finir, car la nuit noire est venue pendant notre séjour dans la crypte, et, avec elle, l'heure d'aller bientôt dormir.

---

(1) Sur la tête de la femme on lit *vidua*, et sous les pieds de l'enfant, *puer*. Un épigraphe explique le fait : *Integer ecce jacet, reperitque praevia mater.*

XII.

ROME.

Une matinée à Saint-Pierre. — Choses vues. — Les curieux. — Les pèlerins. — Les chantres de la Sixtine. — Le Portique du Paradis, — La *Navicella*. — Autour des nefs. — La coupole. — Monuments divers. — Les amis se fâchent. — Saint-Augustin. — Statues et tableaux. — Saint-Louis des Français. — Pimodan, Bastiat et Claude Lorrain. — Les peintures. — Au Panthéon. — Victor-Emmanuel et Raphaël. — La Minerve. — Le Gesù. — Saint-Pierre aux Liens. — Moïse et Michel-Ange. — A la prison Mamertine. — Nous montons au Capitole. — L'Ara Cœli et le Santissimo Bambino. — Bonsoir.

16 Septembre.

Nous avons passé toute notre matinée à Saint-Pierre. Qu'en dirai-je et que n'en dirai-je pas? Je ne sais vraiment comment m'y prendre pour en parler. Car Saint-Pierre, c'est tout un poème, poème de marbre, de bronze et d'or, de couleurs et de rayons. Or on n'analyse pas un poème, on le lit avec ses yeux et on le médite avec son cœur. Le plus simple, ce serait de vous dire : accourez et voyez! Mais c'est trop commode; vous m'en voudriez. Vais-je donc refaire ce qu'ont fait mille auteurs avant moi, en se copiant les uns les autres? Vais-je passer en revue chaque détail du sublime édifice et essayer de le dépeindre? Mon Dieu, je vais faire ce que je vais pouvoir. Je vous demande seulement d'être indulgent, car ce monument-là a écrasé des talents plus forts que le mien.

Temple vénérable, le plus illustre après Latran, Saint-Pierre remonte à la plus haute antiquité. Un jour, en effet, — c'était au quatrième siècle, — les champs Vaticans où reposait le corps du premier pape, furent témoins d'un spectacle véritablement inconnu jusque-là. « Une grande foule venait de traverser la porte triomphale qui se trouvait à l'entrée de ces lieux, près du mausolée d'Adrien. En s'avançant parmi les tombeaux assez nombreux situés dans les environs, elle avait passé à côté du cirque de Néron et de son obélisque; elle ne s'était arrêtée ni devant le temple de Mars, dont le vestibule portait le nom de Vatican, ni devant le temple d'Apollon, qui ressemblait au Panthéon par sa forme sphérique, par les colonnes de son portique et par l'ouverture ronde pratiquée au milieu de la voûte pour introduire la lumière et symboliser le soleil. Tout ce peuple avait fini par se ranger avec respect devant l'entrée d'une crypte, au pied d'une colline solitaire. Derrière ces rangs de têtes qu'animait l'expression d'une joie grave et solennelle, on voyait vraisemblablement, de distance en distance, quelques figures pensives et tristes, qui semblaient attendre, avec une curiosité inquiète, ce qui allait advenir dans ces lieux auxquels les païens attachaient depuis longtemps des idées mystérieuses. La foule ne tarda pas à s'ouvrir pour faire passage à une procession d'hommes vénérables, revêtus d'habits et d'ornements qui n'avaient pas encore paru sous le soleil de Rome, et chantant des cantiques que l'écho des sept collines ne connaissait pas. C'était le pape Sylvestre, accompagné d'un grand nombre d'évêques et de tout le clergé, et tout le peuple fidèle chantait avec eux. Tout à coup l'empereur Constantin parut, le front dépouillé du diadème. Il se prosterna la face contre terre, confessant qu'il avait erré et péché, qu'il était coupable d'avoir persécuté les saints, qu'il n'était pas digne de toucher le seuil de leurs tombeaux, et il disait ces choses à haute voix, avec de grands gémissements et une telle abondance de larmes amères, que tous les insignes de ses habits de pourpre en étaient inondés. Alors se dépouillant de sa chlamide, et prenant une pioche, il ouvrit le sol, puis il porta sur ses épaules douze paniers pleins de terre en l'honneur des douze apôtres, et les jeta dans l'endroit où l'on devait placer la première pierre de la basilique du Vatican (1). »

Ce souvenir m'est revenu à la mémoire en revoyant ce monument superbe qui, comme toutes les belles œuvres, après avoir surpris le regard et l'âme, finit par les charmer. Mais, depuis Constantin, quels progrès réalisés! On dirait que cette

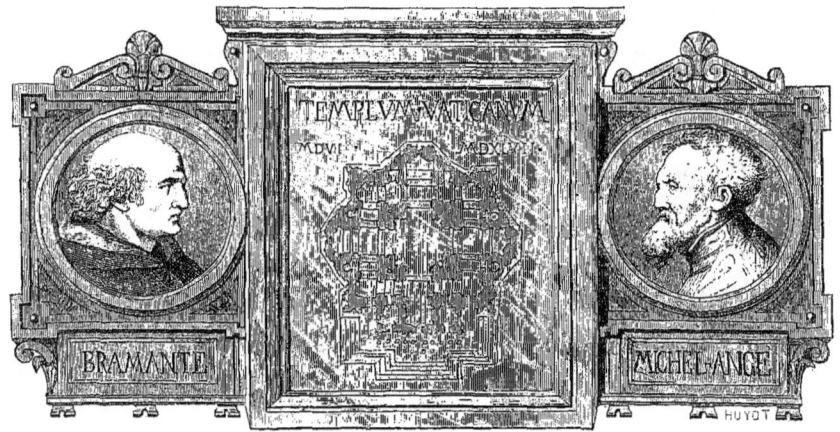

Fig. 45. — Plan de Saint-Pierre avec les figures de Bramante et de Michel-Ange.

basilique a suivi le développement même du catholicisme, s'élevant et s'agrandissant au fur et à mesure qu'il prenait au soleil une place plus large et plus incontestée. Alberti, Rosellini, Bramante, Sangallo, Raphaël, Peruzzi, Sangallo le jeune, et enfin Michel-Ange, tous les génies de l'architecture se sont unis pour collaborer à ce temple de tous les peuples; et je le dis aujourd'hui sans hésitation, ils ont réussi à en faire une œuvre unique au monde par sa grandeur, son harmonie et sa beauté (2).

(1) Act. S. Sylvest. *Esquisse de Rome chrétienne*, par Mgr Gerbot, I, p. 288.
(2) En 1450, l'édifice constantinien menaçait ruine, et Nicolas V entreprit de le relever. Jules II, Léon X et Paul III adoptèrent son projet et, au milieu de

Cette place immense de Saint-Pierre, avec son obélisque et ses fontaines, sa forêt de colonnes énormes, et dans le fond, au-dessus de la vaste façade sur laquelle règnent le Christ et ses apôtres, le dôme gigantesque de Michel-Ange, cette place immense est la plus belle et la plus large qui soit au monde. Elle se développe et s'étend devant le regard, elle se dilate comme pour recevoir les foules innombrables. C'est le forum de la chrétienté. Rien de plus grandiose n'a été conçu depuis les constructions titanesques des empereurs romains.

Et quand on s'avance vers le temple lui-même, et quand on y pénètre, sans pouvoir se dérober à l'impression de grandeur qui vous a saisi et qui vous suit partout, on éprouve en même temps un éblouissement et comme un envahissement de joie. Pas de pierre ; rien que du marbre et du marbre blanc. Le marbre blanc éclate dans ces nobles et puissantes colonnes cannelées qui montent d'un jet jusqu'à la voûte, dans ces arceaux qui les relient, dans ces murs cyclopéens, dans les dalles, dans les monuments funèbres et dans les statues. Le marbre blanc fait le fond dans cette grande mélodie architecturale. Il lui donne un air de jeunesse éternelle, il y fait rayonner je ne sais quelle lumière triomphale et pure. Sur ce fond de neige, l'or étincelle, et çà et là, au faîte de la coupole et sur les piliers, se détachent des peintures admirables et des mosaïques radieuses. Et voici de plus grandes richesses encore : voici des cipolins, des verts antiques, des porphyres, toutes les pierres précieuses avec lesquelles est bâtie la Jérusalem de l'Apocalypse. C'est la beauté, la richesse, l'harmonie, la splendeur même.

Nous faut-il maintenant parcourir une à une toutes les parties de cette église qui est tout un monde ?

Ne vous laissez pas distraire par les cent curieux qui, comme nous, errent dans l'édifice. Il y en a de toutes les nations, de

bien des difficultés, parvinrent à le réaliser. L'ensemble de l'édifice ne fut achevé toutefois qu'en 1667, sous Clément IX.

toutes les façons, de tous les costumes. Cela serait très amusant de les observer et très instructif, car l'homme vient ici avec tout lui-même, c'est-à-dire avec son inséparable bagage de misères et de passions. On y voit des impies qui ricanent stupidement, les yeux ouverts, l'intelligence et le cœur fermés sur tout ce qui les entoure. On y voit de bons Allemands qui, leur guide à la main, étudient les plus petits détails avec une conscience scrupuleuse. On y voit des Anglais qui passent avec dédain devant les chefs-d'œuvre qu'ils rencontrent à chaque pas, ne croyant pas digne d'eux d'essayer de les comprendre. On y voit de bonnes dévotes protestantes qui gémissent tout haut qu'une telle merveille appartienne aux papistes. On y voit des mouchards du roi Humbert. On y voit des Italiens mendiants. Bref, on y voit fleurir bien des défauts de la triste humanité.

Cependant, quelquefois un spectacle meilleur vient vous distraire plus saintement. Ce sont des pèlerins qui viennent prier à un autel ; c'est un évêque qui vient, du bout du monde peut-être, s'agenouiller au tombeau des saints apôtres ; parfois c'est Léon XIII lui-même qui, las du fardeau surhumain qui l'écrase, vient demander à Pierre le conseil et la force.

Ou bien encore, ce sont les chantres de la Sixtine qui chantent une messe de Palestrina. Concert admirable dans lequel se mêlent des voix étranges. Cela monte, et s'étend, et roule et ondule dans l'immensité du temple. Et l'on se demande si cela vient de la terre ou descend du ciel.

Donc pas de distraction : il faut que nous allions rapidement. Nous ne verrons d'ailleurs que les plus belles choses.

Cinq larges ouvertures donnent entrée dans le vestibule. Ce vestibule est si magnifique qu'on l'a appelé le *Portique du Paradis*. Vaste comme une église, il est de plus splendidement décoré de marbre et de dorures. Dessiné par Maderna, il a été orné par l'Algarde. Mais ce qui attire l'attention tout de suite, dans ce vestibule, c'est la fameuse mosaïque de Giotto : la *navicella* ou *nacelle*. C'est en pleine tempête. Là-haut, les démons soufflent avec rage dans leurs trompes. Le vent est déchaîné, les flots se soulèvent. Cependant sur les flots soulevés, une petite barque est agitée furieusement. Les onze apôtres qui la montent lèvent les bras au ciel, appellent, se désespèrent. Pierre, qui a douté dans son cœur, enfonce dans l'eau qui cède sous ses pieds. Lui aussi, il crie, il appelle, il se désespère. — Seigneur, sauvez-moi ! Et voici le Christ, en effet, qui vient, marchant sur les vagues comme sur la terre ferme, environné d'un calme divin ; on sent qu'il va commander aux éléments et que les éléments ne résisteront pas à sa parole.

Tel est le fond de cette mosaïque, restaurée (1), mais encore admirable. Les quatre évangélistes cependant planent au-dessus de la nuée, au-dessus des agitations et des atteintes de la tempête, pendant qu'en bas, près du portrait de Clément X, un jeune homme, assis sur la rive, pêche tranquillement à la ligne dans les flots troublés. Ces contrastes de paix et d'épouvante, de lumière et d'ombre, cette mer et ces vents déchaînés et en même temps soumis au Christ, ces démons qui vont être vaincus par la puissance d'un Dieu, tout cela symbolise admirablement la destinée de l'Église ici-bas. Vasari avait raison d'appeler ce chef-d'œuvre une *chose miraculeuse* (2). C'est un miracle du génie si primitif mais si puissant de Giotto.

Aux deux extrémités du péristyle, se dressent les deux statues équestres de Charlemagne et de Constantin. Les deux puissants empereurs caracolent ensemble sur leurs chevaux de sang, et de leur épée toujours victorieuse semblent vouloir défier les ennemis d'une Église qu'ils ont tant aimée.

(1) Par Orazio Manetti, qui a affaibli ce chef-d'œuvre en le modernisant.
(2) Cosa miracolosa.

Une porte en bronze, œuvre d'Antoine Philarète et de Simon Baldi, apparaît au milieu. Mais cette porte est fermée

Fig. 46. — Baldaquin de l'église Saint-Pierre, à Rome.

d'ordinaire. Nous soulevons la lourde portière de cuir fauve et nous entrons par la porte de droite.

Nous voilà dans la grande nef. Elle s'allonge indéfiniment De chaque côté, des statues gigantesques : sainte Thérèse saint Pierre d'Alcantara, saint Vincent de Paul, saint Camille de Lellis, saint Philippe de Néri, saint Ignace de Loyola, saint François de Paule, tous fondateurs d'ordres. A droite, l'effigie en bronze de saint Pierre, prince des Apôtres, vieille statue qui fut fondue avec le bronze d'une statue antique de Jupiter Capitolin, et qui est exposée à la dévotion des fidèles depuis saint Léon le Grand. Le pied droit est usé par les lèvres des générations, qui sont venues ici tour à tour.

Encore un pas, et nous voilà devant la *Confession,* nom admirable donné par le génie chrétien à l'autel des martyrs.

« Croyez-moi, Bernin, disait un jour Annibal Carrache à son jeune ami, un génie surgira, je l'espère, qui élèvera au milieu de la basilique un monument proportionné à sa grandeur. — Plaise à Dieu que ce soit moi, » répondit le jeune sculpteur.

Ce fut lui. Pour abriter le tombeau des apôtres, il fit, à la demande d'Urbain VIII, avec le bronze païen arraché au Panthéon, le plus grand monument de bronze qui soit sorti des moules brûlants. Le baldaquin s'élève jusqu'à quarante-deux mètres, c'est-à-dire que, hors de Saint-Pierre, il dominerait la croix des plus hauts obélisques. C'est un diadème géant soutenu par quatre colonnes torses dorées, creuses et remplies, dit-on, d'ossements de martyrs. Au-dessous, l'autel papal; et au-dessous encore, le sacré tombeau.

Ce monument, fort critiqué, me plaît infiniment. A part quelques détails qui jurent, détails d'ailleurs insignifiants, je trouve dans cette composition si grande, une telle fécondité, un tel bonheur de proportions et de pensées, que je ne puis lui refuser mon admiration. Il est vrai, après tout, que je ne suis peut-être qu'un philistin!

En relevant la tête, autre émerveillement : vous voyez se creuser devant votre regard l'immense et profonde concavité de la coupole, si audacieusement jetée dans le ciel par Michel-Ange. « Édifice aérien, s'écrie Byron, qui rivalise avec les plus beaux monuments de la terre, bien que leurs fondements s'appuient sur un sol aride, et qu'il semble, lui,

Fig. 47. — Chaire de saint Pierre, église Saint-Pierre, à Rome.

appartenir à la région des nuages. » On éprouve un vertige, comme lorsqu'on regarde dans un abîme. Une inscription, en lettres d'or de sept pieds, court le long de la base, et reproduit les promesses de Jésus-Christ à son Apôtre : « *Tu es Petrus et super hanc petram ædificabo Ecclesiam meam, et portæ inferi non prævalebunt adversus eam.* » Parole qui se vérifie chaque jour, depuis déjà dix-neuf siècles, avec tant d'éclat, qu'elle suffirait à elle seule à prouver la divinité de l'Église.

Au-dessus de cette inscription et couvrant toute la voûte, des mosaïques à fond d'or représentent les anges, les saints, la Trinité, tout le ciel. A ce point, qu'on se demande si cette coupole sublime n'est pas la porte ouverte du paradis.

Quatre piliers gigantesques la soutiennent dans les airs. Chacun d'eux mesure quatre-vingts mètres de pourtour, dimension exacte de Saint-Charles aux Quatre-Fontaines.

Mais avançons jusqu'au chevet de l'église; c'est là qu'on vénère la chaire de saint Pierre.

Nous y voilà.

Sortant d'une Gloire monumentale, un monument de bronze en forme de siège apparaît dans les airs, soutenu par quatre Docteurs de l'Église : saint Ambroise et saint Augustin, pour l'Église latine; saint Athanase et saint Jean Chrysostôme pour l'Église grecque.

Ce monument qui renferme le siège de sénateur, légué par Pudens à saint Pierre, est encore du Bernin. Mais autant je l'admirais tout à l'heure, autant je le goûte peu ici. La chaire est du plus mauvais Bernin, du Bernin cherché, contourné, échevelé, désordonné, du Bernin des statues du pont Saint-Ange et de tant d'autres œuvres dans lesquelles le mauvais goût éclate presque autant que le talent. Artiste étrange! travailleur acharné, d'une conception aussi facile que variée, parfois géniale. Peintre, sculpteur, architecte, après avoir joui d'une réputation immense de son vivant, c'est à grand'peine si, après sa mort, il peut arriver jusqu'à la gloire. Tant il est vrai qu'un artiste, pour être vraiment grand, doit dominer son imagination et se soumettre aux règles éternelles.

Fig. 48. — Piéta de Michel-Ange, dans l'église Saint-Pierre de Rome.

Ce qui nous reste à voir maintenant, ce sont les statues et les peintures qui animent et peuplent les basses nefs et les chapelles. Les œuvres remarquables sont innombrables ; nous ne regarderons que les chefs-d'œuvre.

Voici d'abord la fameuse Piéta de Michel-Ange, dans la première chapelle de la nef latérale droite. Michel-Ange avait vingt-quatre ans quand il l'a sculptée. La Vierge, jeune de

Fig. 49. — Tombeau de Sixte IV, par Pollajuolo.

cette jeunesse éternelle que donne la pureté, est assise sur une large pierre. La croix étend au-dessus d'elle ses bras sanglants, mais vides. C'est Elle, maintenant, qui le tient sur ses genoux, comme lorsqu'il était petit enfant. Mais, hélas ! son Fils n'est plus : elle n'a sur elle qu'un cadavre, dont les membres pendent et dont la tête inanimée retombe en arrière. Par malheur, ce groupe est peu éclairé : quand le jour est favorable, il n'en est pas moins d'un effet saisissant.

Nous saluons, dans un des renfoncements de cette chapelle, la *Colonne* d'albâtre contre laquelle Jésus-Christ se serait appuyé lorsqu'il discuta, dans le Temple de Salomon, avec les Docteurs de la loi. Éloquent débris, apporté là comme un trophée par l'Église victorieuse de la synagogue.

Nous passons devant le tombeau de Christine de Suède, ou plutôt nous lui tournons le dos. Nous avons en face le tombeau de la comtesse Mathilde de Mantoue. Belle tête, sérieuse et vivante; mais comme l'œuvre est encore du Bernin, il fallait naturellement des flots de draperies et tout un attirail inutile.

Plus loin, beau monument d'Innocent XII par Valle. Plus loin, dans la chapelle du Saint-Sacrement, tombeau en bronze du Pape Sixte IV. Plus loin. tombeau de Grégoire XIII; copie de la Communion de saint Jérome en mosaïque, d'après le Dominiquin; copie en mosaïque du tableau de Subleyras, représentant l'entrée de Valens dans la basilique de Césarie pendant que saint Basile officie. Tombeau de Benoît XIV; tombeau de Clément XIII par Canova; splendide mosaïque de sainte Pétronille d'après le Guerchin; belle copie de la Transfiguration; tombeau de Pie VII par Thorwalden; tombeau des derniers Stuarts avec les deux admirables génies de Canova...

Mais je m'aperçois que je brouille tout, et que je ne m'y reconnais plus dans mes notes confuses. Lisez les ouvrages de mon ami l'abbé Lemaire, ou le très complet travail du chanoine Bleser. Ces messieurs vous renseigneront mille fois mieux que moi. Ce sont des savants, ces messieurs. Et moi, je ne sais rien, qu'admirer ce qui est beau, sans pouvoir arriver toujours à exprimer ce que j'ai senti.

D'ailleurs, on ne peut entreprendre de tout redire ce que l'on a vu à Saint-Pierre, sans écrire un volume. Permettez-moi donc d'aller déjeuner...

Même jour, soir.

Quoique le siroco soufflât sur Rome sa plus brûlante haleine, nous n'en sommes pas moins sortis. Peut-être même n'avons-nous jamais fait tant de chemin ni de besogne. J'aurais pourtant bien voulu me reposer un peu, et digérer à loisir les églises, les monuments, les statues, les tableaux, toutes ces étonnantes merveilles qui, oserai-je le dire? commencent à me fatiguer. Il me semble qu'il faudrait y aller plus doucement, voir plus posément, étudier avec plus de soin; avec plus de soin aussi, analyser ses impressions et ses pensées. Mais c'est impossible. Je suis avec des amis qui, dans la crainte de ne jamais revenir à Rome, en veulent avaler tant qu'ils en pourront prendre.

— Comment vous voilà encore à écrire!
— Sans doute!
— Eh! mon cher, laissez tout cela; partons vite. Nous avons même perdu déjà un temps précieux.

Et l'on part, et l'on se hâte et l'on en voit tant et tant que, lorsqu'il me faut chroniquer ou croquer ce que nous avons vu, je ne sais plus par quel bout m'y prendre. La belle macédoine que cela va nous faire dans le cerveau!..

Nous sommes donc partis à midi, en plein siroco, et nous sommes allés d'abord à Saint-Augustin, sur la place du même nom, non loin de l'embouchure de la Via della Scrofa. C'est une belle et intéressante église, en vérité, et Guillaume d'Estouteville, archevêque de Rouen, qui l'a bâtie de 1479 à 1482, avait justement le droit d'en être fier. Elle rappelle le style ogival du quinzième siècle. Sa coupole est la première que l'on ait élevée à Rome. Mais, comme dit l'Écriture, c'est à l'intérieur que l'on voit toute sa gloire. *Omnis gloria ejus ab intus.*

Elle est d'une régularité parfaite, avec sa grande nef et ses deux nefs latérales à chapelles correspondantes.

A l'entrée, nous remarquons comme un incendie de cierges allumés. Contre la muraille, des ex-voto de toutes sortes brillent, étincellent, flambent. Et au milieu de cette splendeur éblouissante, une belle Vierge en marbre à figure très douce. C'est la *Madonna del Parto,* objet de la part des Romains d'un culte et d'une dévotion extraordinaires. Après une prière devant la sainte Image, nous faisons le tour de l'église. Nous admirons l'un après l'autre les divers tableaux qu'elle renferme : le martyre de sainte Catherine par Venusti, le Christ présentant les clefs à saint Pierre de Casignola, les fresques représentant la vie et la mort de sainte Monique, le tableau de Michel-Ange Caravagio dans la chapelle de Notre-Dame de Lorette; les fresques de Gagliardi qui couvrent la voûte de la grande nef. Mais surtout, nous admirons la fresque célèbre de Raphaël qui, à elle seule, illustrerait cette église. Cette fresque se trouve sur le troisième pilier, à gauche, et représente Isaïe. Le prophète est assis. Il se tourne, dans un superbe mouvement, vers des spectateurs invisibles, et leur montre le livre de ses prophéties. Daniel de Volterra a restauré ce chef-d'œuvre; mais la griffe du lion y a laissé son empreinte.

Nous courons de là à Saint-Louis-des-Français.

Petite église très riche, un peu criarde, où les Français ont fait trop d'efforts pour ressembler aux Italiens. J'aimerais cent fois mieux une de nos belles églises gothiques que ce bijou trop doré.

Trois hommes illustres parmi nos compatriotes y reposent dans la mort, à l'ombre de petits monuments très modestes : un soldat, Pimodan; un économiste, Bastiat; un peintre, Claude Lorrain.

On y voit également la tombe des soldats morts pour le Pape pendant le siège de 1829.

Plusieurs peintures remarquables. Nous voyons en particulier avec plaisir les fresques que le Dominiquin a consacrées à la vie de sainte Cécile. L'ange offrant des couronnes à la

Fig. 50. — Sainte Cécile distribuant ses biens aux pauvres, d'après Le Dominiquin.
Église Saint-Louis-des-Français, à Rome.

sainte et à son fiancé Valérien ; la sainte foulant aux pieds les idoles, puis transportée au ciel, après son martyre ; tous ces tableaux sont dignes du grand artiste qui les a signés. L'autel de la chapelle où sont ces fresques, est dominé lui-même par une admirable copie de cette *Sainte Cécile* de Raphaël que nous avons contemplée à Bologne : elle est du Guide. Le Caravage, Bassano, Masseï, Pinson, Gemignani, Baglioni, le chevalier d'Arpin ont aussi laissé dans cette église plusieurs toiles de valeur.

Avant de la quitter nous voyons, dans la sacristie, la *Vierge au bassin* du Corrège. Une prière à l'autel de Saint-Louis pour la France et les Français, et nous voilà sur le chemin du Panthéon.

Avec ses colonnes gigantesques de granit, le portique est d'un effet grandiose; mais je soutiens qu'il est un peu lourd. Je préfère l'intérieur du monument. Cette immense coupole, éclairée seulement par l'ouverture qui découpe une rondelle de ciel bleu est vraiment admirable, et l'on comprend que Michel-Ange, dans son enthousiasme, ait voulu en jeter une semblable sur Saint-Pierre.

Tout autour de la grande enceinte, des petites chapelles où l'on voit quelques tombeaux. A droite, le tombeau de Victor-Emmanuel, avec cette inscription :

Padre della Patria.
Père de la Patrie.

Triste patrie, fille d'un plus triste père. Nous passons, respectueux de la tombe, mais peu touché du souvenir.

En face de la tombe de Victor-Emmanuel, nous en voyons une autre plus modeste, mais mille fois plus intéressante. Ce n'est pas la tombe d'un roi spoliateur; c'est la tombe d'un artiste, créateur de chefs-d'œuvre. Là, Raphaël repose, désigné au public par une simple pierre. C'est peu. N'est-ce pas assez? Les vrais grands hommes n'ont pas besoin de monument funéraire parce que, ne pouvant mourir tout entiers, ils vivent impérissablement dans le souvenir des générations.

Une belle inscription du cardinal Bembo redit la gloire du peintre :

> Hic est Raphaël, timuit quo sospite vinci
> Rerum magna parens, et moriente mori (1).

Du Panthéon à la Minerve, il n'y a qu'un pas. Nous allons

Fig. 51. — Intérieur du Panthéon, à Rome.

donc à la Minerve. C'est là que Pompée, voulant éterniser la mémoire de ses conquêtes en Asie, éleva un temple à la déesse des combats et de la sagesse. De là le nom de cette église, consacrée maintenant à Marie, Vierge mille fois plus vaillante et plus sage que les déesses antiques. Le maître-autel renferme le corps de sainte Catherine de Sienne. Nous remarquons plusieurs beaux tableaux, en particulier, la belle œuvre de Be-

---

(1) Ci-gît Raphaël ; lui vivant, la nature trembla d'être vaincue et, à sa mort, de mourir elle-même.

nozzo Gozzoli dans la chapelle de l'Annonciation. Mais ce qui nous enchante, c'est l'église elle-même. C'est un vaisseau gothique, dont les voûtes élancées sont soutenues par des groupes de colonnes de marbre gris. Çà et là, des tombeaux, celui de Léon X, celui du Beato, celui de Benoist XIII. Un crucifix attribué à Michel-Ange, un groupe original représentant la Charité ; à la voûte, les Prophètes, les Évangélistes, les Docteurs de l'Église ; des saints de l'ordre de Saint Dominique dans les médaillons ; ces ornements atténuent un peu la sévérité de cette église. A mes yeux, c'est une des plus religieuses de Rome. Celle-là parle chrétiennement à l'âme chrétienne et vous force à ployer le genou.

Quand nous sortons il tonne, il éclaire, il pleut. Les larges gouttes orageuses rejaillissent sur le sol, et des ruisseaux boueux coulent partout dans les rues. Cependant, au même moment que le ciel pleure toutes ses larmes, le soleil rit au couchant, et les grands éclairs fauves, éteints par son éblouissante clarté, ont toutes les peines du monde à se faire voir. Romains et Romaines sont aux fenêtres, humant avec délices l'air humide, qui monte de la terre mouillée.

Un vieux moine passe pieds nus, barbottant bravement dans l'eau, armé d'un parapluie qui doit remonter à saint François et dont les déchirures font toutes sortes d'étoiles au-dessus de sa tête.

Sa vue nous encourage. Je sais bien que *les Français et les chiens*, au dire des Italiens, *sont les seuls qui bravent le ciel de Rome*. Mais, somme toute, ce dicton qui veut être insultant, fait notre éloge. Nous continuons donc à marcher sous l'averse, et nous visitons encore une église : l'église Saint-Ignace, où repose le corps de saint Louis de Gonzague. Nous allons tout de suite nous agenouiller devant l'autel qui lui est consacré et qui abrite ses restes. La statue de Louis plane au-dessus, belle inspiration de l'art, qui porte à Dieu. L'autel lui-même est d'une richesse incomparable. En face est celui de saint Jean Berchmans, splendidement riche aussi, et dominé par une belle *Annonciation* du sculpteur Vallée.

Fig. 52. — Église du Gesù, à Rome.

Encore une église trop dorée. Mais toute cette splendeur pâlit près de celle du *Gesù* où nous allons ensuite. Peintures, marbres précieux, colonnes de jaune antique, colonnes en lapis-lazuli, colonnes en bronze tout brillant d'or, on ne peut ouvrir les yeux sans être ébloui. Le plus riche autel qui existe après celui de Saint-Pierre, contient les reliques du Père des Jésuites, de ce prodigieux fondateur qui s'appelle Ignace de Loyola. Un autre autel, presque aussi riche, contient le corps de saint François Xavier, l'incomparable apôtre des temps modernes.

Tout près, dans les murs même du Collège Romain, nous avons visité les deux chambres occupées par saint Louis de Gonzague et saint Berchmans, et respiré le parfum de leurs angéliques vertus.

De là à Saint-Pierre-aux-Liens. Là, je l'avoue, je n'ai vu qu'une chose, mais je ne l'oublierai de ma vie. C'est le Moïse de Michel-Ange, chef-d'œuvre éternel. Rien de ce que j'ai admiré le plus jusqu'à ce jour, n'y ressemble ni ne s'en rapproche. Les autres statues ont les apparences de la vie ; celle-là possède la vie elle-même, la vie débordante d'une nature au-dessus de la nature et d'un cœur que Dieu a rempli de sa force. C'est bien là le grand conducteur de peuples, thaumaturge à la volonté inflexible. Il est assis sur la pierre, la main appuyée sur les tables de la loi ; la jambe droite est puissamment posée sur le sol, pendant que l'autre est un peu rejetée en arrière. Sur tout le bas du corps, laissant à moitié découverts le genou et les sandales, de lourdes draperies retombent en larges plis ondulés et brisés. Cependant, le buste s'élance, buste de colosse, surmonté d'une tête admirable qui commande et menace à la fois, et sur laquelle, au milieu de sillons profondément creusés, respire l'inexorable mélancolie des grands missionnaires de la Providence. Le bras gauche se replie sur les genoux, conduisant la main vers l'extrémité d'une barbe patriarcale que l'index de la main droite soulève, et dont elle caresse avec distraction les longues nattes frisées. On regarde cet être surnaturel, et comme Michel-Ange, quand il eut donné son dernier coup de ciseau, on se demande s'il ne va pas parler. On ne peut plus en détacher ses yeux. Il vous domine, il vous fascine.

Après avoir vénéré les chaînes de saint Pierre dans leur châsse d'or et de cristal, nous descendons la *voie Scélérate* et nous allons à la prison Mamertine toute voisine du Forum et du Capitole.

Quand on pénètre dans cette prison tragique, on croit descendre dans cette région d'éternelle horreur et que la mort habite, dont il est parlé au livre de Job. On se trouve d'abord dans une grande chambre carrée, bâtie en grosses pierres de taille grises, jointes sans ciment. Les murs s'inclinent l'un vers l'autre et forment une paroi continue d'aspect formidable. C'est la prison *Mamertine* proprement dite, et construite, s'il faut en croire Tite-Live, par Ancus Martius, l'an 64 avant Jésus-Christ. Mais cet horrible

Fig. 53. — Le *Moïse* de Michel-Ange. Église Saint-Pierre-aux-Liens, à Rome.

cachot est un paradis près de celui qui est creusé au-dessous (1). Cave humide et froide, où l'eau suinte sans cesse, où le pavé est sali d'une boue noirâtre comme de la lave délayée, celui-là s'appelait le *Tullianum* ou encore le *Robur*. C'est un souterrain de forme elliptique, à peine cintré, sans fenêtre ni jour quelconque. Un trou circulaire seulement est percé dans l'épaisseur de la voûte, juste assez large pour lais-

---

(1) Par Servius Tullius, d'après Varron, l'an 578. Mais on se demande comment on aurait creusé cet étage postérieurement à celui qui est au-dessus.

ser passer le corps d'un homme. Là, séjourne la profonde nuit qui règne au plus creux des entrailles de la terre.

Dans ce lieu désolé, ténébreux, infect et terrible, — comme dit Salluste, — l'âme est accablée par la plus violente impression d'instinctive épouvante. Mais quand, aidée de l'histoire, l'imagination ressuscite les drames sanglants qui se sont passés là, entre ces quatre murs obscurs, c'est un tel cauchemar, qu'on se demande si l'on ne rêve pas et si l'histoire n'a pas menti. Là, Rome fit mourir de faim Jugurtha vaincu; là, Cicéron fit étrangler les complices de Catilina; là, Aristobule II et Tigrane, l'un roi de Judée, l'autre roi d'Arménie, furent tués après avoir servi au triomphe de Pompée; là, César fit mettre à mort l'héroïque Vercingétorix; là, Tibère, le plus fauve des empereurs romains après Néron, fit périr par le glaive ou la corde, et Séjan son favori, et des sénateurs et des matrones. Ombres couvertes de blessures, criant, râlant, se débattant dans les spasmes des agonies désespérées, toutes ces victimes de la tyrannie et de la férocité antique, — et il y en avait des milliers, — longue procession des damnés de Rome, une à une, passaient devant notre souvenir. Et je me prenais à maudire la barbarie de ce peuple qui fut le plus civilisé de son époque. Civilisation féroce, sans entrailles et sans pardon. Et je me disais : C'est ici vraiment l'enfer de Dante, et je me rappelais son vers fameux :

Vous qui entrez, laissez toute espérance.

Mais tout à coup, à la lueur d'une torche, je vis un autel, une colonne et une source. Et je me rappelai alors un souvenir meilleur, et j'eus de plus consolantes visions. Je vis Pierre et Paul dans cette prison Tullienne, où ils restèrent neuf mois enchaînés. J'entendis Pierre prêcher l'Evangile du Christ à Processus et à Martinien, ses geôliers, et aux quarante-sept prisonniers entassés avec lui dans cet étroit espace. Je le vis se baisser pour recueillir dans sa main chargée de fer, l'eau qu'il venait de faire miraculeusement jaillir du roc, et par le baptême, ouvrir le ciel à ceux que Rome repoussait de la terre.

Je vis aussi les martyrs qui succédèrent à ceux-là dans ce

Fig. 54. — Vue intérieure de la prison Mamertine, à Rome.

lieu de ténèbres, sous le règne de Valérien : le diacre Hippolyte, sa sœur Pauline enfermée là avec son mari Adrias et ses deux jeunes enfants, Néron et Marie; le prêtre Eusèbe, le diacre Marcel, et d'autres encore; et cette prison qui m'était apparue comme la plus épouvantable geôle, m'apparut alors comme le plus sacré des sanctuaires. Dieu a eu pitié des hommes. Après les gémissements et les cris de la rage, les soupirs résignés et les cantiques de l'amour. L'espérance chrétienne a pris la place du désespoir païen.

Le bon Frère Pierre nous montre la descente des *gémonies*,

cet escalier sur lequel le peuple romain exposait les cadavres des malheureux que sa justice féroce avait condamnés; mais c'est assez d'évocations funèbres. Nous montons au Capitole. Nous montons par le bel escalier des *Cent Degrés*. A un moment, — retournez-vous, — nous dit le Frère. Nous nous retournons et nous avons devant nous l'une des plus belles vues de Rome. A gauche, le Palatin couvert de ses ruines impériales; à droite, un amas confus de maisons et de palais; devant nous, le Forum jonché de temples découronnés et de colonnes brisées, le Colisée avec ses murs gigantesques coupés de vastes échancrures; et plus loin, fuyant vers l'horizon, la campagne et les monts Albains, et le mont Cavo, sur lequel se dressent les ruines du temple antique de Jupiter Latialis. Le soleil est près de se coucher; de gros nuages planent dans le ciel, rougis, frangés d'or; les montagnes à moitié voilées par les vapeurs du soir, ont je ne sais quelle teinte doucement violette, d'un charme infini. Il eut été agréable de rester là longtemps, à cette heure où la grande ville s'apaise, à rêver et à se souvenir, assis sur l'une des belles marches de marbre blanc. Mais voici l'*Ave Maria* qui tinte, et nous voulons voir l'*Ara Cœli*. Au moment ou nous mettons le pied sur le seuil, un vieux moine armé d'un trousseau de clefs, nous arrête. — « C'est l'heure de fermer l'église, nous dit-il brusquement. — Bah! riposte le Frère Pierre, laissez-nous entrer deux minutes. Cela ne vous retardera pas beaucoup, et vous nous ferez tant de plaisir! » — Le bonhomme grommela quelques paroles inintelligibles entre ses vieilles dents, et finalement nous laissa entrer.

L'église, ancien temple de Jupiter Capitolin, est grande et belle, et possède plusieurs tableaux remarquables; mais, il me faut l'avouer, je n'ai vu ni les tableaux ni l'église. La nuit était entrée avant nous. Le vieux Frère mineur consentit seulement à nous montrer le *Santissimo Bambino*.

C'est une petite statuette de l'Enfant-Jésus taillée, dit-on, dans un des oliviers de Gethsémani. Elle est couverte de soie blanche et ornée de perles et de pierres précieuses. Le jour de Noël, on l'expose dans une crèche, couchée sur la paille et enveloppée dans des langes étincelants de diamants. Le jour de l'Épiphanie, on la porte en procession, et ce sont des petits enfants qui font le sermon. Les mourants se font apporter à leur chevet d'agonie, cette sainte image. On la leur porte dans un carrosse qui lui appartient, et le peuple romain se met à genoux sur son passage.

Le Bambino, comme vous voyez, est un grand personnage.

Il paraît aussi qu'il a montré plus d'une fois sa puissance; de nombreux ex-voto l'attestent.

On raconte qu'un jour, nous dit le Frère Pierre quand nous fûmes sortis, une dame romaine, sûre qu'avec un tel protecteur, il ne lui arriverait aucun mal, résolut de s'en emparer et de l'enfermer chez elle.

Elle commença par faire sculpter par un artiste un bambino absolument semblable à celui de l'Ara Cœli.

Quand l'image fut faite et la ressemblance parfaite, elle vint à la nuit dans la chapelle du Santissimo Bambino, et substitua l'un à l'autre.

Elle se sauva alors, toute heureuse de son larcin.

Toute heureuse de son larcin, elle se coucha et s'endormit.

Or au couvent des Observantins de l'Ara Cœli, on ne se doutait de rien, et les bons religieux s'étaient endormis, eux aussi, et ronflaient à qui mieux mieux, dans leurs cellules.

Tout d'un coup : toc, toc; pan, pan! On frappait à la porte du monastère, à coups pressés et redoublés.

Toc, toc; pan, pan! Un coup n'attendait pas l'autre, et toute la colline du Capitole en retentissait.

Les religieux s'éveillent en sursaut : — C'est un malade qui demande quelqu'un d'entre nous, dit l'un. — C'est le feu qui brûle les maisons voisines, dit l'autre. — Ce sont peut-être des Garibaldiens qui viennent nous tuer, dit un troisième.

Et personne n'était rassuré.

Le prieur ouvrit une fenêtre et cria très fort : « Qui est là? »

Une petite voix, très faible et très douce, lui répondit aussitôt : « C'est moi; ouvrez, au nom de Dieu! »

— C'est sans doute un enfant perdu, dit le prieur à ses moines; il doit avoir faim, car sa voix, qui est bien douce, est aussi bien faible. J'y cours.

Et le prieur descendit, et pendant qu'il descendait, on frappait toujours à la porte, toc, toc; pan, pan! avec une précipitation qui trahissait l'impatience.

Le bon religieux en était presque fâché : on ne frappe pas de cette façon, pensait-il. Sûrement cet enfant-là est mal élevé.

Enfin, il est près de la porte; il l'ouvre avec un peu de colère.

— Que voulez-vous, mon jeune enfant, vous qui frappez si bien pour réveiller les gens?

— Je veux rentrer chez moi, répondit la petite voix douce.

Surpris d'une telle réponse, le prieur abaissa les yeux vers le sol, car il n'avait pas encore vu l'enfant.

O surprise! étincelant de pierreries et de diamants, et tout enveloppé de surnaturelle lumière, cet enfant était..... le Santissimo Bambino lui-même!

Il le prit dans ses bras, il le porta dans la grande salle du Chapitre; vite, il sonna la cloche du monastère; tous les moines descendirent.

Et, avec des flambeaux et des cantiques, on reconduisit la sainte image à sa chapelle.

On ne sut que le lendemain, comment le Bambino s'était ainsi trouvé dehors, à la belle étoile. La voleuse repentante, surprise, elle aussi, de ne plus trouver son Bambino chez elle à son réveil, vint toute en larmes confesser son audacieux péché.

Personne depuis lors n'a plus osé toucher à la petite statue de l'Enfant-Dieu...

Cependant nous sommes arrivés sur le sommet du Capitole.

Fig. 55. — Escalier du Capitole, à Rome.

Il reste encore assez de jour pour que nous puissions voir cette admirable place. Rapidement nous admirons les statues de Castor et Pollux domptant leurs chevaux, les trophées de Marius, les statues de Constantin et de son fils; l'incomparable statue équestre en bronze de Marc-Aurèle, œuvre si pleine de dignité et de vie, pour laquelle Michel-Ange avait un culte. De l'esplanade de l'ambassade d'Allemagne, nous regardons un instant ce qui reste de la roche tarpéïenne. Nous jetons un coup d'œil aux statues de Minerve, du Tibre et du Nil, d'ailleurs envahies par l'ombre. Enfin, nous descendons le magnifique escalier qui mène au Capitole.

Notre journée est finie. Bonsoir.

XIII.

ROME.

Rumeur nationale. — Dans la rue. — Promenade dans le Vatican. — Les Loges de Raphaël. — Les Stanzes. — Salle de la Segnatura. — La Vierge de Foligno; la Transfiguration; la Communion de saint Jérôme. — La Sixtine: le Jugement dernier de Michel-Ange. — La voûte.
Place Navone. — L'église Sainte-Agnès. — Sainte-Marie de la Paix. — Prophètes et Sibylles de Raphaël. — Saint-André de la Vallée. — La chambre de saint Stanislas Kostka. — L'épreuve du jeune saint. — Retour à l'hôtel. — Les pèlerins espagnols. — Hymne à saint Ignace.

17 septembre.

Une rumeur extraordinaire, dès si heures du matin, remplit notre bonne rue Margutta, si tranquille d'habitude. Je me lève, je regarde. Toute une armée de cochers attend, le fouet au poing; tout un peuple de vendeurs d'images, un paquet sous le bras, lève le nez vers les fenêtres des étages supérieurs de l'hôtel. Un petit bataillon de sergents de ville à figures tristes circule au milieu de tout ce monde.

C'est que toute la gent parasite, qui vit de l'étranger, s'est donné le mot : — Les pèlerins espagnols sont arrivés; ils sont descendus à l'hôtel Alibert, — et elle est accourue de tous les coins et de tous les taudis de Rome, pour tâcher d'attraper quelques lires aux nobles hidalgos. La voilà, avec tout ce qu'elle a de répugnant et de sordide. Trente cochers, lorsque dix suffiraient. Cinquante marchands d'images, lorsque deux seraient de trop. Ces derniers surtout me révoltent. Ce sont des jeunes hommes de dix-huit à trente ans, grands et forts, capables de faire autre chose que ce ridicule trafic, qui leur rapportera douze sous au bout de leur journée, après mille mensonges, mille importunités, après quelques petits vols aussi sans doute, sans compter, de la part du pauvre pèlerin, les rebuffades et les mépris.

Cependant les Espagnols qui, depuis quatre jours et quatre nuits, ont essuyé en chemin de fer la poussière de trois nations, ronflent profondément là-haut, au dessus de ma tête. Ils se reposent, les braves gens, avant d'affronter les fatigues de Rome. Mais les cochers et les petits marchands ne se découragent pas pour si peu. Flâneurs éternels, ils savent attendre, parce que, attendre, est encore une façon de ne rien faire. Puis, quand il s'agit de gagner deux sous, ils ont la patience du chat qui guette un oiseau, et qui reste des heures, dans le coin obscur ou sous la touffe d'herbe épaisse qui le cache.

Les Romaines curieuses ont été réveillées comme moi et, dans toute la rue, on voit s'allonger aux fenêtres entr'ouvertes leurs têtes échevelées.

Voilà enfin les Espagnols. Ce sont pour la plupart des étudiants. Vingt ans, vingt-cinq peut-être. Petits, trapus, bruyants comme tous les jeunes. Deux grands yeux noirs brillent sous deux sourcils noirs dans leur figure bistrée. Plusieurs prêtres parmi eux; des prêtres à figure militaire, au verbe haut, aux mouvements brusques.

Cochers, chevaux, voitures, camelots, au milieu de bruits et de cris qui ébranlent la maison, se précipitent sur nos jeunes pèlerins. Mais ils sont reçus sans enthousiasme. Les petits marchands ne tardent même pas à battre en retraite. J'entends un jeune homme qui leur dit :

— Je vous achèterai deux de vos livrets quand vous passerez par Séville!

Dix voitures sont pleines, les fouets claquent, les chevaux

partent;... et vingt voitures restent mélancoliquement dans notre rue, attendant des voyageurs qui probablement ne viendront pas.

Après avoir dit notre messe, l'un dans une église, l'autre dans une autre, chacun suivant son inspiration et sa dévotion, nous sommes allés passer notre matinée au Vatican. Ce n'est pas sans une profonde émotion que nous avons pénétré dans ce palais plus que royal, où habite le Pape, où sont renfermés les plus illustres chefs-d'œuvre de l'art antique et de l'art moderne. Là résident ensemble et côte à côte les deux plus admirables choses d'ici-bas : la puissance morale et l'idéale beauté.

Nous ne verrons le Souverain-Pontife que samedi. Mais les portes de bronze se sont ouvertes devant nous, les suisses bariolés, armés de leur hallebarde, nous ont laissé passer. Nous sommes chez nous, étant chez notre père.

Comme il est facile de s'égarer dans ce palais aussi grand qu'une ville, un superbe gendarme pontifical nous indique notre chemin.

Nous voilà dans la galerie vitrée dont la voûte est décorée par Raphaël de petits tableaux sacrés, peints à fresque. C'est ce que l'on appelle les *Loges*. Désenchantement. Ces fresques ont tellement souffert qu'on n'en voit plus la beauté. Cinq ou six restent entières, et encore la couleur en est-elle profondément altérée.

Désolés de voir des chefs-d'œuvre en cet état, nous nous rendons aux fameuses *Stanzes* ou *Chambres* du même artiste. Là encore la peinture a bien souffert, et malgré les restaurations de Carl Maratta, le temps et l'humidité ont travaillé de concert, gercé les figures, troué les vêtements, terni les ciels. Pauvres peintres, qu'il leur est difficile d'arriver à la postérité ! S'ils peignent sur les murailles, leur peinture s'écaille, se gerce et s'efface. S'ils peignent sur la toile, un rat peut manger leur chef-d'œuvre à son dîner! Pourtant ici, le génie prend sa revanche.

Je dois dire tout de suite que je ne tombe pas en admiration devant cet *Incendie du bourg*, dont plusieurs ont dit

Fig. 56. — La Poésie, par Raphaël. *Stanzes* du Vatican.

tant de bien. C'est un incendie par trop académique. Pas assez de mouvement, pas assez d'émotion, pas assez de tragique épouvante. Ce n'est pas *vécu*, comme on dit aujourd'hui. D'ailleurs, je ne vois pas le feu, et je me demande où est l'incendie. Il y a néanmoins de beaux détails. Plusieurs figures sont regardées comme parfaites. Ainsi les deux femmes qui apportent de l'eau dans des amphores, sont deux admirables cariatides. Il est certain que s'il y a un incendie, il ne sera pas

Fig. 57. — Le pape saint Léon arrête Attila aux portes de Rome. Peinture de Raphaël. *Stanzes* du Vatican.

éteint par elles ; mais elles sont superbes ; c'est quelque chose. Les groupes sont agencés avec un ordre savant. Tous les âges de la vie sont rapprochés avec art. Tout cela est bien. Tout cela n'est pas assez pour faire un chef-d'œuvre.

Où Raphaël s'est surpassé, c'est dans la seconde chambre, celle que l'on appelle la *Segnatura*. Là est *l'École d'Athènes*; là, l'*Immortelle dispute du Saint-Sacrement;* là, *le Parnasse* avec ses idéales figures de poètes. Au plafond, les symboles décoratifs de la Théologie, de la Poésie, de la Philosophie et de la Justice, quatre femmes belles et puissantes, dont les traits sont admirables et les attitudes d'une grâce incomparable. On ne décrit pas de telles œuvres, il faut les voir.

Dans la troisième chambre, on admire la fresque *d'Héliodore chassé du temple, le Miracle de Bolsena, Saint Pierre délivré de sa prison, Attila arrêté dans sa marche par saint Léon le Grand.* Superbes pages de peinture qu'on ne se lasserait jamais de contempler.

Mais nous voici dans cette salle, unique au monde, où sont réunis les trois plus admirables chefs-d'œuvre de l'art : la *Communion de saint Jérôme,* la *Transfiguration* et la *Vierge de Foligno.*

La Vierge, assise sur les nuées, au milieu d'une gloire immense de rayons dorés, tient son Fils dans ses bras. Une foule d'anges l'entoure. Elle et l'Enfant-Jésus abaissent leurs regards sur Sigismond Conti, donataire du tableau. Saint Jérôme présente l'heureux bienfaiteur à la Mère de Dieu, saint Jean-Baptiste, debout à gauche, désigne de la main le Sauveur du monde, pendant que devant lui est agenouillé saint François en extase. Un petit ange nu, debout au milieu du tableau, présente une tablette sur laquelle un nom a été primitivement inscrit. Impossible de dire le charme de cette composition. Marie n'est qu'une femme gracieuse, l'Enfant-Jésus est d'une inspiration un peu cherchée, Jean-Baptiste manque d'élévation.

Mais l'attitude des deux personnages à genoux est si belle, et il y a, dans tout le tableau, un tel souffle de grâce, c'est tellement *trouvé* enfin, que, tout en remarquant les défauts que je viens de signaler, on est quand même saisi et ravi.

La Transfiguration est plus parfaite. Dans la partie inférieure du tableau, un père amène son fils possédé du démon et implore pour lui l'assistance des apôtres restés au pied du Thabor. Mais les apôtres sont impuissants, et ils montrent Jésus, debout dans la gloire, dominant le sommet de la montagne et conversant dans les airs avec Moïse et Élie. L'enfant se tord dans les convulsions, les traits bouleversés et la bouche pleine de cris douloureux et fous. La foule, au pied de la montagne, est partagée entre la pitié pour le démoniaque, l'étonnement et l'admiration pour le spectacle inouï dont elle est témoin. Pierre, Jacques et Jean sont terrassés par la subite et toute divine majesté de leur Maître...

L'agencement des personnages est admirable et le tableau tout entier merveilleux. — C'est le premier tableau du monde, disent les connaisseurs.

Eh! bien, je vais peut-être prononcer un blasphème; je préfère la *Communion de saint Jérôme*. Cette peinture est, à mes yeux, un miracle de vérité et d'idéal. Pas de comparses, comme les deux diacres de *la Transfiguration*, qui ne sont là que pour rompre l'unité et détruire la vraisemblance de la scène. L'unité est absolue. Et puis, ce vieux saint usé par l'âge et les pénitences, dont les yeux seuls, fixés sur l'hostie, ont gardé tous les rayons de la vie, ce reflet d'une âme croyante sur un visage que la mort a touché, tous les personnages qui se meuvent avec tant de grandeur dans ce cadre intime, cette rencontre de Dieu et d'un saint si profondément ressentie, si divinement traduite, cela parle à la foi et au cœur un langage d'une puissance inouïe. C'est de l'art qui a une âme vivante.

Il nous reste à voir la Chapelle Sixtine.

Fig. 58. — La Communion de saint Jérôme, d'après le Dominiquin, dans les *Stanzes* du Vatican.

Voici, tout au fond, couvrant l'immense muraille, le célèbre *Jugement dernier* de Michel-Ange. J'ouvre les yeux, mais tout d'abord je ne vois rien, que des formes confuses, s'agitant dans le plus violent désordre. On dirait que la grande scène se passe dans la nuit, bien loin. Peu à peu cependant l'œil s'habitue à déchiffrer ces grandes peintures trop effacées. On admire alors une œuvre grandiose, digne de l'extraordinaire génie qui la conçut. L'Enfer, le Purgatoire, le Ciel, toute la comédie dantesque est reproduite dans cette vaste fresque avec une vigueur sans égale. Non qu'on n'y remarque des défauts. Dans ce peuple d'élus et de damnés, il y a trop de personnages convulsionnés, trop de corps athlétiques. L'anatomie est une belle chose, mais l'art n'en demande pas tant. Michel-Ange a, dans cette page admirable, exagéré sa tendance à l'outrance. Mais qu'on y regarde de plus près, quelle inspiration et quels prodiges du pinceau! Rien de plus grand n'a jamais été réalisé par aucun artiste. Voyez, au sommet du tableau ce Christ au geste foudroyant; voyez, tout à côté de lui, cette douce Vierge suppliante et résignée; voyez dans le groupe des sauvés cet Adam formidable, vraie souche du genre humain, et, tout près, cette Ève, imposante elle aussi, qui semble abriter sur son sein maternel une de ses filles terrifiée. Et ce n'est pas tout; il y a, en bas du tableau, des scènes d'une sublime horreur, les démons aux faces grimaçantes et bestiales, les damnés qu'ils entraînent aux abîmes, figures lamentables sur lesquelles se lisent des douleurs inconnues dans notre monde. Quoi qu'on dise, c'est encore là une page unique, œuvre titanesque d'un génie supérieur à toute mesure.

On admire généralement davantage les peintures qui couvrent la voûte de la Sixtine. D'abord, en dépit des lézardes encore nombreuses, elles sont mieux conservées. Il faut dire aussi qu'elles sont incomparables.

Il y a là une histoire de la Création dont la sublimité égale les divins versets de la Genèse. Dieu sépare la lumière des ténèbres; Dieu crée le soleil et la lune; Dieu crée l'homme. Ici le calme et le recueillement; là l'explosion irrésistible de la force créatrice; plus loin, la puissance qui se fait bonté. Rien

Fig. 59. — Chapelle Sixtine, au Vatican.

de beau comme cette création d'Adam. Dieu étend la main vers l'homme dont la main levée s'étend vers la sienne. Un fluide mystérieux passe de l'un à l'autre, et Adam qui s'éveille, en ouvrant les yeux, rencontre le regard chargé d'amour de Celui qui vient de le faire sortir du néant.

Et ce n'est pas tout. L'histoire des premiers jours se poursuit, et la naissance de la femme, la chute et le bannissement succèdent à ces grandes images. Et les figures douces et tragiques se multiplient ainsi sous le regard, vivantes, comme si une magie les faisait naître éternellement. Aux pendentifs,

Fig. 60. — La Sibylle de Cumes. Fresque de Michel-Ange. Chapelle Sixtine, à Rome.

voici les Prophètes et les Sibylles unis ici par un rapprochement sublime. Ce personnage colossal qui rêve, sa tête énorme appuyée sur son énorme main, et dont la barbe tressée descend jusqu'à la poitrine, c'est Jérémie, le prophète des larmes et des ruines. Cet autre colosse qui semble renversé par une vision soudaine, c'est Jonas : il compte sur ses doigts les quarante jours qui restent à Ninive. Ezéchiel se soulève dans un mouvement d'impétuosité ou de colère. Regardez maintenant les grandes inspirées païennes : la Sibylle de Cumes, la *Longæva sacerdos* de Virgile, vieillie et soucieuse; celle de Delphes, toute frémissante sous le souffle divin; celle d'Erythrée, belle et vaillante guerrière au regard hautain; celle de Lybie, jeune savante qui, avec le livre qu'elle semble avoir dérobé au ciel, descend, toute heureuse d'apporter la vérité au monde. Autour de ces voyants gigantesques qu'animent une âme si personnelle dans une beauté de formes si puissante, s'échelonnent d'autres personnages sans signification précise, placés là par l'imagination de l'artiste pour remplir les vides et compléter l'harmonie de sa décoration. Ce sont les *inudi*, superbes jeunes hommes nus aux postures les plus variées; ce sont de petites scènes intimes, poétiques images de la vie de chaque jour; ce sont vingt autres sujets indescriptibles. Cette Sixtine est un monde. Michel-Ange y a rassemblé tous les types de l'art, toutes les attitudes de la vie, toutes les passions de l'âme, tous les plus grands faits de l'histoire, avec une invention inépuisable, avec une science sans précédent, avec une foi sans ombre. Il semble y avoir dépassé la mesure du génie lui-même, à telles enseignes qu'on peut le dire : quiconque n'a pas vu la Sixtine ne connaît pas le miracle de la peinture !

Même jour, soir.

Pluie et tonnerre. Voilà le ciel de Rome qui se fait peu clément. Mais nous sommes un peu comme nos vieux ancêtres gaulois : nous ne craignons rien, sinon que le ciel ne tombe ! Nous nous mettons donc en route, malgré le tonnerre et la pluie.

Nous sommes bientôt sur la place Navone, laquelle s'étend sur les substructions du Cirque agonal dont, du reste, elle a conservé la forme. Cette place est l'une des plus belles de la Ville éternelle; mais combien triste à cette heure. Tous les palais qui lui font un cadre si grandiose, sous le ciel noir qui gronde, ressemblent à de vastes prisons. Les statues symboliques du Nil, du Danube, du Gange et du Rio de la Plata jettent dans le bassin de leur fontaine leurs nappes d'eaux écumantes d'un air ennuyé. Lion, cheval marin, tritons et dauphins, tout ruisselants sous l'averse, paraissent se demander si, à la fin, ils ne vont pas être noyés sous un pareil déluge. Pas un chat, pas un chien, pas un Italien. Nous sommes seuls dehors.

Nous nous hâtons d'entrer à Sainte-Agnès. Cette église est bâtie sur le lieu même, où la jeune sainte fut exposée au plus odieux des martyrs, et sut triompher à la fois de la faiblesse de son âge et de la cruauté des tyrans. Des marbres admirables, de magnifiques bas-reliefs au maître-autel, de belles peintures à la voûte, voilà ce que j'ai remarqué, bien qu'il fît assez sombre. Mais, ce que nous tenions à voir et à vénérer surtout dans cette église, c'était le théâtre de la victoire d'Agnès, le *turpidunis locus*, et la prison où elle fut décapitée. Nous sommes donc descendus dans la crypte. C'est un souterrain composé aujourd'hui de cinq chapelles d'inégale grandeur. Au-dessus de l'autel qui orne l'antique lupanar, l'Algarde a sculpté une sainte Agnès couverte miraculeusement de ses cheveux. Vis-à-vis, deux grandes salles construites sous les gradins du cirque d'Alexandre Sévère. Enfin deux petites chambres, l'une qui fut la prison d'Agnès, l'autre le lieu de son supplice.

Chère et admirable petite sainte, douce petite martyre de douze ans, comme on l'aime et comme on l'admire dans cet abominable repaire du vice, aujourd'hui purifié et sanctifié par l'effusion de son sang virginal! Il semble que sa jeune et pure beauté rayonne encore dans ces lieux sombres, qu'elle vit encore là où elle est morte pour son unique et surnaturel amour. On la prie comme si on la voyait, tant son souvenir vous pénètre l'âme. C'est qu'elle porte à sa couronne les trois plus beaux fleurons qui puissent parer un front humain : la jeunesse, la pureté et l'héroïsme!

Comme si la bonne vierge que nous venions de vénérer, avait voulu nous récompenser de notre pieuse visite, quand nous sortons de *Sainte-Agnès*, l'orage s'est envolé; plus de tonnerre, plus de pluie, plus de boue noire sur le pavé des rues. Dans un ciel très pur le soleil brille de tout son éclat; la vie est revenue dans la ville, et c'est, en traversant une véritable fourmilière d'hommes, de femmes, d'enfants, de soldats, de cochers, de marchands de toutes sortes, que nous arrivons à *Sainte-Marie de la Paix*, un peu à l'ouest de la place Navone.

Ce nom de Sainte-Marie de la Paix me sourit et m'appelle. C'est un si beau nom et c'est une si belle chose, la paix! L'âme est si heureuse quand elle possède la paix! Les peuples sont si heureux, eux aussi, quand ils ont la paix! Pour tous, à mes yeux, c'est le premier bien; et je l'estime tant que, plus d'une fois, j'ai pris la paix pour l'unique bonheur possible en ce monde!

Cette église fut érigée par Sixte IV, après la pacification de la chrétienté en 1487. Alexandre VII l'a restaurée.

A l'extérieur, une façade semi-circulaire; à l'intérieur, une croix latine, à une seule nef, avec une coupole octogone. Ce que nous venons y voir, ce sont les sibylles de Raphaël. Elles sont bien belles aussi, quoique elles aient moins de caractère que celles de Michel-Ange. Voici la chapelle Chigi, et les voici elles-mêmes. A gauche la *sibylle de Cumes*, le bras droit levé, tenant un rouleau de parchemin que déroule un ange, ailes éployées. Ce parchemin porte cette inscription en langue grecque : « La résurrection des morts. » A côté est assise la *sibylle persique* écrivant sur une tablette maintenue par un ange également, cette parole fatidique : « Il aura la destinée de la mort. » Un petit ange est agenouillé sur la clef de la voûte et tient un flambeau, symbole de la lumière que ces prophétesses païennes ont apportée aux hommes. A droite et près de l'ange agenouillé, un autre ange montre l'inscription suivante : « Le ciel entoure le vase de terre. » La jeune *sibylle phrygienne*, debout et appuyée

Fig. 64. — Les Sibylles. Fresque de Raphaël, église Sainte-Marie de la Paix, à Rome.

contre le cintre de l'arcade, prophétise la résurrection du Christ : « J'ouvrirai et je ressusciterai. » Enfin la vieille *sibylle tiburtine*, assise à l'extrémité du tableau, redit ces mots tirée de la IV⁰ églogue de Virgile : « Déjà une nouvelle génération descend du haut des cieux. » Habacuc et Jonas d'un côté, Daniel et David de l'autre, occupent la muraille au-dessus de la corniche.

Tout cela est fort beau, mais il me semble qu'on ne saurait comparer ces personnages aux Prophètes et aux Sibylles de la chapelle Sixtine. Qu'ils témoignent d'un art égal, c'est possible, quoique j'en doute. Mais une chose dont je suis sûr, c'est qu'ils n'ont ni la même force ni la même âme. Ils ont senti moins profondément, ils n'ont pas leurs énergies violentes, et si ceux de Michel-Ange parlaient, quelque chose me dit que ceux de Raphaël seraient obligés de se taire.

De là, à Saint-André de la Vallée. Belle église, encore pleine de chefs-d'œuvre, les *Vertus* du Dominiquin, l'*Histoire* et la *Glorification de saint André* par le même, ses *Quatre Évangélistes*, de tout point admirables. Mais ce qui me paraît plus beau que toutes les peintures du monde, c'est le spectacle que j'ai tout à coup sous les yeux. Une femme du peuple se précipite dans l'église, toute en larmes, se jette à genoux, et reste là le front dans la poussière. Pourquoi pleurait-elle? Son enfant était-il malade? l'avait-elle perdu? Venait-elle demander une grâce au Dieu qui tient tout dans sa main? Venait-elle s'abîmer dans la résignation, après avoir reçu le coup qui l'avait brisée? Pauvre femme, je l'ignore. Mais sa douleur et sa foi avaient une expression si touchante que j'en ai été remué jusqu'au fond.

Nous nous hâtons de sortir, car nous voulons aller à Saint-André du Quirinal avant la nuit.

Nous passons devant le palais du roi, grande bâtisse assez triste, du moins à l'extérieur. Et nous arrivons.

C'est une petite église assez modeste. Il y a pourtant un beau tableau du Borguognone représentant le martyre de saint André. Mais ce n'est pas là ce que nous venons voir. Nous venons voir l'humble cellule où mourut, à dix-huit ans, l'admirable et jeune saint, Stanislas Kostka. Un jésuite nous y conduit. L'humble cellule a été transformée en une chapelle très ornée. On entre, et l'on aperçoit un jeune religieux couché sur un lit. Sa figure est blanche, ses mains sont blanches, ses pieds sont blancs. C'est un mort, mais c'est un mort béni, car il a sur le visage le rayonnement que laisse après elle, sur les traits qu'elle anima, l'âme d'un saint.

Nous avions devant nous l'ouvrage de Legros, en marbre polychrome.

Fig. 62. — Le Quirinal, ancienne résidence des Papes pendant l'hiver.

Nous nous agenouillâmes et nous priâmes longtemps devant cette saisissante image.

Tout en contemplant cette figure pâle de cire, ressortant plus blanche encore dans la robe noire de jésuite, qui recouvre le corps tout entier sur le lit couvert d'un drap doré, je me rappelais le début de cette vie sainte, coupée dans sa fleur de lys à peine épanouie.

Il avait douze ans, et déjà Stanislas rêvait de quitter le monde pour se donner à Dieu.

Dans la cour de son père, on s'étonnait de cette sagesse précoce, et l'on se demandait s'il y avait là autre chose qu'un caprice né d'un excès d'enthousiasme ou de ferveur.

On apporta devant lui un sac plein d'or; on jeta l'or sur une table; il y en avait un monceau, de quoi suffire à une vie de plaisir et de largesse.

— Voyez-vous cet or, dirent les courtisans, il vous appartient, si vous restez avec nous. Vous pourrez en jouir ou le donner à votre choix. Vous aurez toutes les facilités que donne l'opulence.

Secouant sa petite tête. — Non, dit l'enfant. L'or n'est rien pour moi : je suis né pour de plus grandes choses. *Ad majora natus sum.*

Alors on apporta un diadème et un court manteau de prince, fait pour ses petites épaules et taillé dans la pourpre.

— Si vous restez avec nous, dirent les courtisans, vous porterez ce diadème et ce manteau. Les hommes s'inclineront devant vous comme devant un roi, et vous aurez toutes les ivresses de la grandeur et de la puissance.

L'enfant secoua encore sa petite tête.

— Non, dit-il encore, grandeurs et puissance ne sont rien pour moi. Je suis né pour de plus grandes choses. *Ad majora natus sum.*

Sur l'ordre de son père, qui voulait garder près de lui le plus aimable et le mieux doué de ses enfants, les courtisans firent un dernier effort. Ils conduisirent Stanislas sur le sommet de la tour féodale, et, quand il fut là, ils lui montrèrent au loin les villes et les villages soumis à la domination paternelle.

— Restez avec nous, dirent-ils en suppliant. Villes et villages, vallons et collines, bois et plaines, hommes et choses, prince, tout vous appartient.....

— Non, répondit encore l'enfant, un royaume serait trop peu pour moi : je suis né pour de plus grandes choses. *Ad majora natus sum.*

Un peu plus tard, il entrait chez les jésuites, arrivait d'un élan au plus haut sommet de la sainteté, et, mûr pour le ciel, mourait dans cette cellule devenue depuis un sanctuaire.

Nous terminâmes notre tournée par ce pieux pèlerinage.

Nous étions déjà retirés dans nos chambres, quand, tout d'un coup, nous entendons les accords d'un concert, sous nos pieds, dans les salles d'en bas. Les paroles n'arrivent pas jusqu'à nous. Nous reconnaissons seulement que ce sont des voix d'hommes, vigoureuses et mâles, qui s'unissent dans un chant d'une gravité religieuse et d'une martiale ardeur. Je descends, et je reconnais tous mes Espagnols de ce matin. Ils forment un cercle dans le salon, autour du piano. Un prêtre, jeune encore, est assis devant l'instrument que ses mains habiles font vibrer comme un orchestre, et les cinquante plus jeunes pèlerins, dans une auréole de fumée de tabac, chantent à plein gosier et à plein cœur. Ils chantent en partie, sans art, mais avec une justesse et une simplicité émouvantes. On dirait d'une hymne de Mendelsohn. C'est large, un peu étrange, un peu tourmenté, mais très expressif et très puissant. Ils l'exécuteront devant le Saint Père à leur prochaine réception au Vatican. C'est bien, jeunes gens ! à l'accent passionné de vos voix, le vieux Pape octogénaire tressaillira de joie. Dans le souffle de votre jeunesse, il sentira passer sur son front la jeunesse éternelle de l'Église, et lui-même s'en trouvera rajeuni !

L'un de ces jeunes gens a bien voulu me donner la traduction du chant qu'ils chantaient tout à l'heure avec tant d'entrain. C'est une hymne à saint Ignace, écrite en basque et presque incompréhensible aujourd'hui aux Espagnols eux-mêmes. La voici :

« Saint Ignace, notre grand patron, fondateur de la Compagnie de Jésus pour laquelle, Dieu, vous l'avez armé;

« Il n'y a pas d'ennemis qui puissent à cette heure lutter contre vous, pas même si Lucifer, sortant de l'enfer, venait vous assaillir.

« Vos soldats sont les anges et votre Chef est le grand Jésus; votre armée a vaincu tous vos ennemis. D'ailleurs votre foi n'en a pas.

« Non, chrétiens, notre foi n'a peur nulle part; Ignace est là, toujours prêt et en armes.

« Tous les siens, armés comme lui et le drapeau étendu, combattent jour et nuit pour que nous ayons la paix, la paix toujours, jour et nuit! »

Comme vous voyez, voilà une ode qui sent son Rodrigue; mais je ne l'en trouve pas moins belle.

XIV.

ROME.

Les embarras d'un Directeur. — Saint-François a Ripa. — Sainte mécanique. — Dans le Transtevère. — A Sainte-Sabine. — L'église. — Les chambres de saint Dominique et de saint Pie V. — L'oranger de saint Dominique et le Père Lacordaire.
Les ouvriers français. — Un peuple pauvre. — Apparition au Vatican. — Le Colisée au clair de lune. — Évocations tragiques.

18 septembre.

Nous avons encore beaucoup trotté ce matin, mais la plupart du temps à pied, car il paraît que nos fonds baissent. Ce matin, en effet, notre Directeur nous a abordés d'un air grave. Il était agité, préoccupé, agacé.

— Mais enfin qu'avez-vous donc? vous paraissez avoir des soucis.

— Hélas! oui.

— Et lesquels? s'il n'y a pas d'indiscrétion.

— J'ai fait notre compte...

Et à ce mot, sa figure s'allongea, s'allongea, à ce point que nous pouvons nous vanter d'avoir vu la plus grande figure du siècle.

— Eh bien?

— Eh bien, si nous marchons de ce train, il nous faudra rester à Naples.

— Adieu, France! adieu! gémîmes-nous à la fois. Et nous éclatâmes de rire.

Cependant, pour faire plaisir à notre bon Directeur, et lui donner au moins l'illusion d'une économie, nous lui proposâmes de faire *pedibus cum jambis* nos courses de la matinée.

Il fut tellement touché de notre bon vouloir, qu'il nous sauta au cou.

Nous partîmes donc pour *Saint-François a Ripa*. Ceux qui connaissent Rome savent que cette église n'est pas située près de la place d'Espagne!

Nous traversâmes des rues et des rues, des ruelles et des ruelles, des places et des places. Nous étions tellement fatigués au bout d'une heure de marche, qu'un tambour et un clairon n'eussent pas été de trop pour nous faire relever le pas.

De temps en temps, notre Directeur consultait sa carte. Mais c'était justement ce qui nous inquiétait. Toujours une carte, jamais de boussole. Pour sûr nous étions encore perdus...

Eh bien, non.

Le hasard voulut que nous tombions juste devant l'église que nous cherchions depuis si longtemps.

Petite église bien simple, ornée pourtant de quelques beaux tableaux.

Un bon Franciscain qui se trouve là, nous conduit dans la cellule habitée jadis par saint François, et s'offre à nous faire vénérer les nombreuses reliques enfermées dans de précieux reliquaires.

Nous levons les yeux, et nous ne voyons qu'une espèce d'armoire en bois sculpté.

— A genoux, Messieurs!

Nous nous mettons à genoux.

Le bon moine se met alors à tourner une manivelle. Aussitôt, les portes de l'armoire s'ouvrent, de gros cylindres tournent sur eux-mêmes, et les reliques nous apparaissent, savamment étiquetées, derrière des vitrines de cristal.

Ce système, aussi mécanique que peu respectueux, faillit nous faire éclater de rire. Car, en vérité, il faut venir à Rome pour voir d'aussi singulières inventions. Nous sûmes nous contenir. Mais j'avoue que, pour ma part, malgré toute la vénération que j'ai pour le saint patriarche d'Assise, j'ai fait ma prière au milieu de mille distractions.

Quand nous nous relevâmes, notre bon religieux tourna la manivelle en sens inverse; les rouleaux se remirent à tourner, les portes se refermèrent d'elles-mêmes, et tout rentra dans le mystère.

Voilà certainement un usage auquel celui qui a inventé la manivelle n'a jamais pensé!

Nous voulons maintenant aller à Sainte-Sabine. Nous avons trente-six chemins devant nous. Grand embarras. — C'est par ici, dit l'un. — Non, ce doit être par là, dit l'autre. — Ne serait-ce pas plutôt de ce côté? dit le troisième. La carte consultée ne renseigne pas mieux qu'un sergent de ville à Paris, vu qu'il nous est impossible de nous orienter.

Nous étions là, plantés sur nos deux jambes sur la petite place solitaire, quand, par bonheur, un vieux moine passa.

— *Il camino per Santa Sabina?* clama notre directeur.

Le moine ouvre la bouche et fait signe qu'il ne comprend pas.

— *Si, signor*, reprend notre directeur, en criant à tue-tête, comme si le bonhomme était sourd; vous savez, *il camino*, le chemin, *la via, per*, pour, *Santa Sabina*, l'église de Sainte-Sabine où il y a des dominicains!

L'explication était si lumineuse que le bon vieillard comprit, ou sembla comprendre, et d'un geste nous montra une rue à droite. Nous l'enfilâmes docilement et nous nous remîmes à marcher.

Surprise. Nous voilà en plein Transtevère. Petites maisons entassées et sales, ruelles infectes où l'on ne sait où poser le pied, gamins et gamines se roulant dans la grasse poussière, tout cela file et défile, et nous marchons toujours. Une rue s'ouvre qui nous paraît dans la direction. Nous y entrons. Elle ne finit pas. Nous rebroussons chemin, et nous en prenons une autre. Cette fois, nous allons nous jeter dans le Tibre.

Nous avons, du moins, la bonne chance d'apercevoir devant nous la longue colline de l'Aventin, et, tout à fait sur le sommet, l'église et le couvent de Sainte-Sabine.

Seulement, comment arriver là? Le Tibre roule à nos pieds ses eaux jaunes et rapides. Point de pont à droite; point de pont à gauche; point de batelier sur la rive.

— Oh! soupire le directeur en s'essuyant le front, je n'en puis plus!...

— Il faudrait pourtant tâcher d'arriver au but, reprit l'un de nous.

— Oh! le plus tôt possible, répondit le directeur. Si...
Mais il n'acheva pas.

Nous remontâmes le cours du fleuve à tout hasard. Enfin un pont apparut à l'horizon et nous fûmes sur l'autre rive.

— Si nous prenions,... dit tout à coup le directeur... Mais cette fois encore, il n'acheva pas.

— Vous voulez vous rafraîchir? demanda l'abbé.

— Non, si nous prenions... une voiture!...

Il avait prononcé ce dernier mot tout bas, tout honteux de faire une proposition qui contrariait d'une manière si criante ses beaux projets d'économie.

Elle n'en fut pas moins approuvée à l'unanimité, d'abord parce que nous étions très las tous les trois; ensuite parce que rester en Italie, faute d'avoir assez d'argent pour revenir, serait une excellente raison d'y séjourner plus longtemps.

Un cocher passe, nous lui faisons signe, il accourt, et c'est dans sa petite voiture que nous gravissons les pentes rapides de Sainte-Sabine.

Là-haut, tout est profondément silencieux et désert. Nous pénétrons sous le portique de l'église, formé de huit colonnes antiques dont quatre en spirale. Dans une cellule à gauche, nous apercevons un vieux dominicain qui fait la tonsure à ses frères. Lui-même nous voit et nous prie de visiter seuls l'église qui est ouverte, en attendant qu'il ait fini sa besogne.

Fig. 63. — Sainte-Sabine et le mont Aventin.

Un ouvrier est en train de réparer sur le seuil une admirable porte du treizième siècle, en bois de cyprès et richement décorée de bas-reliefs représentant des scènes de l'Ancien et du Nouveau Testament.

L'intérieur de Sainte-Sabine est à la fois riche et pauvre, nu et orné. C'est grand, c'est vide, c'est triste, malgré les vingt-quatre colonnes cannelées de marbre de Paros à chapiteaux corinthiens qui séparent les trois nefs, malgré les mosaïques et les fresques, malgré les tableaux des frères Zuccheri, de Fontano, et de Sasso-Ferrato.

Nous voyons la pierre sur laquelle saint Dominique venait s'agenouiller pendant les nuits qu'il passait en prière. Je relève aussi une belle inscription sur le mausolée d'un cardinal :

UT MORIENS VIVERET,
VIXIT UT MORITURUS.

Belle et grave pensée. Heureux ceux qui la mettent en pratique et qui, *pour avoir la vie après la mort, vivent comme devant mourir.* Quand nous sortons, avec cette bonté toute simple et toute ronde qui est le plus aimable apanage des fils de saint Dominique, le vénérable religieux que nous avions salué en entrant laisse là ses rasoirs et ses ciseaux, et vient à nous. Il nous conduit à la chambre de saint Dominique, puis à celle de saint Pie V. Dans la première, on a laissé les vieux murs blanchis à la chaux. Seulement les poutres sont peintes et dorées, et un très riche autel orne le fond. Dans l'autre, qui est à un étage au-dessus, on a laissé à sa place le crucifix au pied duquel le grand pape venait prier. Il y a dans le fond un autel en mosaïque, représentant de larges fleurs rouges, jaunes et bleues, capricieusement entrelacées.

Nous descendons ensuite dans le cloître, où le Père nous montre l'oranger planté des mains de saint Dominique lui-même. Lorsque Lacordaire arriva à Sainte-Sabine, cet arbre se mourait de vieillesse, un peu comme l'ordre même qu'il avait vu fonder. Lacordaire l'émonda, une nouvelle branche poussa, grandit, l'arbre sauvé se prit à revivre, comme l'ordre auquel l'illustre orateur de Notre-Dame allait donner une sève nouvelle et si puissante (1).

Heureux d'avoir retrouvé la France et le souvenir d'un de ses meilleurs enfants sur cette colline isolée, nous avons alors

---

(1) Le Père nous a fait remarquer que le nouveau rejeton regarde le nord et est orienté vers la France.

quitté le bon religieux, mais non sans emporter quelques feuilles de l'arbre symbolique.

Même jour, soir.

Les ouvriers français sont arrivés. Nous en avons déjà aperçu ce matin; mais ce soir, on dirait que la ville en est pleine. On en rencontre une escouade à chaque pas. Ils s'en vont fièrement, comme les Gaulois, leurs pères, et ne baissent pas les yeux devant les Italiens gallophobes. Quel abîme, du reste, entre ces hommes et ces hommes! L'abîme qu'il y a entre le fainéant et le travailleur! Les gens d'ici ne peuvent s'imaginer que nos ouvriers soient de vrais ouvriers. « Ce sont des patrons et des riches, disent-ils; voyez, comme ils sont vêtus! ». Ils ne comprennent pas que l'ouvrier français, fils d'un pays riche, peut s'enrichir dans une certaine mesure, dès qu'il est intelligent et laborieux! Ils sont si pauvres, eux!

Voilà, en effet, un mois déjà que nous voyageons en Italie, et nous n'avons encore vu ni un louis ni même une pièce de de cent sous qui soit du cru.

Point d'or, presque pas d'argent, du cuivre à peine. Comme moyen de transaction, ils n'ont que le papier, le papier qui se salit en passant par toutes les mains, le papier qui s'use et se déchire, et qui finit par n'être plus qu'un chiffon qu'on ose à peine toucher; le papier comme chez nous au temps des assignats et à la veille de la banqueroute!

Et pourtant, ce peuple a une terre féconde : un coup de pioche, donné d'une main un tant soit peu virile, en ferait jaillir des trésors. Il est allié à deux puissantes nations, il a des traités de commerce et j'ai vu, dans certaines ville comme Florence, une activité presque égale à celle qui dévore les nôtres.

Malgré cela, il est pauvre, de cette pauvreté qui avoisine la misère et qui est presque un vice.

Les riches eux-mêmes sont pauvres, et leur pauvreté les rend égoïstes et pingres.

Les pauvres sont indigents, et leur indigence les rend quémandeurs et vils.

Il n'y a pas de pays où il y ait tant de maisons à louer et tant d'âmes à vendre.

Et c'est ainsi du haut en bas de l'échelle. Ils portent des boucles d'oreilles, ils portent des anneaux et des bagues; des filets brillants d'escarboucles ornent les cheveux de leurs femmes;... et ils n'ont pas, et ils n'ont jamais eu une pièce d'or dans leur bourse!

Comme je m'étonnais de cet état plus qu'étrange devant un vieux moine : — Peuple maudit! — me répondit-il d'une voix sourde. Je ne sais s'il a dit vrai; mais pour moi, cette explication laconique me fit tressaillir, et je crus y sentir la vérité.

Vive la France!

Comme sa Sainteté Léon XIII donnera demain une audience aux ouvriers français dans la grande salle de la Loggia, au-dessus du portique de Saint-Pierre, nous allons faire une visite à M. Harmel qui, sur notre demande, nous abandonne à tous les trois une carte d'entrée. Nous lui aurions baisé les mains!

Nous passons le reste de notre soirée au Vatican, dans la galerie des Inscriptions lapidaires et dans le Musée Chiaramonti. Inscriptions païennes, inscriptions chrétiennes, statues et fragments antiques, *l'Automne et l'Hiver, Euterpe, le Satyre jouant de la flûte, Proserpine, Silène, Caton, Apollon et Diane, Mars et Mercure, la Fortune et l'Espérance*, bustes et statues d'empereurs romains, vases, cippes, urnes et sarcophages, tout cela, sans être toujours également beau, est toujours intéressant et instructif. Mais vous me pardonnerez, j'espère, de ne pas entrer dans plus de détails. Une simple dissertation sur ce que nous avons vu là en quelques heures demanderait plusieurs volumes.

J'ai d'ailleurs autre chose à vous raconter.

Tout voyageur qui prend son rôle au sérieux doit, au moins une fois, étant à Rome, voir le Colisée au clair de lune. Les poètes ont laissé, du spectacle que l'on a, lorsque les vagues clartés de la nuit éclairent le monument monstrueux, des descriptions si saisissantes et si belles que, à son tour, on veut jouir des grandes émotions que ce spectacle provoque en toute

Fig. 64. — Le Colisée, à Rome.

âme capable de sentir profondément. Nous sommes donc allés ce soir au Colisée.

Fidèle au rendez-vous, la lune s'y trouvait avant nous, une belle lune ronde et dorée, dans toute sa splendeur.

Nous entrâmes dans l'immense enceinte. Grâce à Dieu, elle était vide, elle nous appartenait, et nous allions en jouir à nous seuls, uniquement. Le fait est que, pour peu qu'on sache deux mots d'histoire et qu'on soit accessible à l'éloquence des choses, on est tout de suite saisi. Éclairées confusément d'une lumière grise et dorée, des murailles gigantesques se dressent devant vous, percées de trous noirs et de baies ajourées, qui encadrent un pan d'un ciel éclatant tout scintillant d'étoiles. Cela s'élargit, cela monte, cela se dentelle et s'ébrèche, et cela est si énorme que l'âme s'en trouve comme écrasée. Que si vous jetez les yeux sur l'arène, vous avez devant vous des substructions titanesques récemment découvertes et, plus loin, ce sol arrosé de sang, sur lequel ont râlé tant de prisonniers et de martyrs. Tout s'anime alors, devant les yeux de l'âme, d'une vie abominable. Les gradins se garnissent de milliers de têtes bestiales ; les vestales arrivent, l'empereur approche au son des fanfares ; le voilà, ce monstre conducteur de monstres ! Alors les victimes défilent sur le sable ; les bêtes féroces, en hurlant, s'élancent ; mille cris se répondent ; les glaives se croisent, la dent des fauves entre dans les chairs vives ; le sang coule, et le peuple est là, ivre d'avoir senti l'horrible frisson de la cruauté, et savourant encore sa volupté infernale, pendant que les cadavres jonchent le sol et que les lions et les panthères se pourlèchent à l'envi. Cependant, du velarium de pourpre suspendu comme un ciel sur le front du peuple roi, un parfum délicieux tombe et se répand. L'âcre odeur qui s'élève de la lice sanglante s'est dissipée. On respire. C'est fini, — mais l'on recommence, et les mêmes scènes d'horreur se succèdent jusqu'à l'épuisement des victimes et des bourreaux. Alors, la trompette sonne et la *Porte des morts* s'ouvre, pour laisser passage à l'horrible procession de cent cadavres mutilés.

Les cent mille Romains ou Romaines qui sont là titubent, en proie à l'ivresse du sang, et pourtant il leur faut encore d'autres sanglants spectacles. Soudain, du sein d'un vaste réservoir alimenté par l'aqueduc de Claude, l'eau du Tibre, par de larges caneaux, se précipite sur l'amphithéâtre et l'inonde. En moins d'un instant, l'arène est changée en lac, et voici que commence une bataille navale. Les proues se jettent les unes sur les autres ; les carènes se choquent, et, comme ce peuple ne fait rien pour rire, il y a encore, sur les vaisseaux, des hommes qui luttent et qui meurent!

Ainsi jusqu'à ce que la nuit tombe, et que cette multitude de démons aille cuver ses ivresses dans ses palais ou dans ses taudis!

Voilà les évocations qui venaient émouvoir nos esprits, à cette heure mystérieuse où, dans le silence, nous regardions le grand monument immobile et à moitié ruiné, mort maintenant, mais si terriblement vivant autrefois. Nous revoyons toutes les victimes lamentables de la fureur romaine, et ces vils gladiateurs que la ville nourrissait pour ses cruels plaisirs, et ces esclaves barbares qui venaient finir là leur vie humiliée de vaincus, et ces chrétiens saintement obstinés dans leur foi, qui expiraient sans ostentation comme sans peur, voyant dans la mort une nouvelle naissance au ciel de Jésus-Christ!

XV.

ROME.

Pierre et Léon XIII. — Audience du Saint-Père dans la salle de la Loggia. — Son discours. — Enthousiasme. — Promenade accidentée au Prato di Castelli.

19 septembre.

Nous avons dit la messe, ce matin, tous les trois à la Prison Mamertine, prison de saint Pierre. Puis nous sommes partis pour le Vatican, prison du Pape. Quelle différence et quelle conformité! Pierre, chef d'une religion à son berceau, a été enfermé dans un cachot humide et sombre; Léon XIII, chef de cette même religion devenue la grande puissance sociale, est enfermé dans un palais! Mais, aux deux extrémités des temps, le vicaire du Christ apparaît au monde chargé d'entraves!

Il me semble, quand j'y songe, que cet enchaînement est la grande habileté de l'auteur de tout mal, car il suffit à l'Église d'être libre pour être toute-puissante. Elle a une force d'expansion irrésistible.

La lier dans son chef et dans ses membres, c'est gêner son action et, par conséquent, arrêter ses conquêtes.

Voilà pourquoi les peuples conduits par Satan ont toujours eu, pour premier souci, celui de forger des chaînes, afin d'en garrotter l'Église...

Et maintenant, nous allons donc le voir, ce prisonnier auguste, père des âmes croyantes; notre père qui est sur la terre en attendant notre Père qui est dans les cieux !

Nous nous mêlons, sur la place Saint-Pierre, aux braves ouvriers qui arrivent de toutes parts. Ils nous précèdent dans la grande salle de la Loggia, car l'audience est pour eux. Mais nous ne tardons pas à les rejoindre. Grâce à notre charmant compatriote, M. Léon Dumuys, nous obtenons même une place de faveur, tout près du trône pontifical.

Nous sommes là près de trois mille.

Soudain un grand silence; puis des battements de mains, puis des cris et des acclamations.

Escortés des gendarmes pontificaux. les cardinaux s'avancent, et derrière eux, porté sur la Sedia, le Pape !

Dussè-je vivre cent ans, je n'oublierai pas ce que je ressentis alors. Les acclamations redoublaient, et je n'entendais plus rien; les yeux fixés sur lui, je le regardais, et je pleurais.

La voilà donc, cette colonne de l'Église du Christ! me disais-je. Voilà l'homme dont la parole éclaire, ébranle et soutient l'univers! Est-ce un vivant? Est-ce un mort? Comme il est vieux et comme il est pâle! Ne va-t-il pas expirer là, sous nos yeux ?... Et c'était le contraste de cette grandeur dans cette incroyable faiblesse qui me faisait pleurer à chaudes larmes.

Pour la première fois, je comprenais les hardies métaphores de saint Paul, disant que Dieu choisit ce qu'il y a de plus infirme pour confondre ce qu'il y a de plus puissant sur la terre.

En vérité, il y a là un miracle, c'est que ces épaules tombantes de vieillard puissent soutenir le fardeau des Églises, et que le monde obéisse à un homme tellement usé et décharné par les ans, qu'un enfant le ferait tomber en le touchant du bout du doigt!

Il n'y a que Dieu pour avoir des conceptions d'une audace pareille.

Arrivé près du trône, Léon XIII descendit de la *Sedia*, gravit péniblement les trois ou quatre gradins, et tomba sur son siège plutôt qu'il ne s'assit.

Il regarda la foule de son regard noir plein de flammes, et ses pâles lèvres eurent un bon

Fig. 65. — Le Pape prononce son discours.

sourire. Il paraissait, au-dessus de la couronne des cardinaux, comme une vision blanche.

Mgr Langénieux présenta ses ouvriers en quelques mots vibrants; M. Albert de Mun lut une adresse d'une voix qui sonnait dans la grande salle comme une trompette guerrière, et le Pape prit la parole à son tour.

Il lut son discours en français, mais avec un accent italien très prononcé. De grands gestes brusques accompagnaient ses phrases. La voix était claire et sonore; mais pour peu que la période fût longue, elle faiblissait et semblait s'éteindre comme un soupir.

Un journal a reproduit son discours. Le voici : il traite la question sociale dans ses grandes lignes.

« Grande est Notre joie à la vue de ce troisième pèlerinage des ouvriers catholiques français au Tombeau des Saints Apôtres. Le souvenir de vos pèlerinages précédents, très chers Fils, et de votre piété est encore tout frais et tout vivant dans Notre mémoire, et vous voilà de nouveau, plus compacts que jamais, groupés autour de Nous. — Vous revenez, au nom de vos nombreux compagnons de travail, guidés et présentés, comme les premières fois, par ce digne et zélé Cardinal si dévoué à vos intérêts, et assistés de ces prêtres et de ces pieux laïques que vous savez être vos meilleurs amis, toujours attentifs à vos besoins, toujours prêts à vous rendre service. — Cet empressement de la France chrétienne à envoyer, à des intervalles aussi rapprochés, des légions de pèlerins dans la Ville Éternelle, pour y prier dans ses sanctuaires et pour y recevoir la Bénédiction du Vicaire de Jésus-Christ, remplit Notre âme de consolation et d'espérance. Quoi de plus consolant, en effet, que de voir les fidèles enfants de la fille aînée de l'Église, ces patrons et ces ouvriers, chercher ainsi, dans un religieux élan de foi et d'amour, à resserrer de plus en plus les liens qui les unissent, depuis tant de siècles, à leur Mère commune la sainte Église Romaine! Et, d'autre part, quoi de plus fécond et de plus riche en heureux résultats pour l'avenir! C'est là, sans nul doute, un fruit de cet Esprit qui souffle quand il veut et où il veut, sur les nations comme sur les individus, et Nous savons que Dieu ne laisse jamais ses œuvres imparfaites.

« Mais, très chers Fils, comme Nous l'avons entendu tout à l'heure, un sentiment plus particulier vous amène aujourd'hui à Nos pieds. Vous teniez à Nous exprimer de vive voix votre filiale gratitude pour la parole Apostolique que Nous avons récemment dite au monde en votre faveur.

« Nous agréons de tout cœur vos remerciments, et Nous Nous réjouissons d'avoir pu, par cet acte de Notre charge de Pasteur universel des âmes, contribuer ainsi efficacement au relèvement de la classe ouvrière. Vos remerciments, au reste, sont pour Nous des prémices, car vous êtes les premiers représentants des hommes du travail, que Nous recevons depuis la publication de Notre Encyclique, et ces représentants, c'est la France catholique, la première toujours en générosité, qui Nous les envoie.

« La satisfaction que Nous éprouvons est d'autant plus vive, que Nous savons vos sentiments plus sincères, et dictés par une adhésion et une obéissance plus entières aux enseignements de l'Église et de son Chef. — Vous avez entendu, chers Fils, ces enseignements. En face des périls sociaux de plus en plus menaçants, Nous avons élevé la voix pour montrer, à la lumière de l'Évangile et de la saine raison, où était le salut et quel chemin pouvait seul y conduire.

« Nous avons dit qu'il fallait tenir pour certain, que la question ouvrière et sociale ne trouvera jamais sa solution vraie et pratique dans les lois purement civiles, même les meilleures. Cette solution est, de sa nature, liée aux préceptes de la parfaite justice qui réclame que le salaire réponde adéquatement au travail. — Elle est encore, par conséquent, du ressort de la conscience, et entraîne surtout une responsabilité devant Dieu. Or, la législation humaine ne visant directement que les actes extérieurs de l'homme dans ses rapports sociaux, ne saurait s'étendre à la direction des consciences. — De plus, cette question réclame le concours de la charité, qui va au delà de la justice et rappelle la commune dignité de la nature humaine, relevée encore par la Rédemption du Fils de Dieu. Or la religion seule, avec ses dogmes révélés et ses préceptes divins, possède le droit d'imposer aux consciences la justice dans sa perfection et les lois de la charité avec tous ses dévoûments; et l'Église est l'organe et l'interprète autorisée de ces préceptes et de ces dogmes. C'est, dès lors, dans l'action de l'Église combinée avec les ressources et les efforts des pouvoirs publics et de la sagesse humaine, qu'il faut chercher le secret de tout problème social.

« Ces enseignements et d'autres qui s'y rattachent, Nous les avons donnés dans Notre Lettre Encyclique avec toute l'extension qu'ils comportent, et Nous avons la consolation de constater que la semence de Notre parole n'est pas tombée dans une terre ingrate, et que, Dieu aidant, elle portera partout ses fruits.

« Déjà, soit en leur particulier, soit dans des réunions et des congrès, des hommes placés à la tête d'industries considérables ont étudié comment y mettre en pratique ceux de Nos enseignements, de Nos conseils et avis qui les concernent. De leur côté, les gouvernements n'ont pas été insensibles à Notre Encyclique, et Nous espérons qu'elle leur sera une lumière, pour les guider dans la question présente qui les préoccupe à si juste titre.

« Que partout donc on agisse, et sans plus consommer un temps précieux en de stériles discussions, qu'on réalise dans les faits ce qui dans leurs principes ne saurait plus être l'objet d'une controverse. S'il existe encore, quant à l'application, comme c'est inévitable dans des problèmes aussi complexes, des côtés obscurs et des points douteux, il convient de laisser au temps et à l'expérience de les éclaircir.

« Quant à vous, très chers Fils, que ce pèlerinage vous affermisse dans vos convictions de chrétiens. Vous avez droit à la liberté qui vous est nécessaire pour remplir vos devoirs religieux et, par conséquent, au repos du dimanche. Cette liberté et ce repos vous sont accordés par vos patrons chrétiens; profitez-en pour sanctifier le jour du Seigneur et pour attirer sur vous et vos familles les bénédictions du Ciel.

« Au travail, montrez-vous diligents et laborieux, dociles et soumis, respectueux et obéissants, chrétiens et fidèles en toutes choses. Évitez le commerce des hommes pervers, de ceux surtout qui, sous le nom fallacieux de *socialistes,* ne visent à rien moins qu'à bouleverser l'ordre social, au grand détriment de la classe ouvrière. Unissez-vous, au contraire, à ceux qui partagent vos bons sentiments. Formez avec eux et avec vos maîtres chrétiens, sous le haut patronage des Pasteurs de vos diocèses, et aidés des conseils de vos prêtres si dévoués à votre cause, des associations et des cercles, où vous trouverez, comme dans une seconde famille, avec les délassements d'une joie honnête, des lumières dans vos difficultés, une aide et une force dans vos luttes, un encouragement et un soutien dans les infirmités et la vieillesse.

« Pères de famille, songez à vos enfants; efforcez-vous de leur procurer une éducation morale et chrétienne, et par vos sages économies, préparez-leur un avenir calme et assuré.

« De retour dans votre belle patrie, dites, très chers Fils, à vos compagnons, à vos amis, aux membres de vos familles que le cœur du Pape comme celui de Jésus-Christ, dont Il est le Vicaire, est toujours avec ceux qui souffrent et avec les délaissés de ce monde. — En attendant, aux absents et à ceux qui Nous entourent ici, mais à vous surtout, laboureurs et ouvriers, maîtres et patrons, directeurs d'œuvres et aumôniers, prêtres et laïques, organisateurs et membres de ce grand pèlerinage, Nous accordons, comme gage de Notre particulière affection, et de toute l'effusion de Notre âme, la Bénédiction Apostolique. »

Un indescriptible enthousiasme accueillit ces paternels et

sages conseils. Comme en parlant de la France le Pape s'était montré fort ému, nos ouvriers auraient tous voulu lui sauter au cou! Vive le Pape! Vive Léon XIII! Vive le Pape-Roi! — Ces acclamations ébranlaient les murs énormes de Saint-Pierre, et c'est au milieu des plus touchantes démonstrations que le Pontife a pu regagner la porte, escorté des cardinaux et des gardes-nobles.

Voilà ce que je viens de voir, et je suis dans un tel ravissement que je ne sais plus où je suis ni ce que je suis. C'est comme si je rêvais!

Même jour, soir.

Après cette fatigante audience, j'ai voulu respirer un peu l'air de la campagne. Je me suis donc mis en route, avec l'intention de visiter l'église Saint-Joachim, que la piété catholique bâtit en ce moment de l'autre côté de Saint-Pierre, pour l'offrir au Pape. J'ai parcouru toutes les rues du Prato di Castelli, et, je l'avoue à ma honte, je n'ai pu découvrir le monument que je cherchais. Je pus, du moins, surprendre sur le fait la vie des faubourgs de Rome. C'en est assez pour me consoler de ma mésaventure.

Je remarquai d'abord d'immenses bâtisses inhabitées, s'alignant des deux côtés d'une rue large, mais où l'herbe pousse entre les pavés. A côté de cette rue déserte, une autre rue déserte. Il y a ainsi, de ce côté du Tibre, une ville entière qui attend ses habitants. Les aura-t-elle jamais? Je l'ignore; mais qu'on reconnaît bien là le génie de l'Italie moderne! Elle a voulu se fortifier dans une ville qui ne lui appartient, pas en y appelant, de tous les coins du royaume, cette populace sans abri qui couche à la belle étoile. Venez, a-t-elle crié aux quatre vents, et je vous donnerai des palais dans Rome! — En elle-même, elle se disait : Ceux-là seront pour moi, et quand le Pape réclamera sa ville, je lui répondrai par les cent mille voix de cette canaille!... Ce calcul a été trompé. Comme il faudrait travailler pour vivre à Rome, les lazzaroni ont préféré continuer à dormir à la belle étoile. Les grandes bâtisses sont restées désertes.

En revanche, d'autres rues débordent d'un populaire en guenilles dont l'esprit, du reste, ne paraît pas trop mauvais. Les enfants presque nus venaient me baiser les mains et, assises sur les pas de leur porte ou sur le trottoir, les mères souriaient avec bienveillance. Mais quel laisser-aller, Dieu du ciel! et quelle vie misérable, que celle que mènent ces familles! On n'y songe guère à travailler, et on m'y semble un peu trop ressembler aux oiseaux du ciel et aux lis des champs, avec cette différence qu'on y est un peu moins bien vêtu!

Sur les boulevards extérieurs et dans la vaste plaine qui s'étend devant une caserne qui est là, des foules sont assises sur l'herbe, désœuvrées, languissantes, et respirant avec délice l'air frais d'un beau ciel où déjà le soleil décline.

Un rôdeur de barrière, plus dégoûtant encore que ses collègues de France, me jette quelques insultes en italien grossier. Je passe sans répondre, en pensant que l'humanité est partout la même. Trois petites pauvresses me jettent des pierres; même silence et même réflexion. Chez les peuples que le christianisme abandonne, il y aura toujours des sauvages en pleine civilisation.

Cependant, rien de ravissant et de doux comme le paysage qui s'étale sous mes yeux. C'est une plaine verdoyante, ce sont des collines gracieusement ondulées, avec de jolies villas sur leurs flancs et, parfois à leur pied, quelque élégante cheminée d'usine. Le soir vient et jette sur toutes choses je ne sais quelle mélancolie sérieuse et tendre. On resterait là à rêver, longtemps. Mais l'*Ave Maria* sonne déjà son appel avertisseur. C'est le moment où la *malaria* fait son tour quotidien : j'abandonne les délices de la campagne romaine et vite je rentre chez moi.

XVI.

ROME.

Anniversaire de la *Porta Pia*. — Sages mesures du Pape. — Messe du Pape à Saint-Pierre. — Déjeuner au Vatican. — La sculpture au Vatican. — Les chefs-d'œuvre. — Les jardins. — Aspect de la ville, le soir. — Le soir, dans ma chambre; la question romaine.

20 Septembre.

C'est aujourd'hui l'anniversaire de la *Porta Pia*. Jour de gloire et d'éternel souvenir, où les Italiens, profitant des malheurs de la France obligée de rappeler ses soldats pour défendre son sol envahi, enfoncèrent une porte ouverte, et se rendirent maîtres de Rome sans danger!

Il paraît qu'il va y avoir des démonstrations, des drapeaux, des chansons, des lampions, et tout le tremblement des fêtes patriotiques et populaires.

Quant aux pèlerins français, ils n'ont qu'à bien se tenir : la *Fanfulla* les en avertit. Que sont-ils venus crier : Vive le Pape-Roi! Criez, Messieurs (1) : l'Italie ne lâchera pas Rome de si tôt!...

En lisant les journaux avancés, je me suis persuadé que nous sommes pour l'Italie unitaire l'ennemi qu'il faut humilier et repousser.

Ces gens-là sentent qu'on pourrait bien leur reprendre la

---

(1) Titre d'un article à sensation du susdit journal.

grande ville volée, et que si jamais ce coup de justice s'accomplit, ce sera la France qui l'accomplira.

De là, leur gallophobie effrénée, leur haine invétérée, et leurs rodomontades menaçantes.

Comme le Pape les connaît, comme il sait, pour en avoir trop souffert, qu'ils sont très braves lorsqu'ils sont vingt contre un, il a pris une très sage mesure; les pèlerins français passeront toute la journée au Vatican. Ainsi, il n'y aura pas de conflit possible.

Nous courons nous mêler à nos chers compatriotes, et nous entendons la messe avec eux à Saint-Pierre. C'est une messe basse, pendant laquelle les chantres de la Sixtine font entendre quelques motets d'une musique très religieuse. Une admirable voix de basse enveloppe dans ses larges vibrations les faussets au timbre étrange. C'est vraiment beau. Je suis plus profondément ému cependant par le simple chant du *Credo,* entonné soudain par nos deux mille ouvriers. Cette vaste explosion de la foi catholique remplit et ébranle l'immense et puissant édifice. Ce ne sont plus les modulations de l'art; c'est le cri des âmes, cri majestueux comme le grondement du tonnerre et tumultueux comme la voix des grandes eaux.

Après la messe, on nous introduit dans le Vatican, et nous nous trouvons dans la grande cour où le vaillant cardinal de Mérode fit bâtir les écuries de la cavalerie pontificale. Des tables sont dressées dans un bâtiment immense. Chaque ouvrier y a son couvert. On entre par escouades, et l'on déjeune aux frais du Souverain Pontife. Je ne décrirai pas ce déjeuner très pittoresque, et admirablement servi par les sœurs de Saint-Vincent de Paul et les jeunes gens de la société romaine. Ce fut un festin de famille, simple et cordial, un peu bruyant et très gai. D'ailleurs, nous autres Français, est-ce que nous ne rions pas toujours?

Après le déjeuner, M. Harmel nous annonce que tous les musées nous sont ouverts et que nous pourrons, si nous le voulons, faire une promenade dans les jardins du palais.

Vite nous partons.

A peine sommes-nous entrés dans les galeries immenses, que nous sommes éblouis par la blancheur de mille statues antiques. Il y en a tant que, pour ma part, je me sens presque découragé. Impossible de voir et d'admirer tout cela. J'irai seulement aux chefs-d'œuvre qui ont fait l'enthousiasme des siècles.

Fig. 66. — La Porta Pia, à Rome.

Dans le *Braccio Nuovo* voici le *Jeune Athlète*, copié, dit-on, d'après Lysippe. Une expression de lassitude et de triomphe se peint dans tout son être. Sa petite tête n'annonce pas grande intelligence; mais son corps souple et nerveux est presque parfaitement beau. La colossale statue du *Nil*, couché sur son lit humide, avec les enfants tout petits qui jouent sur son corps de géant, attire aussi un instant mon attention. En dehors de son mérite artistique, ce Nil m'a l'air d'un bon bonhomme bien calme qui se chauffe le ventre au soleil d'Égypte, en regardant voler les hirondelles sur les flots. J'avoue ne pas goûter beaucoup ces figures sans pensée, dont toute la beauté est dans les contours de la forme et le naturel des attitudes. Je demande toujours à une œuvre d'art de me dire quelque chose. Si elle est muette, je passe. La *Pudicité* que je vois ensuite est bien drapée; c'est tout. Nous entrons dans le Belvédère.

Oh! ici, recueillons-nous. Comme la *Tribuna* de Florence, c'est là un sanctuaire de l'art immortel. J'avoue que je tremble de tous mes membres d'être encore une fois déçu, car il m'arrive souvent de trouver moins belles les choses dont je me suis fait une haute idée. Et alors, c'est comme si je tombais du ciel; j'ai l'âme toute brisée.

La première sculpture que je rencontre, c'est le fameux Torse, tant admiré, de Michel-Ange. C'est le tronçon d'un corps puissant, raidi dans un effort qui fait saillir tous les muscles. Un débris, mais je l'aime, car je devine, à cette tension des membres mutilés, une œuvre passionnée et vivante. Le *Méléagre* est un superbe garçon à tête napoléonienne. Un *Persée* de Canova me semble une jeune fille trop frêle. Ces *Lutteurs,* à côté, ne sont que « des boxeurs anglais vidant une querelle après le bain ». Vive le *Mercure!* c'est un admirable éphèbe grec au torse solide, à la tête fine et souriante.

L'*Apollon*... Salut, dieu! — Mais non, tu n'es pas dieu, car, si ton corps est harmonieux, je nie qu'il soit divin. Sur ton front, en effet, je ne vois aucun reflet de la pensée éternelle; ta large poitrine n'a jamais battu des battements d'un vrai cœur, et ton impassibilité n'est que l'absence du souffle de la vie. Vainement tu te redresses, voulant en imposer; les dieux ne *posent* pas; et ta majesté elle-même, étant sans âme, est partant sans grandeur! Tous ceux qui aiment les jugements tout faits vont crier que je blasphème. Qu'importe? Je soutiendrai toujours que tu n'es pas dieu? Que je te préfère le *Laocoon!* Au moins il souffre celui-là ! Il porte, dans son visage convulsé et jusque dans ses membres torturés et distendus, la profonde empreinte de toutes les douleurs réunies. Il souffre dans son corps broyé par les formidables anneaux du serpent qui l'étreint; il souffre dans son âme de père, sentant que ses deux fils, dont il entend craquer les os, subissent le même sort que lui, enlacés comme lui dans les nœuds qui les étouffent et qu'ils ne pourront pas briser!...

Fig. 67. — Pèlerins dans les jardins du Vatican.

Nous avons contemplé bien d'autres merveilles encore : le *Bige;* le *Discobole*, copie en marbre du bronze de Myron ; l'*Éros*, l'*Ariane endormie;* puis, des bustes par milliers ; puis les Arazzi de Raphaël; puis des mosaïques d'une finesse exquise ; puis des monstres égyptiens; puis des vases d'une beauté et d'une richesse sans prix. Nous en étions littéralement étourdis.

Heureusement les jardins du Vatican sont ouverts aux pèlerins : nous y allons, tout heureux de pouvoir respirer un peu de nature, après cette débauche de jouissances artistiques.

Ces jardins sont vraiment royaux. Longues allées d'arbres séculaires, vastes couverts ombreux, bosquets pleins de mystère, petites collines, petites vallées, petites forêts pleines de douces ténèbres, vieux chênes, orangers chargés de fruits, fleurs rares sur les terrasses suspendues, ils renferment toute la beauté de la terre italienne.

Sur les allées sablées nous remarquons la trace encore récente des roues d'une calèche. Le vieux Pape a passé là tout à l'heure. Il a quitté la chambre où viennent l'assaillir sans trêve les grands bruits des misères de l'univers, et il a respiré un peu d'air frais et pur, avant de se remettre à sa tâche. A chaque détour du sentier, nous avions un battement de cœur, tremblant d'avoir le bonheur de le rencontrer.

Nous nous sommes promenés ainsi plusieurs heures durant, tantôt causant des choses de Rome, tantôt prêtant l'oreille aux murmures des sources qui jaillissaient sous nos pas. Nous nous croyions dans les jardins d'Armide, car, en vérité, c'est beau, c'est grand; je l'ai dit, c'est royal.

Mais aussi que c'est triste. Tout y est silencieux et recueilli, comme à cent lieues d'une ville. Personne nulle part. On dirait que les oiseaux eux-mêmes n'osent pas chanter.

Et c'est là que le Pape trouve les seules distractions qui lui soient permises. Quelle vie! Ne pas pouvoir sortir de ces murs; ne jamais voir que ces espaces fleuris, mais déserts; ne jamais respirer que cet air malsain de la plus malsaine colline de Rome, encore une fois, quelle vie! Qu'importe la splendeur? Qu'importe les arbres rares, les bosquets, les sources et le reste? Tout n'est rien sans la liberté. J'ai compris ce soir, dans ces jardins, tout ce que notre Père endure pour nous d'héroïques privations.

Vers quatre heures, harassés et éblouis, nous quittons ce palais enchanté, le plus riche de toutes façons, que nous ayons vu sur cette terre des chefs-d'œuvre.

Le drapeau de l'Italie flotte au sommet du château Saint-Ange ; le drapeau des francs-maçons est attaché à la porte de la Loge ; des affiches impies pavoisent les murs : *le Pape Satan* et autres énormités semblables ! Les rues sont calmes et très peu décorées. Sauf les fonctionnaires, — ces malheureux qui sont condamnés à être esclaves sous tous les gouvernements et dans tous les pays, — personne n'a orné ses fenêtres des couleurs piémontaises. Cependant, des groupes nous regardent de travers, et nous croyons prudent de rentrer.

XVII.

ROME.

La nuit. — Nouvelle audience du Saint-Père dans Saint-Pierre. — La messe. — Bonté indicible du Pape pour les ouvriers français. — Enthousiasme. — Adieu à la Ville éternelle.

21 septembre.

Le tonnerre s'est promené toute la nuit sur les sept collines. Toute la nuit, d'un ciel en feu, l'eau est tombée à torrents, et j'imagine que la fête patriotique de la *Porta Pia* n'aura guère réussi hier soir. Les premiers coups de tonnerre, je les avais pris pour les explosions d'un feu d'artifice. Je m'étais trompé. Ce n'était pas l'Italie qui se réjouissait, c'était le ciel qui grondait.

Ce matin, le ciel est rasséréné, le sol encore humide exhale la fraîcheur, et, sous son beau soleil qui se lève, Rome, la vieille Rome semble toute jeune.

Et nous n'avons plus qu'une matinée à passer ici! Mais j'ai hâte de le dire, elle va magnifiquement couronner toutes les grandes ou saintes émotions que nous avons ressenties.

Mêlés aux ouvriers français, comme hier, nous allons une dernière fois voir le Pape, et une dernière fois recevoir la bénédiction du vicaire du Christ.

Quand nous arrivons sur la place Saint-Pierre, il y a déjà une foule considérable à la porte de Bronze. Une queue formidable s'allonge jusqu'à l'obélisque et jusqu'aux fontaines.

Nous nous jetons au milieu de ce flot humain. Nous passons entre la double haie des suisses bigarrés qui s'échelonnent le long de l'immense corridor. On se presse, on se pousse, on s'immobilise. Comme toujours, les femmes sont les plus ardentes. La piété et la curiosité s'unissent, pour aviver dans toutes les âmes la fièvre de la plus brûlante impatience. Enfin l'ordre règne, les bannières déployées entrent dans la basilique sublime, et les ouvriers français, comme un fleuve, s'avancent à flots pressés dans la nef immense. Pendant que nous traversons cette nef, les statues tragiques du Bernin semblent s'animer, elles nous encouragent d'un geste ami, elles nous montrent le ciel, elles bénissent Dieu, elles nous acclament et, plus loin dans les nefs latérales, les marbres des tombeaux semblent se pencher, eux aussi, pour regarder le grandiose cortège, dont les pas tumultueux troublent le repos des cendres qu'ils abritent.

Bientôt le Pape arrive. Après avoir prié longuement, il revêt les habits pontificaux, et monte à l'autel. Dans le grand silence de toutes les voix et de tous les cœurs, les formules sacrées qu'il prononce viennent jusqu'à nos oreilles. Parfois le sublime vieillard paraît s'affaisser; son maigre corps diaphane se courbe et se ploie, comme accablé par un invisible fardeau. Mais ces défaillances durent peu. Par un geste brusque et presque violent, il se redresse et il apparaît tout droit et les bras étendus, dans l'attitude de la supplication. Pendant qu'il prie, les ouvriers chantent ces cantiques virils, si bien inspirés par la foi française : *Cœur de Jésus, sauvez Rome et la France; Catholiques et Français toujours*. On sent vivre et vibrer, dans la voix de ces hommes du peuple, l'âme héroïque des anciens croisés ; on sent qu'ils croient comme ils chantent, et qu'ils mourraient au besoin pour leurs convictions. Pourquoi tous nos ouvriers ne ressemblent-ils pas à ceux-là? Quelle paix et quelle force au sein de nos sociétés modernes! Mais voilà : il y a des hommes qui ne veulent pas la paix, parce que le trouble leur profite, et qui, plutôt que d'abandonner la proie qu'ils convoitent, aimeraient mieux voir tout crouler autour d'eux. Dans une société paisible et forte, ils ne seraient rien : dans une société agitée et affaiblie, ils sont tout. Et être tout, c'est ce qu'ils veulent.

Fig. 68. — Le Pape passe dans les rangs des ouvriers.

Et alors, pour être plus sûrs de régner, ils ont divisé les peuples, surtout ils les ont déchristianisés ; car ils savaient bien, ces malheureux, que toute paix et toute force vient de l'Évangile. Demain peut-être, nous verrons les fruits de leurs œuvres, c'est-à-dire, comme réponse à la question sociale, le désordre et la tempête, et pour tout couronner, l'irrémédiable ruine. D'ailleurs, dépossédé de toute foi et de toute espérance supraterrestre, la ruine, c'est là ce que le peuple des travailleurs attend comme son ciel. Ce qu'il veut, c'est une curée immense où chacun puisse avoir son lambeau du grand cadavre social. Heureux s'il entendait la voix de ce vieillard vêtu de blanc, que je vois là, devant moi, supplier Dieu pour le salut du monde ! Il n'y a pas d'autre solution que celle qu'il propose, c'est-à-dire la charité, le respect mutuel des droits de chacun.

Cependant la messe est finie. Le Pape agenouillé prie encore, le front dans ses mains, perdu en Dieu. Mais bientôt il se relève, il monte sur sa *Sedia* et, escorté des cardinaux et des princes, il s'avance vers les ouvriers qui font la haie. Il s'arrête devant tous et devant chacun, il l'interroge, il l'encourage, il le bénit. — Et vous, que faites-vous ? — Je suis fileur, Très Saint-Père. — C'est bien, mon fils, restez toujours fidèle. — Les braves gens interrogés faisaient des réponses diverses, mais tous étaient saisis d'enthousiasme et d'émotion. Beaucoup pleuraient d'attendrissement. La vérité est que leur Père se donnait avec un abandon charmant, heureux d'être au milieu d'eux, et manifestant son bonheur par un sourire si beau et si bon qu'il vous allait au cœur. J'ai tenu, moi indigne, sa main vénérée dans la mienne, et je l'ai arrosée de mes larmes, sans pouvoir prononcer un seul mot. Toute mon âme se fondait de respect et d'amour devant celui qui représente ici-bas l'éternelle Vérité que j'adore.

Trois heures durant, malgré son indicible faiblesse, il alla ainsi de l'un à l'autre. Son médecin criait, tempêtait, s'agitait, protestait. Lui allait toujours, bénissant toujours, souriant toujours.

Aussi, quand il eut fait le tour de la basilique, fut-ce une explosion formidable de vivats et de bravos. Tout en résonnait dans le vaisseau immense. Les cendres de l'Apôtre durent en tressaillir dans leur tombeau séculaire. Léon XIII disparut alors dans la foule qui se pressait sur ses pas, le suivant comme les foules d'autrefois suivaient le Christ lui-même. Nous lui dîmes adieu d'un dernier regard et, plein de cette grande vision de la majesté et de la charité de l'Église, nous redescendîmes les degrés de Saint-Pierre. Sous le ciel pur dans lequel éclatait un soleil radieux, la croix rayonnait au sommet de l'obélisque. Nous marchâmes, silencieux, jusqu'à notre hôtel, ne nous retournant même pas, de peur d'éprouver trop de regret à quitter, après des joies si vives, ces splendeurs quasi divines, splendeurs que nous ne reverrons peut-être jamais.

Et maintenant, vieille cité reine du monde, nous partons. Je ne puis dire ce que nous avons souffert en te voyant sécularisée, toi, la ville Sainte. Mais je ne puis dire, non plus, les joies profondes que nous avons ressenties par tout ce qu'il y a d'éternel en toi. Crois-le bien, nous ne t'oublierons pas. Français par le sang et par le cœur, nous sommes Romains par la foi. *Civis Romanus sum.* Tout ce qui te touche nous touche, et quiconque est ton ennemi est aussi le nôtre.

La paix soit sur tes murs! — C'est le souhait que nous formons pour toi à cette heure de l'adieu, car nous sentons au-dessus de toi je ne sais quel orage qui couve, prêt à éclater. Mais vienne l'orage, ô Reine, qu'importe! N'es-tu pas immortelle comme l'Église elle-même (1)?

(1) Les scènes sauvages du 2 octobre ont justifié les pressentiments de l'auteur.

XVIII.

NAPLES.

Campania felix. — Arrivée. — Cochers, faquini et lazzarones. — Vue. — Salut à la mer. — La grotte de Pouzzoles. — Un village. — La grotte du Chien. — Scène comico-sauvage. — Retour par le Pausilippe. — Naples, le soir. Maudit cocher. — Les faubourgs de Naples. — Portici; Résina; Torre del Greco. — A cheval. — La maison blanche. — Bandits napolitains. — Sur les flancs du Vésuve. — Au bord du cratère. — Vue. — La descente. — Rêverie et souvenirs. — Pompéi. — Le musée. — Les ruines. — La vie antique. — Encore un cocher napolitain. — Castellamare.
Coups de tonnerre. — Le miracle de saint Janvier. — Le musée de Naples. — Type napolitain. — Promenade en mer. — L'armée italienne. — Soleil couchant.

22 Septembre soir.

Après avoir quitté les sommets sourcilleux des Abruzzes, et traversé ces belles et fertiles vallées de la Campanie où la terre germe en ce moment sa seconde récolte, en plein automne, avec une force presque égale à celle du printemps, nous sommes arrivés cet après-midi à Naples, la ville qu'il faut voir, dit-on, avant de mourir.

Je dois dire d'abord, à l'honneur des cochers, des faquini, des lazzaroni et de toute cette plèbe obligeante qu'on rencontre aux gares d'Italie, qu'ils se sont montrés, à notre arrivée, mille fois moins turbulents, bruyants, encombrants et persécuteurs que leurs semblables des autres villes déjà vues. Ou on les a calomniés, ou ils sont convertis. Notre cocher nous a prouvé, il est vrai, que sa conversion, à lui, n'était pas complète : il a essayé de nous voler un peu ; mais si peu !

Quoi qu'il en soit, nous avons mis pied à terre dans un hôtel dont les prix sont modestes, mais dont la situation est peut-être unique. Du quatrième étage où l'on nous a juchés, nous voyons à notre gauche le Vésuve, couronnés de nuages qui voilent sans doute ses flammes, car, à cette heure, il ressemble à toutes les montagnes. Là-bas, Castellamare et la pointe de Sorrente. En face, Capri, baignée dans la mer. A droite enfin, baignées aussi par la mer, les hauteurs du Pausilippe. Impossible, si on ne l'a vu, d'imaginer la grâce et la grandeur d'un pareil décor. Par malheur, le soleil manque à cette fête des yeux ; et des nuées orageuses, voilant le plus beau ciel du monde, jettent sur toutes choses une teinte de mélancolie.

Notre premier soin est d'aller saluer la mer. Nous y allons invinciblement attirés, car, vous l'aurez remarqué sans doute, il y a un aimant irrésistible dans cette sublime création de Dieu. Sa voix est comme la voix des sirènes ; l'air frais qu'elle exhale est comme un souffle embaumé ; sa grande surface plane ou agitée, comme le miroir où se pipent les âmes. Longtemps, accoudés sur une balustrade de rochers, nous avons écouté ses plaintes sonores ; longtemps nous avons rêvé, adoré aussi, devant son immensité, moins imposante ici qu'ailleurs, mais à coup sûr plus séductrice.

Il nous restait encore du temps avant la nuit, nous commençons nos excursions. Nous traversons les faubourgs pittoresques, grouillants de gens déguenillés, d'enfants à peine vêtus, de lazzaroni de tout acabit couchés dans toutes les positions inventées par la paresse ; nous nous inclinons en passant devant le tombeau de Virgile, ombragé de son poétique laurier ; puis soudain une montagne se dresse devant nous, et nous voilà dans la nouvelle grotte de Pouzzoles. C'est un long tunnel noir éclairé en plein jour par de petites lampes espacées. Les piétons et les voitures y circulent et s'y croisent comme dans une rue. Tout au bout, la clarté du jour fait sur la nuit

Fig. 69. — Vue de Sorrente.

une tache lumineuse. On avance sous la haute voûte, au milieu de je ne sais quel mystère d'un charme singulier.

A peine avons-nous retrouvé la lumière que nous tombons au milieu d'un village. De chaque côté de la rue, il y a des maisons assez jolies; mais ne regardez pas par les portes et les fenêtres ouvertes : l'aspect intérieur est indescriptible. D'ailleurs tout le monde est dehors. Les maisons sont pour les hommes en ce pays, ce me semble, ce que sont les nids pour les oiseaux, un refuge et non une habitation. On n'y demeure que lorsqu'on ne peut pas en sortir.

Après une course de quelques kilomètres dans la campagne, notre cocher s'arrête.

— C'est ici la grotte du Chien. — Nous ne sommes pas encore descendus de voiture qu'un vieillard, assez semblable à un maître d'école de village, est auprès de nous et nous invite à le suivre, avec une admirable politesse. Comme il tombe quelques gouttes d'eau, il nous abandonne son parapluie et se met à marcher devant nous. Le sentier court sur le flanc de la colline ; la grotte est à quelques pas.

Le spectacle qu'on y voit n'a rien d'imposant. Dans une excavation profonde, aux parois noires et humides, une épaisse couche de fumée apparaît étendue en une nappe bleuâtre. C'est du gaz carbonique, que la pression de l'air empêche de monter et de se dissiper au vent.

— Approchez, Messieurs, et voyez ce phénomène.

Le vieux guide allume une torche et l'incline vers la couche de gaz : la torche s'éteint.

— Approchez, Messieurs, et aspirez fortement ; vous croirez boire du champagne.

En même temps, il passe la main dans la fumée immobile et dense, et nous la jette à la figure. Nous sentons en effet sur nos lèvres une saveur piquante. Je doute toutefois qu'un connaisseur y trouve un ressouvenir du champagne.

Enfin, notre bonhomme appelle un chien qui se tient à l'écart, comme un comédien qui attend son tour de scène. Le chien arrive sans se faire prier ; le saisissant par le poil du cou, le guide lui passe le museau dans le gaz, puis le jette à terre. Le pauvre animal à moitié étouffé se roule et se débat comme un convulsionnaire, cherchant l'air qui lui manque. Il ouvre la gueule, il tire les pattes, il fait des bonds fantastiques, il se roule, il se pâme, il est mort. Mais non, peu à peu il reprend ses sens, et bientôt après, il est aussi joyeux et ingambe qu'auparavant.

Fig. 70. — Tombeau de Virgile sur le Pausilippe.

Nous n'avons pu comprendre comment il se pouvait que ce chien acceptât si allègrement son sacrifice. Sans doute que son maître lui donne quelque douceur. Si les chiens sont comme les hommes, en Italie, avec deux sous, on peut leur faire faire tout ce qu'on veut.

La représentation finie, nous en avons pour quatre francs.

Voilà un plaisir assez vulgaire et qu'on paie plus cher qu'il ne vaut.

Nous revenons par la route charmante du Pausilippe. Dès que l'on s'est élevé un peu sur la rampe assez douce, on jouit d'un paysage et d'une vue admirables. C'est, là-bas, le promontoire de Misène; ce sont, au sein des flots, Procida, Ischia et Nizida, puis sur la rive du côté de l'Orient, Baïes et Pouzzoles et le golfe qui les sépare. A la descente, nous avons à notre gauche de nombreuses villas, abritées par de beaux arbres et toutes plus riches les unes que les autres. A droite, toujours la mer, à cette heure, grisâtre et légèrement frissonnante. La nuit descend, nous traversons la ville de nouveau et nous rentrons.

Mais un autre spectacle nous était réservé. C'est, à ce moment même où j'écris, la vue de Naples du balcon de ma chambre. Le ciel est couvert, l'ombre est épaisse. Mais Naples nage dans la lumière, Naples est toute étoilée de feux. Dans la ville, ce sont des cordons étincelants qui se croisent et s'entrecroisent; aux flancs des montagnes, ce sont des constellations éparses, semées au hasard et capricieusement groupées comme dans le ciel même; sur la mer enfin, ce sont des phares lointains et, çà et là, des clartés tremblantes que l'eau reflète et multiplie.

En vérité, c'est ici l'un des coins les plus charmants de la terre, celui peut-être pour lequel la Providence s'est montrée le plus amoureusement prodigue.

23 Septembre.

Lever à 4 heures. Nous allons par le chemin de fer jusqu'à Pompéi. De là, nous monterons au Vésuve. Nous pourrons ainsi enfourcher plus tôt nos montures, et éviter la lourde chaleur d'un soleil d'automne. Le soir, nous visiterons Castellamare et Sorrente, et nous reviendrons par le bateau de Capri. Tel était notre plan.

Fig. 71. — Vue de Naples.

Nous comptions sans la ruse plus que machiavélique de notre cocher napolitain.

Le susdit cocher arrive bien à l'hôtel à l'heure dite. A l'heure dite, nous partons bien pour la gare, qui est assez loin. Mais son cheval, dont l'ardeur nous avait d'abord paru merveilleuse, ralentit peu à peu son pas. Bientôt, il se dandine et marche sans avancer, comme s'il dormait encore. En vain nous excitons le cocher; en vain le cocher excite sa bête. C'est comme si nous chantions. Nous sommes bien tranquilles, du reste : nous avons encore un quart d'heure devant nous, et les chemins de fer italiens ne sont pas pressés. Du reste, voilà le cheval qui s'anime, nous dévorons l'espace, le cocher jure et fouette, la gare est proche, nous arrivons. Oui, certes, nous arrivons... mais deux minutes après le départ du train.

— Vous mériteriez qu'on ne vous paie pas votre course!

— Oh! signor! deux minutes de retard, seulement!

Que faire?...

Le diable d'homme avait tout prévu.

— Si vous voulez, dit-il, je vous conduirai en voiture jusqu'à Pompéi...

— Soit, mais combien nous prendrez-vous?

— Douze francs.

— C'est trop.

— Allons, je baisserai jusqu'à dix!

— Comment, vous nous faites manquer notre train, et vous avez le cœur de nous demander dix francs pour nous conduire à Pompéi. Jamais.

Il fit mine d'emmener sa voiture, mais, comme nous nous dirigions vers un autre attelage.

— Huit francs, dit-il timidement, en élevant son fouet.

— Venez, et faites vite.

Nous remontâmes dans sa voiture et nous partîmes. Lui, riait dans sa barbe, car, le misérable, il y gagnait encore.

Nous étions d'assez mauvaise humeur : c'était une expédition à moitié manquée. Il nous faudrait sacrifier la plus charmante partie de la route, etc... Mais bientôt, — bonheur imprévu, — voici que les faubourgs de Naples par lesquels nous passons, s'éveillent et s'animent, et nous offrent le spectacle populaire le plus pittoresque qui se puisse imaginer. Les fenêtres, encadrées de fruits divers arrangés en guirlandes écarlates ou dorées, s'ouvrent, et montrent des figures originales, encore tout ébouriffées. Les ménagères, installées sur le seuil de leurs maisons, font bouillir le café ou le macaroni sur des fourneaux dont elles avivent le feu en soufflant dessus. Aux coins des rues, de vieilles femmes font cuire des châtaignes pour les vendre aux passants, dans de grandes chaudières d'où s'échappe un tourbillon de vapeur blanche. Les gamins passent leur culotte sur le pas de leur porte. Les chèvres, faisant sonner leurs sonnettes, entrent déjà dans les maisons dont elles gravissent tous les étages, portant en personne leur bon lait chaud et mousseux. Les jardiniers et les jardinières courent dans la direction de la ville, chargés de pêches et de raisins. Les *tramways ouvriers* y emmènent des centaines de travailleurs, qui déjeunent d'un morceau de pastèque en se rendant à leur labeur. Tout cela court, se hâte, s'agite, crie et vit, que c'est un vrai plaisir. C'est le mouvement extérieur dans tout ce qu'il a de plus déchaîné.

De Naples à Pompéï, on traverse Portici qu'embellit sévèrement le château de Charles III; Résina, qui recouvre les ruines d'Herculanum ; Torre del Greco, toujours menacée par le volcan qui l'a détruite tant de fois que les Napolitains en ont fait un proverbe :

Naples fait les péchés et c'est Torre qui les paye (1).

(1) *Napoli fa i peccati e la Torre li paga.*

Mais toutes ces petites villes, allongées sur la côte, se touchent par leurs extrémités, et, de fait, ne sont que l'interminable banlieue de la grande ville. C'est donc toujours au milieu d'une agitation pareille que nous sommes parvenus à la cité du Vésuve et des ruines.

A peine arrivés, nous prenons deux guides et nous montons à cheval. La postérité ne sera pas étonnée d'apprendre que nous ne sommes que d'assez médiocres cavaliers. Aussi cette expédition fut-elle pour nous assez pénible. Dès le départ, voilà une de nos bêtes qui s'emballe; elle s'élance, elle galope, elle brûle le sol, comme le cheval de Mazeppa. Pendant que nous trottinons doucement, notre pauvre ami est emporté comme par un tourbillon. Nous qui le voyons par derrière, nous admirons sa belle allure et sa tournure vaillante. — En avant! crie le petit guide qui nous suit en courant. Et nous voilà tous partis comme le vent : sur notre passage, la cendre noire des chemins s'élève en nuages orageux, et les paysans qui vendangent dans la plaine nous regardent ébahis. Nous rejoignons enfin notre trop ardent vainqueur. Hélas! il s'est écorché en s'accrochant à la selle de son cheval, et il a les mains tout en sang.

— Voyez-moi cela, dit-il gaiement, et ce n'est pas tout; *absque quod intrinsecus latet...*

Nous rions de bon cœur, et cette fois nous formons un bataillon serré! D'ailleurs les chevaux fatiguent davantage, car la pente est de moins en moins douce. Il faut avancer au milieu des amas de lave refroidie, noires collines crachées par le volcan, et entassées par lui sur les flancs de la montagne. Une petite maison blanche est bâtie dans ces solitudes désolées. Nous nous y arrêtons un instant pour y laisser souffler nos bêtes. Bêtes et gens boivent quelques verres de lacryma-Christi, et nous repartons.

Là-haut, le cratère jette dans le ciel pur une colonne énorme de blanche fumée.

Arrivés à la naissance du cône dont le sommet s'ouvre en cratère, nous laissons nos chevaux sous la garde de notre jeune guide, et nous nous mettons à gravir la pente abrupte. Mais nous n'avons pas fait trois pas, que sortant d'une vilaine cabane élevée comme un observatoire sur un cap de lave durcie, une dizaine de Napolitains, armés de courroies, viennent nous offrir à nous hisser jusqu'au faîte. Ils ont de vraies figures de brigands de la Calabre. Nous refusons. Mais ils veulent absolument notre bien, ces braves gens, ces gens d'un dévouement si pur.

— Ayez pitié de votre santé, nous disent-ils, d'un air suppliant.

Notre guide, de connivence avec eux, nous conduit par un chemin impossible à gravir. Ce n'est que de la cendre meuble qui à chaque pas s'écroule sous le pied, si bien que nous sommes un peu comme ces chiens infortunés qui tournent la roue : nous marchons toujours, et nous n'avançons pas.

— Ayez pitié de votre chère santé, répètent les voix derrière nous; c'est le bien le plus précieux...

Mais nous nous entêtons : — Laissez-nous; vos services ne sont bons que pour des femmes, crions-nous; en avant et vive la France !

Nous sommes rompus, la sueur coule de nos fronts et fait de longs sillons sur nos visages noircis par la cendre. Alors les Napolitains comprennent qu'il n'y a rien à faire : ils se couchent sur le flanc de la montagne et nous agonisent de sottises.

Notre guide, autant dans son intérêt que dans le nôtre, prend un chemin meilleur, et lentement, lentement, en nous reposant d'instant en instant, nous gravissons le mauvais escalier de lave qui, en faisant mille crochets, nous conduit jusqu'à la cime. Enfin, voici que nous approchons : la terre nous brûle les pieds; le sol nu, labouré de crevasses profondes, fume par endroits. Le rocher prend des teintes de soufre et de pourpre. Encore un effort; nous y voilà.

En mettant le pied sur cette mince couche de pierre sous laquelle l'oreille entend courir la lave en feu, l'homme se sent bien petit. Mais la curiosité l'emporte, et, attiré par le danger

Fig. 72. — Le Vésuve.

même, il se précipite vers l'ouverture béante du volcan. C'est ce que nous avons fait. Penchés sur l'abime, pendant que notre guide nous retenait par la main, nous avons contemplé tour à tour longuement la cuve immense et bouillante, où la nature accomplit son plus étrange travail. Du fond montait le bruit d'un clapotement semblable au bruit d'une chaudière en pleine ébullition. Nous ne voyions ni feu ni flamme; mais nous sentions leur présence horrible, à quelques pieds sous nous. Une fumée épaisse, dont l'âcreté nous prenait à la gorge, sortait seulement de la gueule monstrueuse ouverte sous nos yeux, et telle était la force avec laquelle elle s'élançait dans le ciel, telle son étendue, tels aussi ses frissonnements contre les parois calcinées, que rien qu'à la voir et à l'entendre, nous en avions le vertige.

Nous vîmes la place d'où le jeune Brésilien a roulé dans le gouffre. Il avait été imprudent; mais quiconque monte là-haut l'est un peu, car le rocher est tellement brûlé et corrodé, il ouvre des crevasses si longues et si profondes, surtout aux alentours du cratère, qu'il n'y aurait rien d'étonnant qu'il s'écroulât un jour ou l'autre.

Nous nous sommes promenés quelque temps sur la croupe de la montagne, à travers mille soupiraux qui vomissent le soufre, la chaleur et la fumée. — Regardez, nous dit notre guide à un moment. Nous regardâmes et nous vîmes, spectacle inoubliable, Naples la belle couchée paisiblement sur le bord de la mer bleue, riant au soleil et à la vie. Rien d'émouvant comme cette vision de la grâce et du bonheur, près de ces lieux horribles qu'on n'aborde qu'en tremblant.

Nous nous décidâmes enfin à descendre. En nous laissant glisser sur la cendre qui s'écroule sous le pied, nous fûmes en un quart d'heure à l'endroit où nous avions laissé nos chevaux et bientôt sur le chemin de Pompéi.

Mon cheval prit les devants; je lui abandonnai les rênes, et tout en me laissant bercer par son pas, je me mis à penser à tant de souvenirs tragiques qui s'attachent à ce Vésuve que nous venions de contempler. Mille générations se sont succédé sur ces rives charmantes; toutes ont tremblé, plusieurs ont péri. Je me rappelais, entre autres, cette première éruption connue du volcan dont Pline le Jeune, en nous racontant la mort de son oncle, nous a laissé une relation si émouvante, souvenir classique qui est dans toutes les mémoires.

« Mon oncle était à Misène où il commandait la flotte.

« Le 23 août, une heure environ après midi, comme il était sur son lit occupé à étudier, après avoir, suivant sa coutume, dormi un moment au soleil et bu de l'eau froide, ma mère monte à sa chambre. Elle lui annonce qu'il s'élève dans le ciel un nuage d'une grandeur et d'une figure extraordinaires. Mon oncle se lève, il examine le prodige, mais sans pouvoir reconnaître, à cause de la distance, que ce nuage montait du Vésuve : il ressemblait à un grand pin; il en avait la cime, il en avait les branches. Sans doute un vent souterrain le poussait avec impétuosité, et le soutenait dans les airs. Il paraissait tantôt blanc, tantôt noir, tantôt de diverses couleurs, suivant qu'il était plus ou moins chargé ou de cailloux ou de cendres... »

Et le reste de cette narration fameuse sur laquelle nous avons tous pâli. La terre tremble, la mer se retire, le jour se voile; Pline s'obstine à aller voir de près ce spectacle horrible, et il succombe étouffé dans la barque qui le porte.

Quelques jours plus tard, le cratère encore inépuisé, au milieu de détonations et de secousses épouvantables, jetait un linceul de cendres sur Pompéi et Herculanum, et les ensevelissait en pleine vie!

Pendant que je roulais tous ces souvenirs dans ma pensée, j'étais presque arrivé à la ville. Mes amis m'avaient rejoint, et nous marchions au milieu de beaux champs verts et de vignes mûrissantes. Le soleil brillait doucement dans un ciel un peu voilé. Le golfe étalait au loin son azur frissonnant. Mais je ne pouvais m'empêcher de me dire que cette nature souriante était pleine de trahison, et que cette belle terre était de celles qui dévorent leurs habitants. Il y avait un peu de tristesse au fond de mon âme, et je restais plongé dans mes réflexions. Tant de philosophie faillit me perdre. Arrivé sur la grand'route, mon cheval part comme un éclair sans crier gare; je perds les étriers; deux femmes qui passent, jettent un cri d'angoisse,...

je tombais. Par bonheur, la Providence a donné au noble coursier l'utile ornement de sa flottante crinière! Je m'y accrochai de mes deux mains, en désespéré; et bientôt après, ayant retrouvé l'équilibre, je faisais avec mes amis une entrée triomphale dans le petit bourg d'où nous étions partis...

Même jour, soir.

L'ancienne Pompéi, la si intéressante victime du Vésuve, n'est qu'à quelques pas du petit Albergo où nous sommes descendus. A la porte, les gardiens flânent au soleil. L'un d'eux, à notre vue, se détache et nous entraîne, par un sentier bordé de fleurs, jusqu'à la porte de la ville, non ressuscitée, hélas! mais déterrée, il y a quelque cent ans, par les soins du roi de Naples.

Avant de nous y faire pénétrer, il nous introduit dans un petit musée où l'on a laissé tout ce qu'on n'a pas emporté au grand Musée de Naples. Vous voyez là des vases de toutes sortes, en fer, en étain, en terre, variés de formes et de grandeurs; on en devine l'usage et l'on a de prime-abord une idée exacte de la vie pratique chez les anciens.

Mais ce qui attire surtout le regard, dans cette pièce curieuse, ce sont des statues blanches, étendues sur une table, dans toutes les attitudes de la mort ou du sommeil (1). Ce sont les

---

(1) Dans des vitrines, vous voyez plusieurs de ces plâtres, et même celui d'un chien. Tandis que les parties charnues se sont consumées, les cendres durcies ont conservé les formes, comme des espèces de moules. M. Fiorelli eut, en 1863, en rencontrant un de ces moules, l'idée d'en ôter les ossements avec précaution et d'y couler du plâtre. Il a ainsi réussi à reproduire fidèlement l'attitude des malheureux Pompéiens dans leur agonie. Pour mieux fuir, ils s'étaient débarrassé de leurs vêtements. De là leur ressemblance avec des statues antiques. On voit là une jeune fille avec un anneau au doigt; deux femmes, l'une grande, et d'un certain âge, l'autre plus jeune; un homme étendu la face contre terre, un autre gisant sur le côté gauche, les traits assez bien conservés, etc.

cadavres, coulés en plâtre, des malheureux que l'affreuse tempête de cendres a surpris et ensevelis, sans même qu'ils eussent le temps de se reconnaître. Le musée prend alors à vos yeux une figure de sépulcre, et vous vous en allez avec une impression pénible.

Nous montons une belle rue dallée de quartiers de lave non taillés, mais simplement aplanis. C'est la *via marina;* nous sommes dans Pompéï. Rien d'étrange et de saisissant comme le spectacle qui frappe alors vos regards. C'est une vraie ville,

Fig. 73. — Vases et ustensiles pompéiens.

ayant tout conservé d'elle-même, sauf la vie. Les maisons sont encore debout, les rues s'alignent et se coupent, gardant dans leurs durs pavés bleuâtres la trace des roues. Seulement les rues sont désertes, les maisons, ouvertes et défoncées, sont vides. On est dans l'ossuaire d'une ville jadis florissante, et maintenant morte à jamais sans avoir pu périr tout entière.

Plusieurs heures durant, nous avons erré parmi ces ruines, éveillant sous nos pieds sonores des échos endormis depuis vingt siècles. Nous avons parcouru tour à tour la longue rue de l'Abondance, la rue de Stabie qui s'enfonce vers la Porte du Vésuve, la rue de la Fortune et celle des Thermes, et quelques-unes des petites ruelles, qui avoisinent les murs de la ville et la voie des tombeaux. Nous voyons, rassemblés presque tous sur le point culminant de la cité, les temples de la Justice, de Vénus, d'Auguste, de Mercure, et l'édifice de la prêtresse Eumachia. Non loin de là, le Forum et la Curie. Ici était le cœur de la ville; ici se faisaient les sacrifices religieux; ici se traitaient les affaires publiques. En ce temps-là, pendant que le soleil jetait à flots ses sourires sur cette rive enchantée, un peuple s'agitait ici, soulevé par toutes les passions du vieux monde. A cette heure, j'aperçois encore dans le lointain la grande ligne ébréchée des montagnes qui fermait son horizon; là, au pied de cette colline de débris, je vois encore la mer qu'il a vue. Mais lui, je ne le vois pas. Murs croulants, fûts de marbres, chapiteaux corinthiens à moitié brisés, peintures à demi effacées, voilà tout ce qui reste de lui! Le Vésuve l'a enseveli, les hommes l'ont déterré, et le vent du large a balayé sa poussière.

Si persuadés que nous soyons de la vanité de tout en présence de ces ruines si éloquentes, nous cherchons néanmoins à nous rendre compte, autant qu'il est en nous, de cette vie antique dont nous avons devant nous de si frappants vestiges.

Il est visible d'abord que cette vie devait être surtout extérieure; les maisons, toutes petites, bâties légèrement et comme à la hâte, ne pourraient porter comme les nôtres, le nom de *demeures*. Une famille y serait à l'étroit. On venait là seulement, j'imagine, pour manger et dormir; on passait le reste du temps dehors, au soleil ou à l'ombre, sur les places publiques ou aux temples, dans les cirques ou au bord de la mer.

Au rez-de-chaussée, un nombre incalculable de boutiques prouvent l'importance du petit commerce à Pompéï. Quelques-unes gardent encore les traces de leur destination. Ici était un marchand de vin, là un boulanger; plus loin un marchand d'huile. Le comptoir revêtu de marbre occupe un angle, le pétrin un autre, et de grands vases de terre jonchent le sol.

Mais nos négociants devaient être encore bien à l'étroit là-dedans.

Il n'y a pas jusqu'aux maisons des patriciens qui, malgré leur belle ordonnance et leur richesse, ne soient aussi exiguës à l'excès. Le vestibule, l'atrium, le péristyle, l'œcus, le portique et les chambres, tout cela est minuscule. Mais presque

Fig. 74. — Ruines d'une villa à Pompéi.

partout vous trouvez sur les murs quelques débris de peintures et sur le pavé quelque jolie mosaïque de marbre. Seulement, je dois le dire, souvent ces images révèlent la profonde corruption du peuple de Pompéi. Quoique les plus obscènes aient été transportées au musée secret de Naples, plus d'une fois encore, nous avons dû baisser les yeux.

Je l'ai dit, nous avons passé deux ou trois heures à errer dans ces gigantesques ruines. Le soleil touchait déjà presque l'horizon. Nous ne pouvions pousser jusqu'à Sorrente; mais nous pouvions du moins aller jusqu'à Castellamare. Un jeune cocher, à figure éveillée, s'offre à nous conduire.

— Combien?
— Six francs.
— Non.
— Quatre francs.
— Non, vous aurez trois francs et la bonne-main.

Fig. 75. — Atrium de la maison dite de Pansa, à Pompéi.

Il se récrie, mais il accepte. Nous partons. L'histoire du matin recommence : il marche si lentement, si lentement, que évidemment il veut aussi nous faire manquer le train; seulement, cette fois, c'est trop visible. Nous nous fâchons tout rouge. Alors, fâché à son tour, il lance son cheval au galop, et c'est comme un tourbillon que nous entrons dans Castellamare.

Abritée par la croupe boisée d'une montagne, Castellamare

est une assez jolie ville; mais nous la voyons trop rapidement pour que j'essaie de la décrire.

Nous allons nous reposer quelque temps sur la grève, en contemplant la mer incomparable sur laquelle le soleil éteint a laissé des reflets orangés, et trop las pour jouir de quoi que ce soit, nous regagnons Naples.

24 septembre.

Ce matin, coups de tonnerre, éclairs, bruit des flots. L'orage vient de la terre, et de l'ouest, si je ne me trompe. Il avance, sombre masse de nuages houleux, jetant une ombre épaisse sur la ville qui se tait et sur la mer qui gémit. Cependant, à l'est et devant nous, le Vésuve et Capri brillent splendidement aux rayons du soleil matinal. Il y a là un contraste saisissant et d'une grandeur indescriptible. Mais bientôt, les lourdes nuées s'élargissent sur notre tête, et comme l'aile d'une armée envahissante, courent sur la mer, voilent le Pausilippe, cachent les îles et Sorrente, éteignent et dévorent le Vésuve, et finissent par former un dôme noir qui couvre et dérobe l'horizon. Là-bas, au large, les grands vaisseaux tiennent fermement leur ligne; mais les petites barques, peu éloignées du rivage, se hâtent vers le port. L'eau, en effet, a des frissons de mauvais augure. Un vent sec et capricieux la bat comme à coups de fouets, pendant qu'au-dessus d'elle, les éclairs décrivent de grands sillons circulaires, comme si le ciel, à son tour, flagellait dans les ténèbres la cime des montagnes et des vagues. Et le tonnerre gronde toujours, tantôt sourdement, tantôt avec des éclats retentissants et prolongés. Enfin, la nue crève et la pluie tombe à larges gouttes torrentielles. Nous n'avons plus devant nous qu'une mince bande de terre salie et clapoteuse avec une mer grise et démontée, dont l'immensité lugubre a perdu tous ses horizons.

Mais rien de triste ne saurait durer en un tel pays. Le premier, le Pausilippe se dégage et montre un coin d'azur; Capri se découvre à son tour; la blanche Sorrente reparaît; le Vésuve montre de nouveau son panache flottant, et le soleil, enfin, rit de nouveau dans le plus pur ciel qui se puisse voir.

Nous profitons du beau temps pour aller visiter l'église de *San Gennaro,* appelé en France saint Janvier. Justement nous nous trouvons dans l'octave de sa fête et à l'époque où chaque jour Naples est témoin d'un miracle.

Nous arrivons les premiers dans la sacristie qui touche à la riche chapelle dédiée au glorieux martyr. Là, nous attendons. Pendant que nous prions silencieusement, des étrangers arrivent en foule. Il y en a de toute langue, de tout âge, de tout sexe et de toute nation : des Anglais surtout. Ils s'asseyent et attendent comme nous.

Cependant, on entend dans l'église la voix du peuple qui prie son saint patron. Le murmure orageux des supplications nous arrive par rafales. Il y a dans ces prières un puissant accent de foi. Cet accent vous trouble et vous émeut malgré vous.

Un chanoine se présente alors, et nous annonce qu'on va nous faire passer aux places d'honneur qui nous sont réservées, sitôt que *M. le Gouverneur* sera présent.

M. le Gouverneur ne se fait pas longtemps attendre; on nous avertit; nous nous précipitons dans la chapelle.

Les prêtres sont en train de revêtir d'ornements pontificaux le buste en argent de saint Janvier. Ils lui mettent une calotte rouge, une mitre d'or, une écharpe d'or. Puis le cortège défile avec des flambeaux, et le curé de l'église, j'imagine, un grand vieillard d'une maigreur d'ascète et à l'air très pieux, suit, portant le reliquaire qui contient le sang figé de l'illustre évêque, mort pour le Christ.

A ce moment, les prières se taisent. Le prêtre élève l'ampoule aussi haut qu'il peut, et la montrant au peuple, il dit :

e duro; il est dur. En effet, il tourne et retourne l'ampoule, et le sang coagulé reste au fond en masse compacte.

Accoudé sur l'autel, du côté de l'épitre, le gouverneur, un homme à barbe blanche, habillé à la française et cravaté de blanc, constate d'un signe de tête que le prêtre a dit vrai.

Les prières recommencent alors plus ardentes, j'allais écrire plus violentes. Des voix aiguës de femmes percent la rumeur confuse qui s'élève de la foule à genoux. Des exclamations, des appels, des interjections d'une audace intraduisible, éclatent, rompant pour un instant la récitation monotone de l'*Ave Maria*.

Le vieux prêtre, pendant ce temps, tourne et retourne toujours le reliquaire. Bientôt, à travers le verre de la fiole, nous voyons très distinctement la masse dure s'amollir, puis devenir tout à fait liquide. Le sang, noirâtre, mais limpide comme de l'eau, coule le long des parois sans même y laisser de trace.

Le gouverneur constate alors le miracle accompli, un sacristain agite un voile blanc, le *Te Deum* éclate, et les cloches ébranlées, à grands carillons, annoncent à la ville entière que saint Janvier lui est toujours fidèle.

Voilà ce que nous avons vu de nos yeux et ce que mille personnes ont pu voir avec nous ce matin... Mes amis et moi, nous avons suivi tous les mouvements du prêtre, tous les détails de cette cérémonie si surprenante pour des Français : nous ne croyons pas qu'aucune supercherie soit possible.

On demande des miracles; en voilà un; allez le voir. Mais les impies ne vont pas si loin : ils se contentent de nier stupidement ce qu'ils ignorent.

Dieu n'aime que les petits et les humbles, que les intelligences droites et les cœurs sans détours, et c'est pour cela sans doute qu'il consent à faire des prodiges à la prière des Napolitains de Saint-Janvier.

La foule qui était là en supplications n'était composée que

d'enfants, de femmes du peuple, de vieillards et d'infirmes, gens en guenilles à qui vous eussiez donné, par pitié, deux sous dans la rue.

Mais ce sont ceux-là qui, n'ayant pas d'autres trésors, possèdent la foi imperturbable et l'indéfectible confiance.

Nous nous retirons, pendant que tout ce peuple prolonge son action de grâces par de longues litanies très touchantes, et nous allons au musée de Naples compléter les impressions que nous avons éprouvées hier en visitant les ruines de Pompéi.

Ce sont, en effet, les découvertes faites à Herculanum et à Pompéi, qui donnent un peu d'intérêt à ce grand musée où les œuvres de valeur sont assez rares.

On peut dire, en revanche, qu'au point de vue des antiquités, il est absolument sans rival.

Soir.

D'après ce que je vois, les Napolitains n'ont pas de type physique bien déterminé. Il est rare de rencontrer ici de ces figures vraiment picturales, telles qu'on en rencontre à chaque pas dans l'Italie septentrionale et jusqu'à Rome même.

Les Napolitains sont plutôt petits que grands. Ils ont le visage bronzé, les yeux quelconque, le nez comme on voudra. C'est au moral qu'ils se distinguent des Italiens proprement dits. Ils sont turbulents, gais, toujours de bonne humeur. Ils détestent la vie d'intérieur ; ils adorent le dehors, la lumière, le soleil et la liberté. Ils travaillent assez volontiers, mais ils aiment cent fois mieux ne rien faire. Un labeur régulier leur est insupportable ; ils préfèrent gagner dix fois moins, même ne rien gagner du tout, et agir à leur guise. Italiens et bohémiens mêlés, une pointe d'esprit grec et d'insouciance orientale dans du sang de pirates, voilà les Napolitains. Voler pour eux n'est pas voler, c'est une manière légitime de vivre. A vous de ne pas vous laisser prendre.

J'en étais arrivé là de mes réflexions sur les Napolitains, lorsqu'un domestique vint nous dire en toute hâte qu'un compatriote nous réclamait en bas. Nous descendons, et nous trouvons qui ? — Un des plus aimables curés d'Orléans. Nous l'avions rencontré ce matin à Saint-Janvier. On avait échangé quelques paroles et l'on s'était dit au revoir sur la terre orléanaise, aux rives de la Loire. Mais nous comptions alors sans la charmante surprise qu'il nous réservait.

Fig. 76. — Types de Napolitains.

— Je viens vous offrir une promenade en mer, nous dit l'excellente doyen. Si vous voulez me faire le plaisir d'accepter, soyez sur le port à quatre heures, vous m'y trouverez avec mes deux neveux.

Inutile de dire que nous acceptons. Quatre heures ne sont pas encore sonnées, que nous sommes déjà sur la rive. Nos trois compagnons nous rejoignent, nous montons dans une petite barque de pêcheur et nous voilà partis, conduits par deux rameurs vigoureux.

La mer est relativement calme. Elle n'a gardé de son émotion du matin que quelques rides profondes. Le ciel est pur et l'horizon d'une limpidité de cristal. Au fur et à mesure que nous nous éloignons du bord, la ville, de son côté, se découvre avec ses quais caressés du soleil, ses églises, ses palais, ses casernes, ses maisons roses à volets verts, et tout en haut son monastère. Tout cela s'étage aux flancs d'un mamelon qui forme comme une ceinture à la mer; tout cela nage dans la lumière et rit aux yeux.

Après nous être extasiés devant ce panorama unique peut-être au monde, nous parlons de mille et mille choses. L'un de nos jeunes compagnons, élève de Saint-Cyr, à propos de la sentinelle qu'on aperçoit sur la terrasse du château qui sert de prison militaire, formule ses remarques sur l'armée italienne. Partout où il a eu occasion de la voir, il l'a observée et étudiée. Il en parle avec cette liberté de la jeunesse qui, certes, n'exclue pas le bon sens.

« On trouverait encore, dit-il, d'assez bons soldats dans le Piémont. La race, dans ce nord de l'Italie, est ardente et tenace, capable de résistance et d'élan. Mais le midi est mou, dénué de nerf et de conviction, toujours prêt à fuir au premier coup de fusil.

« L'histoire montre que les Italiens sont les plus piètres soldats du monde. Dans ces derniers temps même, toutes les fois qu'ils se sont battus seuls contre les Autrichiens, ils ont été vaincus. Ils ont fait quelques progrès; mais peu considérables. Ils ont des soldats, ils n'ont pas de soldats.

« Voyez-les marcher : ils ressemblent à des pompiers de village. Leur pas est lourd, leur pas est lent, leur pas manque de précision et d'ensemble.

« Les chefs commandent mal. Leurs commandements sont longs comme des discours! Ce n'est pas ainsi qu'on arrive à réaliser des mouvements précis et rapides.

« Pour ce qui est de l'habillement des officiers, j'avoue qu'il est très joli!

« Leur cavalerie est meilleure que l'infanterie; mais je crois que leur artillerie ne crierait pas bien fort sur un champ de bataille.

« Quoi qu'il en soit, concluait le brave jeune homme, je serais enchanté de leur flanquer une *rossée!* Mais voilà! ils ne se battront jamais sans avoir dix nations derrière eux!... »

Cependant, nous nous sommes insensiblement avancés en pleine mer. Le Pausilippe qui nous abritait, ne nous abrite plus. Le vent est impétueux, et les vagues qu'il creuse nous ballottent fortement. L'un d'entre nous est même déjà couché au fond de la barque, en proie à ce terrible mal de mer que nul ne plaint et qui pourtant fait si cruellement souffrir. Nous rebroussons chemin. D'ailleurs le soleil se couche, déjà à moitié enseveli sous les flots...

XIX.

PISE.

Adieux. — Le pays, de Naples à Pise. — Rencontre d'un pèlerinage d'ouvriers français. — Une dispute matinale. — Le passé d'une ville morte. — Le Dôme. — La Tour penchée. — Le Baptistère. — Le Campo Santo; le *Triomphe de la mort* et le *Jugement dernier* d'Orcagna. — Lugubre rencontre.

25 Septembre.

Ce matin, le soleil s'est levé, radieux, du côté du Vésuve, éclairant d'une belle lumière rosée la côte du Pausilippe. Capri, là-bas, au milieu de la mer, souriait dans la brume matinale. Et tel était le charme de ces doux rivages que nous formions sans le vouloir l'irréalisable vœu d'y rester toujours. Mais l'heure a sonné de dire adieu à cette ville enchanteresse. Le devoir nous appelle en nos tristes et chers pays du Nord. Nous traversons une dernière fois les rues populeuses; une dernière fois nous saluons les madones qui rayonnent au fond des pauvres boutiques à la clarté de leurs petites lampes; une dernière fois nous élevons nos yeux vers le Vésuve panaché de sa blanche fumée; une dernière fois nous les abaissons vers cette mer amie qui murmure doucement, mettant dans sa douce voix comme une plainte de nous voir sitôt la quitter. Nous-mêmes, nous éprouvons les plus grands regrets du monde, car il est très vrai qu'on s'y attache, à cette ville charmante. On a beau s'y faire voler par les cochers, les bateliers, les domestiques, les hôteliers et les marchands, on l'aime quand même pour sa situation unique, par la douceur de son climat et la beauté de son soleil, que sais-je? pour tous les plaisirs sans cesse renouvelés qu'elle offre aux sens et à l'imagination. Adieu donc encore une fois, grande ville agitée, rues étroites et grouillantes, port tumultueux, longues allées ombreuses, jardins où chante la brise de la mer, et vous, montagne fumante, chaînes lointaines, îles pittoresques, golfe incomparable! Nous voilà de nouveau sur les rails de fer, remontant les chemins parcourus.

O destinée de l'homme voyageur! quitter quelque chose, c'est mourir à quelque chose, et c'est pour cela sans doute qu'une tristesse était au fond de nous.

La riche Campanie, les sauvages Abruzzes, Rome entre ses steppes désolées passent de nouveau et tour à tour sous nos yeux. C'est à peine si nous avons le temps de saluer une dernière fois de loin le dôme de Saint-Pierre et ce palais du Vatican, où le Père de nos âmes reste emprisonné. Nous revoilà déjà dans la campagne romaine, montueuse et désolée, désert de pâturages desséchés, où paissent mélancoliquement les bœufs bruns aux longues cornes. Bientôt cependant, la mer apparaît à notre gauche offrant son grand miroir poli aux hauteurs qui l'avoisinent. Peu de villages; quelques villes assises sur un pic ou au flanc d'une colline. C'est tout. De l'autre côté s'étendent les Maremmes, plaines marécageuses et infertiles où rien ne germe, que la fièvre. De loin en loin, une maison, pas même un hameau, cachée sous son pâle manteau d'eucalyptus. Absence de toute vie. De temps en temps seulement, la silhouette d'un homme à cheval apparaît, se dandinant sur sa monture et se rendant, à travers les champs infinis où poussent les chardons et les roseaux, vers quelque bourg éloigné et invisible. Quand le train s'arrête, c'est un silence profond que la mer elle-même ne trouble pas, mer stérile aussi sur laquelle l'œil ne saurait découvrir aucune voile.

Mais voici que des chants retentissent à côté de nous, chants religieux et patriotiques, lancés avec enthousiasme dans l'air serein du soir. — Bon voyage, pèlerins! — C'est, en effet, une nouvelle députation des ouvriers français qui va prier au tombeau des apôtres et acclamer le Vicaire de Jésus-Christ. Pour un peu, nous nous joindrions à eux et nous retournerions à Rome!

Nous sommes à Civitta-Vecchia, le chemin devient plus intéressant et plus vivant. La rive de la mer s'orne de beaux villages, et les villes réapparaissent grimpées sur les petites montagnes de l'Étrurie. Par malheur, la nuit tombe bientôt sur ce magnifique décor et nous n'apercevons plus rien, que les feux de la voie et les étoiles du ciel.

Après une mauvaise nuit dans un mauvais hôtel, nous nous réveillons à Pise, aux premiers rayons de l'aube et aux bruits d'une dispute de cochers. Quelles menaces, Dieu du ciel! quels cris! quels gestes de morts! Cela dura plus de deux heures, en présence de deux gardiens de la paix qui, habitués sans doute à des scènes pareilles, se promenaient débonnairement, sans même y prendre garde. J'imagine que les Pisans doivent avoir mauvais caractère; ils ont des yeux sombres et des figures atrabilaires.

D'un bond, nous traversons l'Arno, et nous voilà sur cette grande place déserte, à l'autre extrémité de la ville, où se trouvent les seules œuvres curieuses, par lesquelles *Pise la Morte* vit encore. C'est le Dôme, la Tour penchée, le Baptistère et le Campo Santo.

L'an 1063, cette petite ville jusque-là très obscure, sortit tout à coup de sa vulgarité. Son commerce l'avait mis au rang des premières villes maritimes de l'Italie. Elle était devenue la rivale de Gênes et de Venise elle-même. Très entreprenante, elle s'était placée à la tête des cités vaillantes, décidées à repousser les Sarrasins envahisseurs. Dieu avait récompensé sa foi militante. Elle avait chassé les infidèles de la Sardaigne, et la Sardaigne lui appartenait; elle avait conquis les Baléares; et l'heure allait sonner où ses marchands, aussi habiles à manier les armes qu'à faire le négoce, allaient étendre sa domination sur toutes les îles italiennes, en même temps que sur la côte qui s'étend de Civetta-Vecchia jusqu'à Spezzia, ce joli port entouré de colline, chanté jadis par le vieil Ennius.

C'est alors qu'elle résolut d'employer une partie des richesses rapportées de ses glorieuses expéditions, à élever, entre ses murs, un monument si beau, que, dans toute l'Italie chrétienne, l'œil extasié n'en put contempler un pareil. Elle entreprit la construction du Dôme. Pendant un siècle, le génie y travailla sans relâche, et il fit si bien que son œuvre est de celles qui font l'admiration des âges.

J'ai vu et admiré bien des églises en Italie : aucune, je le déclare, n'a produit sur moi une impression plus complète de religion, de grâce et de beauté. Elle s'est imposée tout de suite à mon âme par sa grandeur, son élégance et sa simplicité. Ce n'est pas seulement un de ces vaisseaux aux lignes harmonieuses qui, l'autel enlevé, deviendraient indifféremment théâtre ou musée. Non, c'est bien un temple, une maison de prière élevée à la gloire de Dieu.

Imaginez une vaste croix latine dont les voûtes hardies sont soutenues par de belles colonnes grecques ou romaines, dont les murs richement fouillés sont décorés de chapelles où la statuaire et la peinture ont jeté à profusion les tableaux et les marbres. Au milieu, la lourde lampe en bronze dont l'éternelle vacillation suggéra à Galilée l'invention du pendule. Partout de l'or et des pierres précieuses, mais sans cette ostentation criarde qui vous blesse ailleurs. Et circulant dans cette simple et riche immensité, une lumière grise, pleine de recueillement. Tel m'est apparu le dôme de Pise. On me dira si l'on veut qu'il y a de l'étrangeté dans ce style toscan, des disparates dans ces pilastres antiques. Je le sais, mais je ne m'en préoccupe guère. Il n'y a pas en ce bas monde d'absolue beauté, et les choses correctes ne sont pas les plus admirables. La plus belle église à mes yeux est celle qui parle le plus éloquemment à l'âme, celle dont le génie a fait un poème à la louange du

Fig. 77. — Baptistère, dôme et tour penchée, à Pise.

Dieu qui daigne habiter parmi nous. Or, le dôme de Pise, c'est cela, c'est un poème.

Quand on est sorti et qu'on fait le tour de ce superbe édifice, rien de magnifique comme la façade. Elle se développe et s'élance, ornée dans le bas d'une rangée de pilastres reliés par des arcades, pendant que, dans le haut, s'étagent quatre galeries de jolies colonnettes qui se superposent en diminuant graduellement leur nombre. C'est imposant et c'est délicat; cela vous domine et cela vous rit aux yeux.

Je ne parle pas des portes de bronze, œuvres de Jean de Bologne, pas même de cette vieille porte si curieuse qui reproduit, en reliefs tantôt naïfs, tantôt barbares, les principales scènes de l'Ancien Testament. Vingt pages n'y suffiraient pas.

Voilà la *Tour penchée;* allons la voir.

Il n'y a pas à dire, comme dit mon ami Camille, elle penche, elle penche même beaucoup; un peu plus, on serait tenté de passer à distance respectueuse; il est vrai qu'un peu plus, elle serait par terre (1)...

Est-ce à dessein qu'ils l'ont faite ainsi? J'en doute, car c'est là une originalité qui dépare ce campanile de marbre d'une réelle beauté. Tout droit, il serait admirable; penché, il est étrange. On n'en a pas moins du sommet, une vue magnifique. Lucques, Livourne, la mer bleue, toute une immensité splendide se déroule devant les yeux. Seulement, ne regardez pas en bas; cramponné à la balustrade de pierre, vous auriez le vertige.

Rendons-nous à présent au *Baptistère*, nous garderons le *Campo Santo* pour la bonne bouche.

Le voici.

En vérité, c'est un chef-d'œuvre, mais un chef-d'œuvre mal coiffé! Ce lourd chapeau conique écrase cette jolie rotonde, enserrée dans une double ronde de pilastres et de colonnettes. C'est un dôme, si vous voulez; mais c'est un dôme qui tombe, et non pas un dôme qui s'élance.

L'intérieur répond au dehors, encore des colonnes et des pilastres dansant en rond. C'est très gracieux.

Voici les fonts, œuvre de Guido Bigarelli. Voici surtout la célèbre chaire de Nicolas de Pise, cette œuvre admirable (2) dont les Pisans étaient si fiers que le Podestat regardait comme un devoir de la faire garder par des hommes armés.

(1) *Un pèlerinage à Rome.*
(2) *Si amirable opera.*

Fig. 78. — Cloître du Campo Santo de Pise, célèbre par les admirables fresques d'Orcagna, Buffalmacco, Giotto, Benozzo Gozzoli, etc.

Nicolas de Pise fut un précurseur, il est celui qui, à force de patience et de génie, retrouva l'art antique et inaugura la grande révolution dont Michel-Ange devait dire le dernier mot, trois siècles plus tard (1).

Il n'a rien laissé de plus parfait que cette chaire du *Baptistère* de Pise. Les Médicis, dans leur furieuse passion pour l'art, ont détérioré le chef d'œuvre. Ils ont emporté dans leur musée des têtes, des bras, des jambes, et plus d'une admirable figure reste mutilée (2). Tels qu'ils sont, les bas-reliefs, riches et touffus, qui couvre les six côtés de ce délicieux monument, n'en sont pas moins merveilleux.

Maintenant au *Campo Santo!* C'est à deux pas, sur le flanc gauche de la cathédrale. On y entre par une porte ornementée avec un goût douteux et percée dans une haute et longue muraille grise, une muraille de cimetière. Nous nous trouvons dans un cloître rectangulaire qui entoure une cour où l'herbe pousse. Le long de la muraille des fresques; donnant sur la cour, des arcades où le plein cintre et l'ogive se marient délicieusement, où s'élancent les plus jolies colonnettes qui se puissent voir, droites comme la règle, pures comme une idée ; çà et là sur les dalles et au pied des murs, des inscriptions, des bustes, des statues.

Parmi les statues, deux surtout attirent nos regards, c'est l'*Inconsolable* sur le tombeau du comte Mastiani, et le beau monument d'Angelica Catalani.

Mais la grande curiosité du *Campo Santo*, ce sont les peintures du vieil Orcagna, fresques admirables qui, à elles seules,

(1) Il a été le maître d'Arnolphe de Florence; de Jean de Pise, son propre fils; d'André de Pise qui a mis vingt-deux ans à exécuter une des portes du baptistère de Florence. Ce dernier fut à son tour le maître de Donatello et de Ghiberti.

(2) Une chronique pisane dit, en parlant de Laurent de Médicis : *il quale, per ornare il suo museo, tronco barbaramente a molto figure, le teste, le bracchia e le gambe.*

vaudraient le voyage d'Italie. Ici le *Triomphe de la mort;* là, le *Jugement dernier*.

Quelle page que ce *Triomphe de la mort!* Des chevaliers, montés sur leurs chevaux, s'en vont gaiement à la chasse. Ils s'en vont gaiement à la chasse en robes voyantes et bariolées, ayant au poing leurs faucons, et suivis de leurs chiens et de leurs dames. Oh! comme ils vont courir dans la montagne! Mais, non. Voici que tout à coup, chacun dans sa tombe ouverte, les trois cadavres de trois rois, corps enflés, corps livrés aux vers, corps devenus squelettes, s'offrent à leurs yeux épouvantés. Les chasseurs s'arrêtent et tressaillent devant cette soudaine vision de la mort et du néant. L'un se penche sur son cheval pour mieux voir; l'autre se bouche le nez; un troisième se détourne avec dégoût. Cependant, à la cime de la montagne, des ermites apparaissent, vieillards tranquilles. Ils se livrent aux travaux de leur solitude; l'un étudie et médite; l'autre trait une biche. Mais on sent qu'ils n'ont pas peur de la mort, ceux-là; et que, lorsqu'elle viendra les prendre sur la montagne, ils l'accueilleront avec le sourire des espérances éternelles.

Par une singulière trouvaille, le naturalisme se trouve ici au service des idées les plus hautes.

Même fécondité, même grandeur tragique dans le *Jugement dernier*. C'est une peinture dantesque. Sans doute, là, non plus, vous ne trouverez ni la force de Michel-Ange ni la perfection idéale de Raphaël. Mais que c'est beau tout de même!

Assis sur l'arc-en-ciel, environné d'un cercle éclatant de lumière irisée, le Christ abaisse ses regards vers la terre. Mais cette fois, son visage sévère annonce que c'est pour la juger. Sa main gauche percée montre la plaie de son cœur; et sa droite se lève en un geste de réprobation.

La Vierge est assise à ses côtés, assise sur un arc-en-ciel, comme son Fils, et comme son Fils, environnée de lumière irisée. Elle est grande et puissante, la Mère du Christ! Voyez, elle porte sur son front la couronne des reines. Mais, ce front couronné,

Fig. 79. — Fragment du *Jugement dernier*. Peinture à fresque d'Orcagna, dans le cloître du Campo Santo de Pise.

elle le baisse en signe d'impuissance, et sa main secourable retombe sur ses genoux. C'est que l'heure de son intercession est finie. La Toute-Puissance suppliante ne peut plus rien, dès que Dieu est devenu le grand Juge des vivants et des morts.

Planant dans l'azur, de petits anges aux ailes déployées, aux longues robes flottantes, nimbés d'or, éclatants de couleurs comme des oiseaux de paradis, de petits anges charmants portent et montrent à l'humanité les instruments de la Passion, les clous, la lance et l'éponge, les fouets, la croix et le linceul.

Sur un plan un peu inférieur au Christ et à sa mère, les douze Apôtres siègent sur les douze trônes. Sûrs de jouir à jamais du bonheur céleste, ils sont émus du malheur des damnés. Les yeux fixés sur le Christ, ou sur le drame émouvant qui se passe à leurs pieds, ils semblent tristes, leur front s'incline, leur corps s'affaisse.

A droite sur le premier plan, les élus ressuscités chantent et bénissent, ployant les genoux, joignant les mains dans l'adoration et la reconnaissance.

A gauche, des anges farouches armés de glaives, repoussent les damnés vers la gueule ardente de l'enfer dont les flammes viennent les chercher. Il y a des rois, il y a des reines, il y a des moines, il y a des gens du peuple, des hommes, des femmes, des vieillards. Tous se détournent avec horreur; tous supplient, hélas! vainement. Refoulés impitoyablement, ils vont s'engouffrer dans l'abîme incandescent, le visage bouleversé par toutes les crispations d'une douleur sans mesure, parce qu'elle est sans remède.

Cependant deux anges soufflent toujours, au milieu du tableau, dans leur longue trompette d'airain, réveillant encore les poudreux habitants de la tombe. A leur appel, un moine et un roi sortent en même temps du sépulcre. Viens, moine! viens, roi! c'est ton tour...

Les têtes sont souvent belles et expressives, les mouvements naturels et dramatiques; mais quelquefois, je l'avoue, on y remarque un peu de gaucherie. Orcagna est un primitif. Son *Jugement* est loin d'atteindre à la puissance tragique du *Jugement* de Michel Ange. Cependant, il peut lui être comparé, et c'est là un grand honneur.

Les deux fresques analysées plus haut sont les deux plus belles pages de peintures du *Campo Santo*. Elles ne sont pas les seules. Buffalmacco, ce grand rieur célébré par Boccace, a représenté Dieu tenant les sept cieux de Dante dans sa main créatrice. Benozzo Gozzoli a fait revivre sur les murailles vingt-trois scènes de l'Ancien Testament. Son ivresse de Noé, avec sa jolie *Vergognoa* est un tableau fort curieux. Les *Vendanges* sont aussi une composition charmante. Giotto lui-même a laissé là quelques-unes de ses inspirations, malheureusement outragées par le temps. Bref, les Pisans ont fait de leur cimetière un véritable musée.

Nous avons passé plusieurs heures devant ces merveilles, dans ce panthéon des gloires pisanes. Ce que je viens d'écrire est ce qui m'a le plus frappé; mais il resterait encore beaucoup à dire. Pise est là toute entière, avec sa gloire passée et ses prétentions présentes, mettant côte à côte la statue de Jean Pisan et celle d'un ornithologue obscur de ce siècle. Il est vrai qu'on n'a pas toujours des génies à mettre en statues !

Bien entendu que vous y trouverez aussi un buste de Cavour; où ne le trouve-t-on pas en Italie ?...

Mais quelle profusion de chefs-d'œuvre artistiques et d'antiques souvenirs. Ingénieux débris de l'art grec, de l'art étrusque et de l'art italien, sarcophages égyptiens, urnes mythologiques, gracieuses amphores, inscriptions, bustes et statues, tout cela surgit et se multiplie devant le regard, au point qu'on est tenté d'oublier ceux qui dorment là. Pour moi, je ne veux pas sortir de ce champ de la mort sans faire une prière pour tant de chrétiens ensevelis dans cette terre apportée des saints lieux, princes, princesses, savants et artistes, dont mon pied distrait a foulé les ossements...

D'ailleurs, voici que la mort se montre à nous dans une réalité plus sombre encore peut-être, que sur les fresques que nous venons d'admirer. Comme, en traversant la grande place nous nous dirigeons vers l'Arno pour sortir de la ville, nous entendons retentir des chants funèbres. C'est un cortège de Pénitents, qui, vêtus de longues robes noires flottantes et le capuchon sur la tête, accompagnent un cercueil. Ils marchent, ils se hâtent comme si ce cercueil était celui d'un pestiféré. Leurs flambeaux penchés brillent lugubrement, agitant de longues flammes toujours prêtes à s'éteindre, hélas! comme l'existence humaine. Ils disparaissent à l'angle d'une rue. Quelque temps encore nous entendons leur psalmodie, puis, plus rien. Tout est désert sur nos pas, tout est muet autour de nous. Nous quittons cette ville tristement, comme on quitte un cimetière : un enterrement avait été le seul signe de vie qu'elle nous eût présenté...

XX.

GÊNES.

Gênes la Superbe. — Statue de Christophe Colomb. — Promenade en ville. — La Cathédrale. — Tombeau de saint Jean-Baptiste; le *Sacro Catino*. — Gênes, cité de Marie. — Sainte-Marie de Carignan. — Puget. — Vue de la dernière galerie du Dôme. — Insomnie. — Un chanteur nocturne.

Si intéressantes que soient les merveilles qu'on admire à Pise, on a vite fait de les voir. Tout ce qui est à visiter se trouve, en effet, sur la place du Dôme et l'on n'a que deux pas à faire pour se transporter de l'une à l'autre.

La matinée n'était donc pas bien avancée quand nous avons pris le chemin de Gênes. Jolie route de Pise à Gênes, avec de belles plaines, de belles montagnes où étincelle, en des ravins creusés par le pic et la mine, l'éclatante blancheur des marbres de Carrare; puis la mer apparaissait, la belle mer d'azur que les tunnels vous dérobent un instant pour vous la rendre bientôt après encore plus belle. C'est ainsi que nous arrivons dans la ville fameuse qui se vante d'avoir donné le jour à Christophe Colomb. Je ne sais pourquoi, mais je m'étais toujours représenté cette ville comme une de ces cités enchanteresses dont rêvent les poètes. Je m'étais, je crois, un peu trompé. Il est vrai qu'après Naples, Gênes la Superbe elle-même ne saurait vous émouvoir bien profondément.

Et pourtant quelle ville fut jamais plus riche et plus puissante? « Les Romains y sont venus à leur tour comme ils ont été par tout le monde, apportant avec la conquête la civilisation et l'obéissance; les empereurs d'Orient en ont été les maîtres; puis sont arrivés, comme l'orage, les barbares qui brûlaient toutes choses; puis est venu Charlemagne, ce barbare qui reconstruisait toutes choses; puis sont accourus les Maures, ces barbares passés maîtres en fait de politesse, d'esprit, de galanterie et de courage. Sur ce coin de terre, se sont battus jusqu'aux morsures les Guelfes et les Gibelins; là les héros de Florence envoyèrent un échantillon de leurs guerres civiles; puis les Pisans et les Vénitiens voulurent posséder ce port ouvert à leur fortune, et ils se disputèrent, les Vénitiens comme des marchands, les Pisans comme des gentilshommes; puis la France se porta au secours de cette ville déchirée par les partis; puis vint Doria qui en fit une république. Cependant, il y eut un jour mémorable dans l'histoire de cette ville et du monde entier, où un homme sans nom et sans crédit, pauvre Génois inconnu et méprisé, fils de cette république qui le devait revendiquer comme son plus beau titre de gloire, partit et revint avec un monde de plus, qu'il avait découvert. Singulier et intelligent petit coin de terre, où se mêlent les noms de Louis XII, de Christophe Colomb et de Doria (1). »

Toute l'après-midi, nous avons parcouru les rues, ici très animées, là silencieuses et mortes, de cette grande ville dont toute la gloire est dans le passé. Le premier monument qui attire nos regards est justement celui de Christophe Colomb. Le héros est debout, il s'appuie sur une ancre; l'Amérique à genoux le regarde et le remercie de lui avoir donné le jour et la vie; sur le piédestal orné de rostres, la religion, la science,

(1) Jules Janin.

la force et la prudence redisent les vertus de cet homme incomparable qui « devina un monde ».

Nous montons jusqu'au sommet de la ville ; nous descen-

Fig. 80. — Monument élevé à la mémoire de Christophe Colomb, à Gênes.

dons jusqu'à la mer. Nous voyons ce port diminué, où s'agitent encore tout une forêt de navires. Les marins travaillent ou s'amusent sur les quais encombrés, pendant que la douce vague se brise sur la rive avec un rythme berceur. On devine aisément, à voir ces visages allongés, ces fronts durs, ces lèvres le plus souvent silencieuses, qu'on est là en présence d'un peuple plus énergique, véritable héritier des grands aventuriers d'autrefois. Dans les rues tortueuses et sombres qui avoisinent le vieux Môle et le Port-Franc, la foule est agitée, et pressée, et bruyante comme les flots qui s'écroulent en écume, là tout près, le long de la falaise. Puis, nous nous trouvons dans des carrefours déserts, puis dans des chemins de solitude qui montent en tournant sur la grève. Rien de plus saisissant que ce passage subit du tumulte au silence, de l'agitation à la paix, de la vie débordante à la quasi-absence de toute vie !

En passant, nous visitons la cathédrale, vieux monument à façade délabrée, dans lequel se trouvent tous les styles. On y remarque ici et là de beaux détails ; mais les disparates blessent l'œil. Nous la parcourons rapidement. Une chapelle, brillante d'un luxe inouï, attire nos regards. C'est le sanctuaire où reposent les reliques de celui dont la bouche divine a dit : *Entre les fils de la femme, il n'en a point paru de plus grand* (1). Là est enseveli tout ce qui reste au monde de la grande voix qui criait dans le désert, voix du précurseur dont l'écho a retenti dans les siècles. Nous nous agenouillons avec respect devant ce tombeau de Jean-Baptiste, le premier prédicateur du Christ. Nous lui demandons sa foi ardente et son inaltérable amour de la vérité, sa parole énergique et sans peur et son héroïsme en face des vices éternels. Car, voilà que le Christ va être oublié par les peuples, si des voix puissantes ne s'élèvent pas pour leur rappeler sa vie et sa mort et les pousser dans ses bras toujours ouverts !

Il y a encore dans cette église un curieux souvenir. On l'appelle le *Sacro Catino*. C'est la coupe sacrée dont le Sau-

---

(1) Matth. xi, 2.

veur se serait servi, la veille de sa mort, pour instituer la Cène, et dans laquelle son sang divin a coulé pour la première fois. Une tradition rapporte que ce vase auguste aurait été donné

Fig. 81. — Église de l'Annunziata, à Gênes.

en présent à Salomon par la reine de Saba. Une seule chose est certaine. C'est qu'il fut rapporté de Césarée de Palestine, en 1101, en pleines croisades, par les Génois victorieux. Mais peu importe, après tout, l'authenticité d'un pareil trésor. J'y crois sans y croire tout en y croyant. Sa vue remue mon âme jusqu'au fond, parce qu'elle me rappelle le plus doux des mystères chrétiens, la plus divine des institutions de mon Dieu.

On lisait autrefois au-dessus des portes de Gênes : *Città di Maria; Cité de Marie.* Je ne sais ce qu'est devenu l'esprit public. Je ne suis ici qu'un passant. Mais je puis dire du moins que le nom de Marie s'y rencontre à chaque pas. Près de cinquante sanctuaires ou oratoires sont consacrés à la mère de Dieu. C'est la riche église de l'Annonciade; c'est la collégiale de Notre-Dame des Vignes ; c'est Notre-Dame du Mont, Notre-Dame des Grâces, Notre-Dame de la Paix, Notre-Dame de la Consolation, Notre-Dame du Carmel; Notre-Dame des Serfs. C'est surtout Sainte-Marie de Carignan, qui, avec ses hauts clochers et son élégante coupole, domine la cité et la mer.

Après une longue promenade à travers la ville et les faubourgs, nous sommes arrivés au seuil de cette petite église, et nous sommes entrés. Elle est jolie, quoique trop blanche et un peu nue. Réduction de Saint-Pierre de Rome, tel que l'avait conçu Bramante et Michel-Ange, elle m'a aussi paru répondre assez peu à ce haut idéal. Évidemment, le plan des deux immortels architectes appelait des dimensions colossales. Voir un temple ainsi réduit, c'est comme si on lisait une analyse de l'Iliade. Comme disait jadis notre bon vieux professeur de seconde : *C'est ça ; mais c'est pas ça!* Des statues étranges se démènent sous la coupole. Quoiqu'elles soient de Puget, je ne puis les admirer. C'est du Bernin, moins la grâce. D'ailleurs, je n'aime pas qu'on donne aux saints des poses de matadors et des allures d'énergumènes. Bien des artistes font ce contre-sens, avec une ingénuité désolante. On voit qu'ils n'ont pas la moindre idée de ce qu'est un saint. Heureux encore quand ils croient à la sainteté! Les voilà couvrant la toile de couleurs, taillant le marbre à grand coups de ciseaux! Venez voir un chef-d'œuvre, dit le monde. Vous accourez et vous voyez une œuvre de mérite au point de vue de l'art, mais sans mérite aucun, que dis-je ? avec les pires défauts, au point de vue du véritable idéal. Non, voyez-vous, l'homme qui ne croit pas, qui n'étudie pas les choses de Dieu, qui n'aime pas Dieu, qui ne le prie pas souvent dans son cœur, celui-là, si grand artiste soit-il, ne sera jamais un artiste

Fig. 82. — Vue de Gênes, prise de S. Rocco.

complet : il y a un genre de beauté qu'il ne réalisera jamais.

La vue, du haut de la dernière galerie du Dôme, dit cet excellent Bœdecker, est magnifique, surtout le matin. C'était le soir, mais la journée avait été belle et le ciel était clair. Nous faisons l'ascension du dôme ; Bœdecker avait raison : la vue est superbe. Gênes apparaît comme un vaste amphithéâtre aux dégrés inégaux et coupés. Derrière elle, les montagnes rougeâtres qui l'enserrent ; à ses pieds, la mer de Ligurie qui agite sa nappe bleue; aux bornes extrêmes de l'horizon, ramassés comme une nuée légère, les plus hauts sommets des montagnes de Corse; au-dessus d'elle, le grand dôme d'azur du ciel, coupé d'un côté par les hauteurs couronnées de forts, armés contre la France, et de l'autre, par la ligne horizontale où il se confond avec les flots. Cette vue n'a rien de comparable au panorama de Naples, vu par exemple du sommet du Vésuve, mais elle est bien belle tout de même. Pendant que je la contemplais, ainsi suspendue entre le ciel et la terre, je pensais au bonheur des oiseaux qui n'ont qu'à donner un coup d'aile pour s'offrir la jouissance d'un pareil spectacle? Tout est si beau, vu de haut et de loin!

Nous sommes rentrés à la nuit à l'hôtel, après avoir reparcouru nombre de rues, larges, bordées d'antiques palais et coupées çà et là de longues ruelles, étroites et noires. Souvent de grandes maisons bourgeoises nous avaient montré leur façade peinte, enseigne de la richesse et non du goût. Quoiqu'il en soit, notre plus vif désir était de dormir et de reposer mes yeux fatigués d'avoir tant regardé, et tant vu. Par malheur, les puces, les punaises et les moustiques s'en mêlant, nous dûmes nous résigner à passer encore une nuit blanche. Et encore nous étions descendus à l'hôtel de la *Nuova Confidenza!* Je me mis à ma fenêtre, l'air était doux, la nuit illuminée. Un jeune homme chantait non loin de là. Jamais je n'entendis voix pareille ni plus délicieuses chansons. Sans faiblir, il chanta jusqu'à deux heures du matin. La ville alors, endormie au son de ce rossignol, sommeilla quelque temps. Mais elle ne tarda guère à se réveiller. Quelques heures plus tard, roulant sur cette admirable route de la Corniche, nous étions sur le chemin de la France.

Après une course folle à travers mille tunnels, précédés et suivis de mille coins de paysages charmants, échappées sur la mer, vallées riantes, collines couvertes de citronniers verts et d'oliviers pâles, villages accrochés aux rochers abruptes et s'écroulant jusqu'à la rive des flots, nous avons enfin atteint Vintimille, puis touché la terre française. Un homme ivre apparut sur le quai d'une petite gare ; un gendarme à figure vraiment militaire, non pas accompagné d'un acolyte, mais seul, se dressa devant nous. Il n'y avait plus à s'y tromper : nous étions bien dans notre belle patrie ! Il n'y avait que quelques semaines que nous étions partis, et pourtant, en nous sentant chez nous, nous éprouvâmes un tressaillement de joie. Nous aurions voulu voir un fossé profond comme un abîme séparer les deux pays, à l'endroit précis où est tracée la frontière ; nos yeux avides cherchaient partout le drapeau tricolore, pour être bien sûrs que l'air embaumé que nous respirions, était bien l'air natal. Je n'aurais jamais cru qu'il fut si doux de rentrer dans son pays ; et j'ai entrevu, à cette heure, toute l'horreur des exils sans espérance.

ÉPILOGUE.

Et maintenant me voilà de retour et je me souviens. Je suis dans un état vague et très doux, comme si j'avais fait un rêve enchanté. Tout ce que j'ai vu se présente à mon souvenir dans un ensemble un peu diffus, mais avec une intensité pleine de charme. Admirable voyage, en vérité, plus abondant qu'on ne saurait le dire en surprises, admirations, étonnements et émotions de toutes sortes. Heureux qui l'a fait; plus heureux qui pourra le refaire! Je me revois posant pour la première fois le pied sur cette terre célèbre; errant par les villes de la frontière, tour à tour enchanté et désenchanté; en extase devant les œuvres de l'art italien, en extase aussi devant la gracieuse ou superbe nature, en extase surtout, plus tard, à Lorette, à Assise, à Rome, à Naples, devant les vestiges de la sainteté et les monuments quasi éternels de l'Église du Christ. Tout cela me revient à cette heure, embelli encore par la magie du souvenir, et, dans mon cœur qui éclate en reconnaissance, je remercie Dieu qui, comme je le lui demandais au départ, *m'ayant conduit, m'a ramené* dans ma petite maison paisible, où j'ai rapporté toute l'Italie avec moi.

Le peuple, il est vrai, nous a paru peu sympathique et je ne me suis pas gêné pour le dire au cours des pages qui précèdent. Un Français ne comprendra jamais ce peuple, et jamais ne pourra l'aimer. Le Français, comme le dit son nom, est loyal et franc, l'Italien est retors et rusé ; une fois qu'il s'est donné, le Français reste sincère et fidèle ; l'Italien ne sait que mentir et trahir ; le Français est généreux, toujours prêt à donner de ce qu'il a ; l'Italien est mendiant de naissance et, riche ou pauvre, en se gardant toujours de donner quoi que ce soit, tend toujours la main ; le Français ne croit pas s'abaisser en se montrant reconnaissant ; l'Italien est ici-bas la personnification de l'ingratitude. Il y a, au point de vue moral, entre ce peuple et nous, des abîmes mille fois plus profonds que les ravins des Alpes, à telles enseignes qu'on ne croirait pas que nous sommes de la même race. Quiconque l'étudiera dans son tempérament et même dans son histoire, n'apprendra à le connaître que pour le mépriser et le flétrir.

Mais, ce serait une odieuse injustice que de le nier, ce même peuple est intelligent, doué pour les arts, habile à toucher avec une dextérité égale les sept cordes de la lyre. Comme il a le plus beau soleil et la plus douce terre, il a les plus illustres artistes, les plus grands poètes, les plus splendides monuments, les plus immortels chefs-d'œuvre. Il est l'enfant gâté de la Providence, plein de vices et plein de ressources.

Heureux, s'il eut compris son rôle providentiel. J'ose le dire, en effet, l'Italie eut été alors le premier peuple du monde. Protectrice de l'Église qui est venue de l'Orient apporter son berceau à Rome, protégée et vivifiée à son tour par cette divine institution dont Rome est l'asile séculaire, elle pouvait ajouter à toutes les gloires qu'elle possède une gloire plus belle encore. Mais non, elle a préféré perdre son histoire en des rivalités mesquines, et dans ces derniers temps, pour réaliser une unité que la force des choses brisera, se faire spoliatrice et persécutrice, en ravissant, au mépris de toutes les lois divines et humaines, la Ville Éternelle à la seule puissance qui soit assurée de l'éternité.

Folie aussi incompréhensible qu'elle est coupable, et qui montre à quel point les fils de Machiavel ont dégénéré.

Certes, je ne voudrais pas jouer au prophète : personne ne m'a révélé les secrets de l'avenir. Cependant, quand on réfléchit à son état présent, on ne peut s'empêcher de remarquer que l'Italie est, à cette heure, la plus menacée des nations de l'Europe. Son roi n'est qu'un fantôme que la démocratie ne tardera guère à renverser d'un trône de parade ; son Unité, plus factice que réelle, n'attend qu'une occasion pour se morceler en vingt républiques heureuses de leur résurrection, et la question Romaine, toujours vivante, plus vivante que jamais, — depuis que les derniers incidents de Rome ont montré à l'univers entier que le Pape n'est pas libre, — finissant par impressionner le monde politique, ne peut manquer de fournir, un jour ou l'autre, l'occasion inéluctable qui réduira en poussière cette Unité d'un jour.

Donc l'Italie moderne périra ; mais peu nous importe. Il existe une Italie impérissable et qui restera éternellement chère aux hommes, c'est l'Italie romaine, chrétienne et artistique. Si celle-là périssait, l'humanité tout entière devrait en porter le deuil, car elle aurait perdu le coin de terre qui ressemble le plus au paradis...

TABLE DES ILLUSTRATIONS.

	Pages.
Fig. 1. — Intérieur de la basilique de Saint-Pierre, à Rome	Frontispice.
Fig. 2. — Turin. Le Palais Madame	5
Fig. 3. — — Cathédrale	9
Fig. 4. — Milan. Le Dôme	13
Fig. 5. — — La Cène. Fresque de L. de Vinci. Ancien couvent de Sainte-Marie des Grâces	17
Fig. 6. — — Le grand Hôpital	20
Fig. 7. — — Galerie Victor-Emmanuel	21
Fig. 8. — Pavie. Petit cloître de la Chartreuse et coupole de l'église	27
Fig. 9. — Venise. Le grand Canal	33
Fig. 10. — — Église Saint-Marc	37
Fig. 11. — — Types de mendiants	41
Fig. 12. — — Cour du palais des Doges et escalier des Géants	45
Fig. 13. — — Académie des Beaux-Arts : l'Assomption. Tableau du Titien	49
Fig. 14. — Florence. Panorama	57
Fig. 15. — — Cathédrale	59
Fig. 16. — — Baptistère	61
Fig. 17. — — Musée des Offices : Adieux du Christ à sa Mère. D'après Paul Véronèse.	65
Fig. 18. — — Officier de cavalerie en petite tenue	67
Fig. 19. — — Palais Pitti	69
Fig. 20. — — Église de San Miniato, près Florence	71
Fig. 21. — — Cloître du couvent de Saint-Marc	73
Fig. 22. — Ravenne. Tombeau et portrait du Dante	80
Fig. 23. — — Intérieur de l'église Saint-Vital	81
Fig. 24. — — Gendarme italien	89
Fig. 25. — Ancône. Église Saint-Dominique	91
Fig. 26. — — Intérieur de la sainte Maison de Nazareth. Église de Lorette	101
Fig. 27. — Rome. Vue prise du Pincio	105
Fig. 28. — — Place Saint-Pierre et palais du Vatican	109
Fig. 29. — — Église Sainte-Marie-Majeure	115
Fig. 30. — — Colonne de la Flagellation, conservée à l'église Sainte-Praxède	116
Fig. 31. — — Le Tasse	121
Fig. 32. — — Sainte Cécile, sculpture de Maderno. Église de Sainte-Cécile	123
Fig. 33. — — Le Corso	125
Fig. 34. — — Types de la campagne de Rome	129
Fig. 35. — — Thermes de Dioclétien	131
Fig. 36. — — Tombeau de Pie IX. Église Saint-Laurent hors les Murs	133
Fig. 37. — — Titre de la croix de Notre-Seigneur, conservé dans l'église Sainte-Croix de Jérusalem	135
Fig. 38. — — Église Saint-Jean de Latran	137
Fig. 39. — — Le Forum	141

… 316   TABLE DES ILLUSTRATIONS.

                                                                                                     Pages.
Fig. 40. — Rome. Voie romaine..   147
Fig. 41. —   —   Catacombes : Intérieur de la crypte des Papes...................   153
Fig. 42. —   —   Intérieur de la basilique Saint-Paul hors les Murs...............   157
Fig. 43. —   —   Église Saint-Paul Trois-Fontaines.................................   161
Fig. 44. —   —   Église Saint-Clément : Sainte Catherine d'Alexandrie et les docteurs.
                    Fresque de Masaccio..   165
Fig. 45. —   —   Plan de Saint-Pierre avec les figures de Bramante et de Michel-Ange....   173
Fig. 46. —   —   Baldaquin dans l'église Saint-Pierre..................................   177
Fig. 47. —   —   Église Saint-Pierre : Chaire de saint Pierre..........................   179
Fig. 48. —   —   —   Pietà de Michel-Ange...........................   181
Fig. 49. —   —   —   Tombeau de Sixte IV, par Pollajuolo...........   183
Fig. 50. —   —   Église Saint-Louis des Français : Sainte Cécile distribuant ses biens, d'a-
                    près le Dominiquin...   187
Fig. 51. —   —   Intérieur du Panthéon..   189
Fig. 52. —   —   Église du *Gesù*..   191
Fig. 53. —   —   Église Saint-Pierre aux Liens : Le *Moïse* de Michel-Ange...........   193
Fig. 54. —   —   Vue intérieure de la prison Mamertine..............................   195
Fig. 55. —   —   Escalier du Capitole..   199
Fig. 56. —   —   *Stanze* du Vatican : La Poésie, par Raphaël.....................   201
Fig. 57. —   —   —   Le pape saint Léon arrête Attila aux portes de Rome.
                                       Peinture de Raphaël..   203
Fig. 58. —   —   —   La Communion de saint Jérôme, d'après le Domi-
                                       niquin..   209
Fig. 59. —   —   Chapelle Sixtine, au Vatican...   212
Fig. 60. —   —   —   La Sibylle de Cumes. Fresque de Michel-Ange...   213
Fig. 61. —   —   Église Sainte-Marie de la Paix : les Sibylles. Fresque de Raphaël.....   217
Fig. 62. —   —   Le Quirinal, ancienne résidence des Papes........................   219
Fig. 63. —   —   Sainte-Sabine et le mont Aventin..................................   227
Fig. 64. —   —   Le Colisée..   231
Fig. 65. —   —   Le Pape prononce son discours.....................................   237
Fig. 66. —   —   La Porta Pia...   247
Fig. 67. —   —   Pèlerins dans les jardins du Vatican................................   249
Fig. 68. —   —   Le Pape passe dans les rangs des ouvriers........................   255
Fig. 69. —   Naples. Vue de Sorrente..   261
Fig. 70. —   —   Tombeau de Virgile sur le Pausilippe...............................   263
Fig. 71. —   —   Vue..   265
Fig. 72. —   —   Le Vésuve...   271
Fig. 73. —   Pompéi. Vases et ustensiles pompéiens..................................   275
Fig. 74. —   —   Ruines d'une villa...   277
Fig. 75. —   —   Atrium de la maison dite de Pansa..................................   278
Fig. 76. —   Types de Napolitains..   283
Fig. 77. —   Pise. Baptistère, dôme et tour penchée.................................   291
Fig. 78. —   —   Cloître du Campo Santo...   293
Fig. 79. —   —   —   Fragment du *Jugement dernier*. Peinture à fres-
                                       que d'Orcagna...   297
Fig. 80. —   Gênes. Monument élevé à la mémoire de Christophe Colomb.............   303
Fig. 81. —   —   Église de l'Annunziata...   305
Fig. 82. —   —   Vue prise de S. Rocco...   307

TABLE DES MATIÈRES.

Pages.

Avant-propos . . . . VII.

I. — TURIN.

Sur la terre italienne. — La vallée de la Doire. — Le pays et les gens. — A Turin. — Le palais Carignan. — Le palais royal. — *L'Armeria reale*. — Déception. — Ascension à la Superga. — Le monument. — A la Coupole. — La Crypte. — Singulier hôtelier. — La vue.

Les églises. — L'église du *Corpus Domini*. — Histoire. — San Spirito. — La Cathédrale. — La Consolata. 1

II. — MILAN.

De Turin à Milan. — Magenta. — Coup d'œil sur la ville de Milan. — La cathédrale. — Statue de Manzoni. — La Cène de Léonard de Vinci. — San Fidele. — Santa Maria del Carmine. — La Spozalizio de Raphaël au Palazzo di Brera. — San Simpliciano. — Le Campo Santo. — Les cimetières en Italie. — L'Arc du Simplon. — San Ambrogio. — Le soir, sous la galerie Vittorio Emmanuel.

Ascension du Dôme. — La vue. — Le tombeau de saint Charles Borromée. — Les vitraux. — Messe du rit ambrosien.

Pavie. — La Cathédrale et le tombeau de saint Augustin. — Une fête publique. — Le singe. — A la Chartreuse. 11

III. — VENISE.

Le chemin. — Sur le *Canal grande*. — La place Saint-Marc. — L'église.

— Flânerie nocturne sur la Piazza et sur le quai des Esclavons. — *Ave Maria.*

Contraste du jour et de la nuit. — Les églises. — Études de mœurs. — L'homme au crochet. — Les pigeons de Saint-Marc, poésie. — Au Redentore. — Le vieux moine. — Aspect de la ville. — Aux Gesuiti. — Deux tableaux. — Au couvent de la Visitation. — Le cœur de saint François de Sales. — Le Palais des Doges. — Marino Faliero. — Les *Puits* et les *Plombs* de Venise. — Le pont des Soupirs.

Par la ville. — Le Rialto. — Le mort en gondole. — L'arsenal. — A San Lazaro, chez les Mékhitaristes. — Au Lido. — A l'île des tombeaux. — Départ pendant la nuit. 31

IV. — FLORENCE.

Dans les Apennins. — La ville. — Le Dôme. — Le Baptistère. — Le Campanile. — Aux Uffizi. — La Loggia.

Grand'messe à la cathédrale. — Mendiante. — Église Saint-Laurent. — La chapelle des Princes. — La sacristie nouvelle. — Officiers et soldats italiens.

Au palais Pitti. — La promenade du Viale. — Au cimetière de San Miniato — Le Panthéon de l'Italie. — A San Marco ; Fra Angelico ; Savonarole 55

V. — RAVENNE.

A la Gare. — Guignon. — Les fillettes de San Giovanni. — Mon bedeau. — San Spirito. — Le monument de Théodoric. — San Vitale, copie de Sainte-Sophie. — Le tombeau du Dante. — Luigi Carlo Farini. . . 77

VI. — ANCONE.

La plaine. — Castel Bolognese et le gendarme italien. — La République de Saint-Marin. — Rives de l'Adriatique. — A l'hôtel de la Paix. — Souvenir du siège d'Ancône. — Il est minuit 87

VII. — LORETTE. — ANCONE.

Messe à la Santa Casa. — Les pèlerinages italiens et la foi italienne. — Visite de l'église. — A Castelfidardo. — Les nobles. — Retour à Ancône. 95

VIII. — ROME.

Pages.

Vue par la portière. — Rome. — Première impression. — Saint-Pierre. 103

IX. — ROME.

De notre hôtel à Sainte-Marie-Majeure. — L'église Sainte-Praxède. — A la Colonne de la Flagellation, poésie. — Sainte-Pudentienne. Dans les rues. — Rome des Papes et Rome des Rois. — A Saint-Onuphre. — Tombeau du Tasse. — Saint-Pierre in Montorio. — Vue de là-haut. — Sainte-Cécile 111

X. — ROME.

L'église des Capucins. — Leur cimetière. — Sainte-Marie des Anges. — — Thermes de Dioclétien. — Saint-Laurent hors les Murs. — Le Campo Santo. — Deux inscriptions. — Sainte-Croix de Jérusalem. — La Santa Scala. — Saint-Jean de Latran.
Le Frère Pierre. — La Fontaine de Trévi. — Le Forum. — Le Palatin et ses ruines impériales. 127

XI. — ROME.

Piteux attelage. — Sur la voie Appienne. — Les tombeaux. — *Domine, quo vadis?* — Les Catacombes de Saint-Calixte. — L'Église Saint-Sébastien. — Histoire de voleurs. — Saint-Paul hors les Murs. — Cheval rétif. — A Saint-Paul Trois-Fontaines.
Saint-Etienne le Rond. — Les fresques de Pomerancio et de Tempesta. — Saint-Jean et Saint-Paul. — Saint-Clément. — Le prince de Galles dans cette église. 145

XII. — ROME.

Une matinée à Saint-Pierre. — Choses vues. — Les curieux. — Les pèlerins. — Les chantres de la Sixtine. — Le Portique du Paradis. — La *Navicella*. — Autour des nefs. — La Coupole. — Monuments divers. — Les amis se fâchent. — Saint-Augustin. — Statues et tableaux. — Saint-Louis des Français. — Pimodan, Bastiat et Claude Lorrain. — Les peintures. — Au Panthéon. — Victor-Emmanuel et Raphaël. — La Minerve. — Le *Gesù*. — Saint-Pierre aux Liens. — Moïse et Michel-Ange. — A la prison Mamertine. — Nous montons au Capitole. — L'Ara Cœli et le Santissimo Bambino. — Bonsoir 171

XIII. — ROME.

Rumeur nationale. — Dans la rue. — Promenade dans le Vatican. — Les Loges de Raphaël. — Les *Stanzes*. — Salle de la Signatura. — La Vierge de Foligno ; la Transfiguration ; la Communion de saint Jérôme. — La Sixtine; le Jugement dernier de Michel-Ange. — La voûte.
Place Vavone. — L'église Sainte-Agnès. — Sainte-Marie de la Paix. — Prophètes et Sibylles de Raphaël. — Saint-André de la Vallée. — La chambre de saint Stanislas Kostka. — L'épreuve du jeune saint. — Retour à l'hôtel. — Les pèlerins espagnols. — Hymne à saint Ignace . 201

XIV. — ROME.

Les embarras d'un Directeur. — Saint-François à Ripa. — Sainte mécanique. — Dans le Transtevère. — A Sainte-Sabine. — L'église. — Les chambres de saint Dominique et de saint Pie V. — L'oranger de saint Dominique et le Père Lacordaire.
Les ouvriers français. — Un peuple pauvre. — Apparition au Vatican. — Colisée au clair de lune. — Évocations tragiques. 223

XV. — ROME.

Pierre et Léon XIII. — Audience du Saint-Père dans la salle de la Loggia. — Son discours. — Enthousiasme. — Promenade accidentée au Prato di Castelli. 235

XVI. — ROME.

Anniversaire de la *Porta Pia*. — Sages mesures du Pape. — Messe du Pape à Saint-Pierre. — Déjeuner au Vatican. — La sculpture au Vatican. — Les chefs-d'œuvre. — Les jardins. — Aspect de la ville, le soir. — Le soir, dans ma chambre ; la question romaine 245

XVII. — ROME.

La nuit. — Nouvelle audience du Saint-Père dans Saint-Pierre. — La messe. — Bonté indicible du Pape pour les ouvriers français. — Enthousiasme. — Adieu à la ville éternelle 253

XVIII. — NAPLES.

Campania felix — Arrivée. — Cochers, faquini et lazzarones. — Vue. — Salut à la mer. — La grotte de Pouzzoles. — Un village. — La grotte du Chien. — Scène comico-sauvage. — Retour par le Pausilippe. — Naples le soir. — Maudit cocher. — Les faubourgs de Naples. — Portici ; Résina ; Torre del Greco. — A cheval. — La maison blanche. — Bandits napolitains. — Sur les flancs du Vésuve. — Au bord du cratère. — Vue. — La descente. — Rêverie et souvenirs. — Pompéi. — Le musée. — Les ruines. — La vie antique. — Encore un cocher napolitain. — Castellamare. — Coup de tonnerre. — Le miracle de saint Janvier. — Le musée de Naples. — Type napolitain. — Promenade en mer. — L'armée italienne. — Soleil couchant. 259

XIX. — PISE.

Adieux. — Le pays, de Naples à Pise. — Rencontre d'un pèlerinage d'ouvriers français. — Une dispute matinale. — Le passé d'une ville morte. — Le Dôme. — La Tour penchée. — Le Baptistère. — Le Campo Santo ; le *Triomphe de la mort* et le *Jugement dernier* d'Orcagna. — Lugubre rencontre 287

XX. — GÊNES.

Gênes la Superbe. — Statue de Christophe Colomb. — Promenade en ville. — La Cathédrale. — Tombeau de saint Jean-Baptiste ; le *Sacro Catino*. — Gênes, cité de Marie. — Sainte-Marie de Carignan. — Puget. — Vue, de la dernière galerie du Dôme. — Insomnie. — Un chanteur nocturne. 301

ÉPILOGUE 311

TABLE DES ILLUSTRATIONS 315

www.ingramcontent.com/pod-product-compliance
Lightning Source LLC
Chambersburg PA
CBHW070621160426
43194CB00009B/1334